シリーズ
② 金融工学の新潮流

木島正明［監修］

金融リスク
モデリング

―理論と重要課題へのアプローチ―

室町幸雄［編著］

乾　孝治・今宿洋二・神崎清志・岸田則生
久保勝洋・高山靖敏・松浦　元・山分俊幸 ［著］

朝倉書店

編著者

室町 幸雄(むろまち ゆきお)　首都大学東京大学院社会科学研究科

執筆者（五十音順）

乾 孝治(いぬい こうじ)　明治大学総合数理学部

今宿 洋二(いましゅく ようじ)　前株式会社エイファス　ファイナンシャルエンジニア

神崎 清志(かんざき きよし)　株式会社クレジット・プライシング・コーポレーション

岸田 則生(きしだ のりお)　前株式会社エイファス　クオンツテクノロジー本部

久保 勝洋(くぼ かつひろ)　株式会社クレジット・プライシング・コーポレーション

高山 靖敏(たかやま やすとし)　株式会社新生銀行　市場リスク管理部

松浦 元(まつうら はじめ)　株式会社クレジット・プライシング・コーポレーション

山分 俊幸(やまわけ としゆき)　名古屋商科大学経済学部

まえがき

　本書は金融機関のポートフォリオのリスク計測理論に関する最近の進展に関してまとめたもので，主として，金融機関のリスク管理業務に携わっている実務家で，ある程度の金融工学の知識を有する人や，金融工学・数理ファイナンス系の学生で，ポートフォリオに内在するリスクの計測や管理に興味をもつ人を対象としている．全体は2部構成で，第1部（第2～7章）では最近のリスク計測理論の基礎と新展開について，第2部（第8～11章）では本邦の金融機関において今後重要になると考えられるリスク管理上の課題の新展開について解説している．リスク計測理論のすべてが詰め込まれているわけではないが，最近そして今後のホットな議論を知るうえで役立つ情報の多くをカバーできたと思っている．

　1990年頃に始まった定量的金融リスク管理は，さまざまな実務的なモデルの提案が先行しながら，2000年頃にはリスク計測の理論的背景はおよそ整理されてきた．一方，そこで培われた技術は新たな金融商品の開発に利用され，信用リスクを取引するクレジットデリバティブ市場や，ポートフォリオのリスクを加工して多様なリスク特性を有する証券を提供する証券化市場は急拡大し，2000年代半ばには従来からの株式・金利・為替などのデリバティブ市場とともに活況をきわめた．しかし，2007年には米国のサブプライムローン問題が引き金となって証券化市場が急速に崩壊し，さらにリーマンショックを経て世界金融危機へと陥った．金融機関への公的資金注入や大規模な金融緩和などの対策により，最近の金融市場はかなりの水準まで回復しつつあるが，この金融危機の影響は現在もさまざまな形で続いている．

　これら2000年代後半以降の事件，特に世界金融危機によりリスク管理はこれまでになく重要視されるようになり，規制はますます強化の一途をたどり，それらは新たな規制バーゼルIIIの早期確立へとつながった．バーゼルIIIの完全実施はまだ先になるが，すでに段階的な運用は開始されており，多くの金融機関はバーゼルIII対応に追われている．バーゼルIIIの遵守は必ずや金融システムの安定に寄与すると考えられるが，これはあくまでも国際的な活動をする金融機関に課される一律的な規制であり，決して完璧なものではなく，また，本邦金融機関の現状にそぐわない部分も存在する．

　そのため，今後各金融機関において実務の現場で有効な，そしてビジネスラインの収益性管理にも役立つリスク管理を行っていくためには，バーゼルIIIに頼ることなく，金融リスク計測の理論的基礎をとりまとめ，今後幅広い応用が見込まれる最新理論を整理

しておくこと，さらに本邦の金融機関の特性を考慮したリスクの計測・管理について検討し直すことは現時点で必要と考えられる．このような観点から企画されたのが本書である．

当初，本書はテーマを市場リスクに限定し，私自身が主著者となり，市場リスク計測理論の新展開について執筆するという企画であった（信用リスク計測に関しては，本シリーズ〈金融工学の新潮流〉ですでに拙著が刊行されている）．しかし，執筆はなかなか進まず，無為無策のまま数年を過ごしてしまった．そんなとき，本シリーズの監修者である首都大学東京 木島正明教授の呼び掛けで，企画自体の練り直しを行い，まずテーマを市場リスクに限定せずにリスク計測全般へと変更した．また，理論面の新展開について執筆するだけでなく，本邦金融機関の特性を考慮したリスクの計測・管理という新たな視点を導入し，今後のリスク管理において重要と考えられるテーマを厳選して実務の現場で活躍されている専門家の方々に分担執筆をお願いすることにした．幸いにもご執筆をお願いした方々には快諾していただくことができ，2012 年，出版に向けて再出発することができた．その後，何回かの執筆内容の検討を経てようやく完成したのが本書である．

いまにして思うと，あのときの企画の練り直しは非常に有効であった．まず，本書で取り扱う範囲が大幅に拡張されたため，リスク管理の研究者や実務家にとってより便利なテキストにすることができた．また，ご自身で当該テーマの論文を執筆されている研究者の方々に執筆していただくことにより，内容は格段に向上した．さらに，実務家の方々に執筆していただくことにより，日頃の経験に裏打ちされた内容になるとともに，現場ですぐに使える記載が増え，読みやすさ，わかりやすさも向上した．もちろん私も，自分の担当部分については必要な理論的基礎と実務での応用例をできる限りコンパクトにまとめ上げたつもりである．これらの結果，本書は当初想定していたものを確実に超えることができたと自負している．

本書を執筆し編集するにあたっては多くの方々のお世話になった．実をいうと，本シリーズ〈金融工学の新潮流〉の監修者である首都大学東京 木島正明教授からはじめてこの本のお話を頂戴してからすでに 6 年が経過している．一度は暗礁に乗り上げてしまった本書を刊行にまで導くことができたのは，企画の見直しを含めた木島教授の時宜を得た激励とアドバイスの賜物である．この場を借りて心から感謝の意を表したい．さらに，ご多忙ななかにもかかわらず原稿をご執筆いただき，また度重なる編者からの改訂の要請にも応じていただいた，執筆者の方々には心から感謝する．また，妻佳子の応援と長女祐希果の笑顔も本書の執筆には不可欠な要素であった．最後に，このようなすばらしい機会を与えてくださった朝倉書店編集部の方々に著者を代表して深く感謝する．

2014 年 9 月

室 町 幸 雄

目　　次

1. はじめに ………………………………………………………… 1
   1.1 本書で取り上げるテーマ ………………………………… 1
   1.2 第1部：リスク計測理論の基礎と新展開 ……………… 2
   1.3 第2部：本邦金融機関におけるリスク管理上の重要課題 ……… 3

2. ARCH型不均一分散モデル ………………………………… 5
   2.1 時系列モデルの基礎 ……………………………………… 5
   2.2 ARモデル，MAモデル，ARMAモデル ………………… 6
   2.3 ARCHモデルとGARCHモデル ………………………… 8
   2.4 リスク計測への応用 (1) ………………………………… 12
   2.5 リスク計測への応用 (2)：RiskMetrics^{TM} と RM2006 ……… 13

3. コピュラによる確率変数の依存関係の表現 ……………… 16
   3.1 コピュラ …………………………………………………… 16
   3.2 代表的な2次元コピュラ ………………………………… 19
   3.3 代表的なn次元コピュラ ………………………………… 20
   3.4 さまざまな相関係数 ……………………………………… 21
   3.5 裾依存係数 ………………………………………………… 23
   3.6 アルキメデス型コピュラ ………………………………… 25
   3.7 ヴァインコピュラ ………………………………………… 26
      3.7.1 正準ヴァイン ………………………………………… 28
      3.7.2 Dヴァイン …………………………………………… 29
      3.7.3 条件付独立とヴァイン ……………………………… 30
      3.7.4 ヴァインコピュラによる多次元分布の推定の現状と批判 ……… 31
   3.8 実証分析の例 ……………………………………………… 31

4. 極値理論 ………………………………………………………… 33
   4.1 最大値の分布 ……………………………………………… 33
   4.2 閾値超過データの分布 …………………………………… 36

	4.3	多変量最大値の分布	40
	4.4	多変量閾値超過データの分布	43

5. 分位点回帰 46
  5.1 分位点回帰 46
  5.2 リスク量の推定 48
  5.3 さまざまな分位点回帰モデル 49
    5.3.1 ARCH-QR モデル 49
    5.3.2 CAViaR モデル 51
    5.3.3 GARCH-QR モデル 53
    5.3.4 DAQ モデル 55
  5.4 モデルパラメータの仮説検定 57
    5.4.1 ワルド検定 57
    5.4.2 ランクスコア検定 58
  5.5 CAViaR モデルの VaR 推定例 59

6. レジームスイッチングモデル 61
  6.1 RS モデルの概要 62
  6.2 RS モデルの推定方法 63
  6.3 RS-GARCH モデル 65
  6.4 株式の RS モデル推定 66
    6.4.1 データ 66
    6.4.2 推定結果 67
  6.5 モンテカルロシミュレーションによる株式の VaR 推定精度の比較 70
  6.6 まとめ 71

7. リスク量のバイアス 72
  7.1 議論の準備 74
    7.1.1 経験分布と VaR, ES 74
    7.1.2 コヒーレントリスク尺度 76
    7.1.3 Harrell–Davis 統計量 77
  7.2 VaR のバイアス 79
  7.3 バイアスの評価 81
  7.4 外挿法による推定精度の改善 85
  7.5 外挿法による改善効果の評価例 86
  7.6 実証分析例 88

8. 実務環境の進歩を反映した新しい内部格付手法 ... 90
8.1 典型的な内部格付手法 ... 90
8.1.1 定量的情報による1次評価 ... 91
8.1.2 定性的情報による2次評価 ... 91
8.1.3 3次評価 ... 91
8.2 定量格付付与アルゴリズム構築における考え方 ... 92
8.2.1 定量格付の目的 ... 92
8.2.2 良い内部格付モデルとは何か ... 93
8.3 ハザードモデルによるTTC的モデリング ... 94
8.3.1 企業の態様とデフォルトの因果関係 ... 94
8.3.2 適切な時間距離の因果関係をモデル化するための方法論 ... 94
8.3.3 Coxの比例ハザードモデルの概要 ... 95
8.3.4 分析例 ... 96
8.4 内部格付モデルのアカウンタビリティの向上 ... 99
8.5 林の数量化理論 ... 99
8.5.1 数量化理論の概要 ... 100
8.6 分析例 ... 102
8.6.1 数量化II類による分析 ... 102
8.6.2 ロジスティック回帰モデルとの比較 ... 105
8.7 参考：AUCのいくつかの表現とサンプリングバイアスから受ける影響 ... 107
8.7.1 AUCの概要 ... 107
8.7.2 格付データにおけるAUC ... 109
8.7.3 ランクデータにおけるAUC ... 109
8.7.4 AUCの解釈について ... 111
8.8 まとめ ... 112

9. コア預金モデル ... 113
9.1 コア預金の定義 ... 113
9.2 コア預金の金利リスク評価手法 ... 114
9.2.1 コア預金残高の時間推移算出 ... 114
9.2.2 マチュリティラダーの構築 ... 115
9.2.3 市場預金金利追随率の算出 ... 116
9.2.4 金利リスク（デュレーション）算出 ... 117
9.3 コア預金モデルの分類 ... 117
9.4 混合正規分布モデル ... 118
9.5 レジームスイッチングモデル ... 120
9.5.1 モデルの概要と将来残高生成手順 ... 120

9.5.2　パラメータ推計（EM アルゴリズム） ······················· 121
9.5.3　AA-Kijima モデル ··· 122
9.6　固定性預金残高比変動モデル ··· 124
9.7　固定性預金残高比自己回帰モデル ·· 125
9.8　預金流出流入モデル ·· 128
9.9　その他のモデル ··· 129
9.10　フォワードテスト/バックテスト ··· 130
9.11　数　値　例 ·· 130
9.11.1　確率金利モデル ·· 130
9.11.2　標準的手法 ··· 131
9.11.3　混合正規分布モデルとレジームスイッチングモデル ······· 131
9.11.4　固定性預金残高比変動モデル ·· 134
9.11.5　固定性預金残高比自己回帰モデル ································· 136
9.11.6　預金流出流入モデル ··· 137
9.12　ま　と　め ·· 138
9.A　EM アルゴリズム ·· 138
9.A.1　混合正規分布モデルにおける EM アルゴリズム ············· 140
9.A.2　レジームスイッチングモデルにおける EM アルゴリズム ········· 141

10. 住宅ローンのリスク分析および収益計算の高度化 ····················· 144
10.1　は じ め に ·· 144
10.2　デフォルトリスクの定量化 ·· 145
10.2.1　デフォルトリスクの計測方法 ·· 145
10.2.2　限界デフォルト確率とその期間構造 ······························ 147
10.2.3　デフォルトイベントの定義 ··· 149
10.2.4　ハザードモデルの適用 ·· 151
10.2.5　説明変数の例 ·· 151
10.3　プリペイメントリスクの定量化 ··· 154
10.3.1　プリペイメントの種類と計測方法 ································· 154
10.3.2　プリペイメントの発生要因 ··· 155
10.3.3　プリペイメントの影響 ·· 157
10.3.4　プリペイメントリスクへの取組み ································· 159
10.4　収　益　分　析 ··· 160
10.4.1　収益分析の重要性 ··· 160
10.4.2　収益計算の概要 ·· 161
10.4.3　将来金利の設定 ·· 164
10.4.4　既存債権の分析 ·· 165

- 10.4.5 新規実行債権の影響を踏まえた分析 ·· 167
- 10.4.6 収益計算の活用例 ··· 171
- 10.5 まとめ ··· 172

11. 不動産のリスク管理 ··· 173
- 11.1 はじめに ·· 173
- 11.2 不動産市場の特徴 ·· 174
- 11.3 資産評価法 ··· 176
  - 11.3.1 キャップレートモデル ·· 177
  - 11.3.2 Fisher–Geltner–Webb モデル ·· 179
  - 11.3.3 ヘドニック法 ··· 179
- 11.4 資産評価の実証分析 ··· 180
  - 11.4.1 データ ·· 180
  - 11.4.2 回帰結果 ··· 180
  - 11.4.3 価格推定結果 ··· 181
- 11.5 収益還元法に基づくリスク管理手法 ·· 184
- 11.6 ダイナミック DCF 法による評価 ·· 184
- 11.7 ダイナミックキャップレートモデルによる評価 ··························· 185
  - 11.7.1 AR モデル ··· 186
  - 11.7.2 サイクルモデル ·· 189
  - 11.7.3 周期変動サイクルモデル ·· 190
- 11.8 まとめ ··· 191

参考文献 ··· 193

索 引 ·· 199

1 はじめに

1.1 本書で取り上げるテーマ

　サブプライムローン問題に端を発する世界金融危機は多くの金融機関に甚大な打撃を与えたが，その影響はさまざまな形で現在においても金融経済と実体経済に深く影を落としている．サブプライムローン問題が顕在化し始めた頃，金融リスク管理の分野では長年の議論の末に策定された新 BIS 規制（バーゼル II）が国際業務を営む金融機関に対して適用され始めたところであった．多くの金融機関は多大な努力を払ってバーゼル II 基準の導入を果たしたが，結果的にそれはリーマンショックをはじめとする世界金融危機に対する歯止めにはならなかった．金融危機が進行するなか，規制当局が市場と対話しながら議論と反省を繰り返し，新たな BIS 規制（バーゼル III）の策定を押し進めた結果，2013 年には段階的な適用が開始されることとなった．

　バーゼル III の概要は，(1) 自己資本比率の最低基準の拡充と資本の質の向上，(2) プロシクリカリティ（景気循環増幅効果）の抑制，(3) 金融システム上重要な金融機関への追加措置，(4) リスク補足の強化，(5) 補完的指標（流動性規制）の導入，と要約される．詳細は省略するが，バーゼル II に比べると金融環境の変動性，特にクレジットと流動性の変動を重視し，より厳格な自己資本の充実と流動性の確保を金融機関に義務付ける規制となっている．

　しかし，バーゼル III は必ずしも典型的な日本の金融機関，特に銀行の実態に適した規制になっているとは言い難い．例えば，(4) では証券化商品やデリバティブのカウンターパーティリスクに対して自己資本の追加を厳しく求めているが，本邦の銀行はこれらの資産を外国の銀行ほど多くは保有しておらず，そのためリーマンショックでも直接的な損失はあまり大きくならずに済んだ．また，(5) で新たな規制として加えられた預金流動性リスクは，間接金融主体で負債における預金比率が高い邦銀においては非常に重要であるが，日本人の投資におけるリスク選好が海外と大きく異なることは広く知られた事実であり，世界的に一律に課される掛目方式には馴染まないといえよう．

　このように考えると，バーゼル III は確かに重要であるが，今後の日本の金融機関と規制当局の双方にとって本邦金融機関の特性を反映した金融リスク管理に関する研究も必要不可欠である．また，日本市場の独自性（超低金利，インフレ期待など）を踏まえ

た収益・リスク管理はさまざまなビジネスラインの収益性向上のために必要であるだけでなく，今後の先進諸国にとっても重要である．例えば，これまで超低金利環境は日本市場独特の例外的な事象と考えられてきたが，金融危機以降は世界の市場において例外でなくなりつつある．現在の邦銀が直面しているリスク管理上の諸問題はグローバル化した経済において近い将来世界各国で起こりうることなので，このような問題をわが国の経験に基づいて世界に先駆けて研究し検討していくことには大きな意義がある．

また，規制では保守性や画一性を重んじる立場から，また早期実現を重んじる立場から，細かい部分を切り捨ててわかりやすい計算式に落とし込むが，果たして切り捨ててよいのかどうか本当は現時点では判定しかねることも多い．今後の規制の高度化のためにも，日々の実務の現場におけるリスク管理をより高度化させていくためにも，リスク計測理論の基礎を知り，研究の進展のポイントを把握しておくことは必要である．

以上のような観点から，本書では主に 2000 年以降の金融リスク計測理論の新展開のもととなる基礎理論と，いくつかの重要なモデル，そして本邦の金融機関の特性を考慮したリスク管理上重要ないくつかの話題を取り上げて解説する．具体的には，理論編と位置づけられる第 1 部では不均一分散モデル，コピュラ（接合関数），極値理論の基礎を紹介し，トピックとして今後のさらなる活用が予想される分位点回帰（quantile regression），レジームスイッチングモデル，リスク量の推定値のバイアスとその評価を扱う．そして第 2 部では信用格付の高度化，コア預金の金利リスク評価，住宅ローンのリスク管理，不動産のリスク管理を扱う．

1.2　第 1 部：リスク計測理論の基礎と新展開

1990 年代に RiskMetrics^{TM} や CreditMetrics^{TM}，CREDITRISK^{++} などの具体的な数理モデルの提案とともに現れた定量的金融リスク管理の流れはその後も進展し，VaR（Value at Risk）などのリスク尺度に代表される考え方が広く受け入れられるようになってからも，さまざまな推定方法が提案され，実証研究が行われ，理論的考察が進められてきた．最近の理論面での新展開の基礎となる考え方は古くからあったものの，2000 年前後に金融リスク評価への応用が提案されてから急速に注目され発展してきたものが多い．そこで主となるのはファットテールな分布，すなわち分布の裾の事象の発生確率が正規分布よりも高い分布を構築するための考え方や技術であり，例えば，不均一分散モデルであり，極値理論であり，コピュラ（接合関数）を用いた同時分布の表現技術である．

第 2 章で扱う不均一分散モデルは金融データの現実に即したモデルであり，観測データの分布にみられるファットテール性を表現できるだけでなく，ボラティリティのクラスタリングや長期記憶性の表現にも優れている．本書では一変量の話題に限定し，リスク計測における実務的な応用を例示する．

第 3 章で取り上げるコピュラは，ポートフォリオのリスク計測の理論ではいまや必要

不可欠な概念として深く定着している．本書ではコピュラの基礎的事項をまとめるだけでなく，近年始まったヴァインコピュラによる同時分布構築の試みも紹介する．

第 4 章で解説する極値理論は，金融リスク計測に応用され始めた当初はきわめて有望と思われていたが，編者の知る限り，この理論に基づく数理モデルが実務で広まっているとはいえない．その理由の 1 つは，この理論は一変数ではきわめて有効なことがわかったものの，多変数の極値理論は未だ構築中だからではないだろうか．とはいえ，この理論の基礎を把握しておくことはリスク計測について学ぶうえでやはり重要と考えられている．

第 5 章以降で取り上げる理論面でのトピックは，どれも今後のリスク計測モデルの構築と評価において有益とみられているものばかりである．まず第 5 章で扱う分位点回帰とは，データに独特のウェイトをつけることで分布のパーセント点を回帰式で推定する手法である．この手法が VaR などを用いて分布の裾の形状を議論する金融リスク計測に有効と考えられるのは当然であろう．最近ではシステミックリスクの分野でも推定に分位点回帰が使われるなど，その活用範囲は拡大しつつある．

第 6 章で解説するレジームスイッチングモデルでは，現実は複数のレジーム（局面）からなり，変数はそれぞれのレジームごとに異なる分布に従うものとして，時間とともに確率的に推移するレジームの効果を考慮して変数の分布を考える．これは金融データを扱う多くの研究者の感覚にあったモデルであり，実際に応用してみると有効に機能することが多い．本書ではこのモデルの基礎を分析例も含めて解説する．

ところで，VaR や ES（expected shortfall，期待ショートフォール）などのリスク量の推定値はどのような性質をもつのだろうか．例えば VaR は，シミュレーションで生成した多くのシナリオのうち，損失額が大きい方からある特定の順番になるシナリオをもとに算出されるが，そのような特定のシナリオに大きく依存する推定は適切だろうか．他のシナリオの結果も生かした推定はできないのか．また，推定値にバイアスが存在する可能性はないのか．あるとすれば，それはどのように評価できるか．第 7 章では，このような推定値に関する理論的な考察が数値例を交えて取り上げられている．

1.3　第 2 部：本邦金融機関におけるリスク管理上の重要課題

第 2 部では，わが国の金融機関の特性を考えると今後ますます重要になると思われる課題が取り上げられている．資産における貸付比率が高い邦銀において，第 8 章の信用格付に関する議論が非常に重要であることは 1990 年代から指摘され認識されてきたが，当時はまだまだデータが不足していた．しかし，最近になって統計的な分析が可能となるだけのデータが蓄積され，分析に関する知見も蓄積されてきた．この分野では PIT（point in time）的な定量的格付が進められてきたが，それらは長期融資には必ずしも適していないと感じる実務担当者も多い．そのようななかで，やや数理に偏りすぎる傾向のある定量的格付モデルに対して，理解しやすさを求めるという第 8 章の提案は興味

深い．それはこの主張が，金融機関は本来どのようなスパンで企業の信用力の変化を評価すべきかという問題も含んでいるからであり，信用力の変化を期間構造として捉えるという，TTC（through the cycle）的な考え方を含めた方向性を示唆している．

第9章のテーマであるコア預金の問題も本邦の金融機関においてはきわめて重要である．負債における預金比率の高さは本邦の金融機関の顕著な特徴であり，この莫大な預金の金利リスクの評価は金融機関の投資行動に大きな制約を生じる可能性がある．なぜならば，預金という巨大な負債ポートフォリオの金利リスクは，同じく資産において高い比率を占める（主に国債からなる）債券ポートフォリオの金利リスクとある程度相殺しうるからである．もちろん，巨大な負債の滞留状況の把握と管理が金融機関の経営戦略上重要であることもいうまでもない．現時点では典型的なコア預金モデルというものは存在しないので，この章ではすでに提案されているさまざまなモデルを分類整理し，数値例を示して特性を解説している．

これまで日本では歴史的な低金利環境が長く続き，それを追い風に金融機関は膨大な住宅ローンを蓄積させてきたが，今後は国債金利の上昇に伴う金融環境の劇的な変化も視野に入れなければならない．このような本邦の金融機関にとって第10章で扱う住宅ローンのリスク管理の議論は有益であろう．この章では，住宅ローンポートフォリオをそれぞれ性質の異なるコーホートの集合として捉え，各コーホートの性質の時間変化を考慮してリスクと収益性を管理すべきであると主張しているが，これらは保険会社ではお馴染みの考え方である．生命保険会社の負債は膨大な数の生命保険であり，そのもととなる個人の死亡率は年齢とともに変化するので，保有する保険ポートフォリオの特性は時間とともに変化する．また，新規契約や満期解約によってもポートフォリオは変質する．この章では，こうした考え方を保険同様に超長期かつ多数の契約の集合体である住宅ローンポートフォリオに適用する手法が示されている．先のサブプライムローン問題も経済環境変化に対する住宅ローンポートフォリオのリスク管理の難しさを示したもので，本テーマはこれまで看過されてきたものの，今後は世界的に重要となる学術的問題でもある．

最後の第11章では不動産のリスク管理，特に商業用不動産のリスク管理に焦点を当てる．これまでは信頼できる不動産の価格情報が表に出ることはほとんどなかったが，REITの出現により状況は一変した．信頼できるデータが増え，分析により価格決定メカニズムを探ることができるようになった．その結果，これまでは価格変動の最大の要因は将来キャッシュフローの変動と思われていたが，価値算出時に使う割引率の変動の影響の方が大きいことがわかった．この章ではさらに議論を進め，景気変動のサイクル性を考慮したリスク計測手法を提案している．このようなモデルは非常に珍しいもので，その数値例は今後の金融リスク計測に対する示唆を含んでいるようにもみえる．

もちろん，各金融機関にとって最適な数理モデルは利用可能なデータの量と質にも依存することも忘れてはならない．しかし，数理モデルの検討段階において，第2部のさまざまな指摘は多くの実務者の役に立つはずである．

2 ARCH型不均一分散モデル

本章では,ボラティリティが可予測,すなわちボラティリティが直前までの情報から決定されるモデルの概説と,そのリスク計測への応用例を述べる.ここでは一変数のモデルのみ扱うので,多変量版については他の専門書,例えば時系列モデル全般については山本 (1988),ボラティリティ変動モデルについては渡部 (2000) などを参照されたい.また,沖本 (2010) はファイナンスデータの分析を前提に幅広い内容をコンパクトにまとめている.ボラティリティが可予測でなく発展的可測なモデルは確率ボラティリティモデル(stochastic volatility model, SV モデルと略)と呼ばれ,デリバティブの価格付けやリスクヘッジに利用されているが,本章では触れない.

2.1 時系列モデルの基礎

自然数の集合を $\mathbb{N}$,整数の集合を $\mathbb{Z}$ で表す.ある離散時間の確率過程を $X_t, t \in \mathbb{Z}$ で表し,期待値を $E[X_t]$,分散を $V[X_t] = E[(X_t - E[X_t])^2]$,自己共分散 (auto-covariance) を $C[X_t, X_{t-s}] = E[(X_t - E[X_t])(X_{t-s} - E[X_{t-s}])]$ とする.

定義 2.1 確率過程 X_t がすべての $t_1, \cdots, t_n, k \in \mathbb{Z}, n \in \mathbb{N}$ に対して

$$(X_{t_1}, \cdots, X_{t_n}) \overset{d}{=} (X_{t_1+k}, \cdots, X_{t_n+k}) \tag{2.1}$$

を満たすとき,X_t は**強定常** (strict stationary) であるという.ただし,$\overset{d}{=}$ は分布が等しいことを示す.

定義 2.2 確率過程 X_t が以下の条件
1) $E[X_t] = \mu < \infty$
2) $V[X_t] = \gamma(0) < \infty$
3) $C[X_t, X_{t-s}] = \gamma(s), \quad s \in \mathbb{Z}$

を満たすとき,X_t は**弱定常** (weakly stationary) または**共分散定常** (covariance stationary) であるという.

定義より,$\gamma(-s) = \gamma(s)$ である.また,$\rho(s) = \frac{\gamma(s)}{\gamma(0)}$ を**自己相関** (auto-correlation) といい,$\rho(0) = 1, -1 < \rho(s) < 1$ である.一般に,収益率データの自己相関は弱いが,

その絶対値や 2 乗には有意な自己相関がみられることが多い.

定義 2.3 離散時間の確率過程 X_t が $E[X_t] = 0$, $V[X_t] = \sigma^2 < \infty$, $C[X_t, X_{t-s}] = 0$, $s \in \mathcal{Z} \setminus \{0\}$ を満たすとき, X_t を (弱) ホワイトノイズ (white noise) 過程といい, $\mathrm{WN}(0, \sigma^2)$ で表す.

定義 2.4 離散時間の確率過程 X_t が独立同一分布に従う (i.i.d.) 分散が有限な確率変数列であるとき, X_t を強ホワイトノイズ (strict white noise) 過程といい, 特に平均がゼロで分散が $\sigma^2 < \infty$ のものを $\mathrm{SWN}(0, \sigma^2)$ で表す.

以下では, (弱) ホワイトノイズ過程を単にホワイトノイズ過程という. 分散が有限な強定常過程は弱定常である. また, ホワイトノイズ過程は弱定常であり, 平均ゼロの強ホワイトノイズ過程 $\mathrm{SWN}(0, \sigma^2)$ はホワイトノイズ過程の一種である. 以下で紹介する AR, MA, ARMA モデルはホワイトノイズ過程 $\mathrm{WN}(0, \sigma^2)$ を用いて構成されるが, ARCH, GARCH モデルは $\mathrm{SWN}(0, \sigma^2)$ を用いて構成されるホワイトノイズ過程である.

2.2 AR モデル, MA モデル, ARMA モデル

定義 2.5 離散時間の確率過程 X_t に対し, 次数 p の自己回帰 (autoregressive) モデル $\mathrm{AR}(p)$ を

$$X_t = \mu + \sum_{i=1}^{p} \phi_i X_{t-i} + U_t \tag{2.2}$$

で定義する. ただし, $\mu, \phi_i, i = 1, \cdots, p$ は定数, U_t は $\mathrm{WN}(0, \sigma^2)$ である.

例 2.1 最も単純な例として, AR(1) モデル

$$X_t = \mu + \phi_1 X_{t-1} + U_t \tag{2.3}$$

を考える. (2.3) を繰り返し使うと,

$$\begin{aligned} X_t &= \mu + \phi_1(\mu + \phi_1 X_{t-2} + U_{t-1}) + U_t = \cdots \\ &= \mu \sum_{i=0}^{\infty} \phi_1^i + \sum_{i=0}^{\infty} \phi_1^i U_{t-i} = \frac{\mu}{1-\phi_1} + \sum_{i=0}^{\infty} \phi_1^i U_{t-i} \end{aligned} \tag{2.4}$$

となることから, X_t が弱定常であるための必要十分条件 $|\phi_1| < 1$ が導かれる. 通常の分析では弱定常, すなわち $|\phi_1| < 1$ を仮定するが, このとき分散は $\gamma(0) = \frac{\sigma^2}{1-\phi_1^2}$, 自己共分散は $\gamma(s) = \frac{\phi_1^{|s|} \sigma^2}{1-\phi_1^2}$, 自己相関は $\rho(s) = \phi_1^{|s|}$ で与えられる.

定義 2.6 離散時間の確率過程 X_t に対し, 次数 q の移動平均 (moving average) モデ

ル MA(q) を

$$X_t = \mu + U_t + \sum_{i=1}^{q} \theta_i U_{t-i} \qquad (2.5)$$

で定義する．ただし，$\mu, \theta_i, i = 1, \cdots, q$ は定数で，U_t は WN$(0, \sigma^2)$ である．

(2.4) より，AR(1) は MA(∞) として表現できる．証明は省略するが，一般に AR(p) モデルが弱定常であるためには

$$1 - \sum_{i=1}^{p} \phi_i z^i = 0$$

のすべて（p 個）の解の絶対値が 1 より大きくなければならない．一方，有限な次数 $q < \infty$ の MA(q) モデルは常に弱定常であるが，MA(∞) も弱定常であるためには条件 $\sum_{i=0}^{\infty} \theta_i^2 < \infty$ が必要である．また，(2.5) より，MA(q) の自己相関は

$$\rho(s) = \frac{\sum_{i=0}^{q-s} \theta_i \theta_{i+s}}{\sum_{i=0}^{q} \theta_i^2}, \qquad s = 0, 1, 2, \cdots, q$$

で与えられる．ただし，$\theta_0 = 1$ とし，$s > q$ ならば $\rho(s) = 0$ である．

ある条件を満たす AR 過程が MA(∞) で表現できるということには意味がある．それを端的に示すのが次に示すウォルドの分解定理である．

定理 2.1（ウォルドの分解定理） 任意の定常な確率過程 Y_t は，互いに無相関な 2 つの過程の和 $Y_t = Y_{1t} + Y_{2t}$ として一意に表現できる．ただし，Y_{1t} は線形で決定的確率過程，Y_{2t} は MA(∞) で表現できる非決定的確率過程である．

決定的確率過程とは，多くの過去データが与えられれば，将来を誤差なしに予測できる過程のことである．ウォルドの分解定理は，通常の時系列解析で扱う定常な非決定的確率過程は MA 過程として表現できることを意味している．このことは，次に示す ARMA 過程についても同様である．

定義 2.7 離散時間の確率過程 X_t に対し，次数 p, q の**自己回帰移動平均**（autoregressive moving average）モデル ARMA(p, q) を次式で定義する．

$$X_t = \mu + U_t + \sum_{i=1}^{p} \phi_i X_{t-i} + \sum_{i=1}^{q} \theta_i U_{t-i} \qquad (2.6)$$

ただし，$\mu, \phi_i, i = 1, \cdots, p$ と $\theta_i, i = 1, \cdots, q$ は定数で，U_t は WN$(0, \sigma^2)$ である．

通常，ARMA 過程としては**因果的**なものに限定して考える．ARMA 過程が因果的であるとは，(2.6) を $X_{t-1}, X_{t-2}, \cdots$ に繰り返し使うことにより MA(∞) 過程，すなわち，$\psi_i, i = 0, 1, \cdots$ を定数として

$$X_t = \sum_{i=0}^{\infty} \psi_i U_{t-i}, \qquad \sum_{i=0}^{\infty} |\psi_i| < \infty \tag{2.7}$$

として表現できるということであり，2 番目の不等式は $E[|X_t|] < \infty$ を成立させるための条件である．証明は省略するが，

$$\phi(z) \equiv 1 - \sum_{i=1}^{p} \phi_i z^i = 0 \tag{2.8}$$

$$\theta(z) \equiv 1 + \sum_{i=1}^{q} \theta_i z^i = 0 \tag{2.9}$$

が共通の解をもたず，かつ (2.8) のすべての解の絶対値が 1 より大きいとき（定常なとき），ARMA(p,q) は因果的である．さらに，(2.6) を $U_t = \cdots$ と変形して $U_{t-1}, U_{t-2}, \cdots$ に繰り返し使うと ARMA(p,q) 過程を AR(∞) 過程で表現できる場合があり，それを反転可能であるという．反転可能である条件は，(2.9) のすべての解の絶対値が 1 より大きいことである．このように，ARMA 過程 (2.6) の定常性は係数 ϕ_i から，反転可能性は係数 θ_i から判断できる．通常，分析には因果的で反転可能なモデルが使われる[*1)]．

例 2.2 ARMA$(1,1)$ モデル

$$X_t = \mu + U_t + \phi_1 X_{t-1} + \theta_1 U_{t-1} \tag{2.10}$$

を考える．このモデルが定常で，かつ反転可能であるためには，(2.8) と (2.9) のすべての解の絶対値が 1 より大きければよいので，その条件は $|\phi_1| < 1$ と $|\theta_1| < 1$ である．これらの条件が満たされるとき，(2.10) は

$$\begin{aligned}X_t &= \mu + U_t + \phi_1 \left(\mu + U_{t-1} + \phi_1 X_{t-2} + \theta_1 U_{t-2}\right) + \theta_1 U_{t-1} = \cdots \\ &= \frac{\mu}{1 - \phi_1} + U_t + (\phi_1 + \theta_1) \sum_{i=1}^{\infty} \phi_1^{i-1} U_{t-i}\end{aligned} \tag{2.11}$$

と表現できる．(2.11) より，$E[X_t] = \frac{\mu}{1-\phi_1}$ が得られる．

階差オペレータ ∇ を $\nabla X_t = X_t - X_{t-1}$ で定義し，$\nabla^d X_t = \nabla^{d-1}(\nabla X_t) = \nabla^{d-1} X_t - \nabla^{d-1} X_{t-1}$ とする．$Y_t = \nabla^d X_t$ が ARMA(p,q) に従うとき，X_t は ARIMA(p,d,q) に従うという．非定常過程 X_t が階差 $\nabla^d X_t$ をとると定常になることもあるので，その可能性を試すときに使われる．

2.3 ARCH モデルと GARCH モデル

収益率のボラティリティには高い時期や低い時期がある程度続く傾向（クラスタリ

[*1)] 反転可能であるとは，考えている WN 過程 U_t が過去データ X_t との関連によって解釈できるという意味であり，過去データの解析作業に意味があることを示唆している．

2.3 ARCH モデルと GARCH モデル

ングという）がみられるが，その現象を説明するモデルとしてよく使われるのが Engle (1982) らの ARCH，Bollerslev (1986) の GARCH などの不均一分散モデルである．

定義 2.8 Z_t を SWN$(0,1)$ とする．確率過程 X_t が強定常で，すべての $t \in \mathbb{Z}$ に対して

$$X_t = \sigma_t Z_t \tag{2.12}$$

$$\sigma_t^2 = \alpha_0 + \sum_{i=1}^{p} \alpha_i X_{t-i}^2 \tag{2.13}$$

が成り立つとき，X_t を ARCH(p) (autoregressive conditional heteroskedasticity) モデルという．ただし，$\alpha_0 > 0$, $\alpha_i \geq 0$, $i = 1, \cdots, p$ である．

時刻 t までの $\{X_s\}$ の情報をフィルトレーション $\mathcal{F}_t = \sigma(X_s : s \leq t)$ とすると，σ_t は $\mathcal{F}_{t-1}$ 可測である．X_t の条件付期待値と条件付分散は，存在すれば，

$$E[X_t|\mathcal{F}_{t-1}] = E[\sigma_t Z_t|\mathcal{F}_{t-1}] = \sigma_t E[Z_t|\mathcal{F}_{t-1}] = 0 \tag{2.14}$$

$$V[X_t|\mathcal{F}_{t-1}] = E[\sigma_t^2 Z_t^2|\mathcal{F}_{t-1}] = \sigma_t^2 E[Z_t^2|\mathcal{F}_{t-1}] = \sigma_t^2 \tag{2.15}$$

である．大きな $|X_t|$ が発生すると，その後しばらくボラティリティ σ_t の高い時期が続き，$|X_t|$ の大きな値が比較的発生しやすくなるのでクラスタリングを表現できる．その継続性を示すのが係数 α_i, $i = 1, \cdots, p$ で，α_0 はボラティリティの最低水準を示す．

例 2.3 ARCH(1) は，(2.12) と (2.13) より，

$$X_t^2 = \alpha_0 Z_t^2 + \alpha_1 Z_t^2 X_{t-1}^2 = \alpha_0 Z_t^2 + \alpha_1 Z_t^2 (\alpha_0 Z_{t-1}^2 + \alpha_1 Z_{t-1}^2 X_{t-2}^2)$$

$$= \cdots = \alpha_0 \sum_{i=0}^{\infty} \alpha_1^i \prod_{j=0}^{i} Z_{t-j}^2 \tag{2.16}$$

となるので，X_t の分散が有限であるための必要条件は $\alpha_1 < 1$ である．逆に，$\alpha_1 < 1$ のとき，無条件期待値は $E[X_t] = E[E[X_t|\mathcal{F}_{t-1}]] = 0$, 無条件分散は

$$V[X_t] = E[X_t^2] = \alpha_0 \sum_{i=0}^{\infty} \alpha_1^i = \frac{\alpha_0}{1 - \alpha_1} < \infty$$

のように有限になるので，X_t は弱定常過程である．したがって，$\alpha_1 < 1$ は X_t が弱定常になるための必要十分条件である．

$\alpha_1 < 1$ を仮定して $W_t = \sigma_t^2(Z_t^2 - 1)$ とおくと，$E[|W_t|] < \infty$, $E[W_t|\mathcal{F}_{t-1}] = 0$ であり，(2.16) は

$$X_t^2 = \sigma_t^2 + \sigma_t^2(Z_t^2 - 1) = \sigma_t^2 + W_t = \alpha_0 + \alpha_1 X_{t-1}^2 + W_t \tag{2.17}$$

と書ける．さらに $E[X_t^4] < \infty$ を仮定して，(2.16) の 2 乗の期待値をとると，

$$E[X_t^4] = \frac{\alpha_0^2(1 + \alpha_1)}{1 - \alpha_1} \frac{E[Z_t^4]}{1 - \alpha_1^2 E[Z_t^4]} \tag{2.18}$$

が得られる．$E[X_t^4] < \infty$ より $E[Z_t^4]$ は有限な定数なので，$V[W_t]$ も有限な定数になる．したがって，W_t はホワイトノイズ過程になるので，X_t^2 は AR(1) 過程となる．

ARCH モデルでは，Z_t がガウシアン過程であるとしても，X_t はガウシアン過程にならないことに注意されたい．

定義 2.9 Z_t を SWN(0,1) とする．確率過程 X_t が強定常で，すべての $t \in \mathbb{Z}$ に対して

$$X_t = \sigma_t Z_t \tag{2.19}$$

$$\sigma_t^2 = \alpha_0 + \sum_{i=1}^{p} \alpha_i X_{t-i}^2 + \sum_{j=1}^{q} \beta_j \sigma_{t-j}^2 \tag{2.20}$$

が成り立つとき，X_t を GARCH(p,q) (generalized ARCH) モデルという．ただし，$\alpha_0 > 0$, $\alpha_i \geq 0$, $i = 1, \cdots, p$, $\beta_j \geq 0$, $j = 1, \cdots, q$ である．

GARCH モデルでは，$|X_{t-1}|$ だけでなく σ_{t-1} が大きな値をとった後も，しばらくは比較的大きな $|X_t|$ が発生しやすくなるため，ARCH モデルよりも高ボラティリティ状態が継続しやすい．その継続性を示すのが次数と係数 α_i, β_i である．実務では低次の GARCH モデルがよく使われる．

例 2.4 GARCH(1,1)，すなわち，$X_t = \sigma_t Z_t$，かつ

$$\sigma_t^2 = \alpha_0 + \alpha_1 X_{t-1}^2 + \beta_1 \sigma_{t-1}^2 = \alpha_0 + (\alpha_1 Z_{t-1}^2 + \beta_1)\sigma_{t-1}^2 \tag{2.21}$$

を考える．(2.21) を繰り返し使うと，

$$\sigma_t^2 = \alpha_0 \left(1 + \sum_{i=1}^{\infty} \prod_{j=1}^{i} (\alpha_1 Z_{t-j}^2 + \beta_1) \right) \tag{2.22}$$

が得られる．説明は省略するが，(2.22) より GARCH(1,1) が弱定常なホワイトノイズ過程になるための必要十分条件 $\alpha_1 + \beta_1 < 1$ が得られ，そのときの無条件分散は $\frac{\alpha_0}{1-\alpha_1-\beta_1}$ になる．また，(2.21) より

$$\sigma_t^2 = \alpha_0 + \alpha_1 X_{t-1}^2 + \beta_1(\alpha_0 + \alpha_1 X_{t-2}^2 + \beta_1 \sigma_{t-2}^2) = \cdots$$
$$= \alpha_0 \sum_{i=0}^{\infty} \beta_1^i + \alpha_1 \sum_{i=1}^{\infty} \beta_1^{i-1} X_{t-i}^2 = \frac{\alpha_0}{1-\beta_1} + \alpha_1 \sum_{i=1}^{\infty} \beta_1^{i-1} X_{t-i}^2 \tag{2.23}$$

と書けるので，GARCH(1,1) は ARCH(∞) でもある．このため，ARCH モデルで分析すると次数が高くなる場合でも，GARCH モデルでは次数が低くなる傾向がある．

GARCH(p,q) モデルには言及しないが，弱定常過程になるための必要十分条件が

$$\sum_{i=1}^{p} \alpha_i + \sum_{j=1}^{q} \beta_j < 1 \tag{2.24}$$

であることのみ証明なしであげておく.特に,(2.24)の不等号が等号になるものをIGARCH (integrated GARCH, IGARCH(p,q)) モデルという.IGARCH モデルの条件付分散は恒久的に持続する.

GARCH モデルの典型的な拡張は,GARCH 型誤差項をもつ ARMA モデル

$$X_t = \mu_t + \sigma_t Z_t \tag{2.25}$$

$$\mu_t = \mu + \sum_{i=1}^{r} \phi_i(X_{t-i} - \mu) + \sum_{j=1}^{s} \theta_i(X_{t-j} - \mu_{t-j}) \tag{2.26}$$

$$\sigma_t^2 = \alpha_0 + \sum_{i=1}^{p} \alpha_i X_{t-i}^2 + \sum_{j=1}^{q} \beta_j \sigma_{t-j}^2 \tag{2.27}$$

であろう.ただし,$\alpha_0 > 0$, $\alpha_i \geq 0$, $i = 1,\cdots,p$, $\beta_j \geq 0$, $j = 1,\cdots,q$, $\sum_{i=1}^{p}\alpha_i + \sum_{j=1}^{q}\beta_j < 1$ で,$\mu, \phi_i, i = 1,\cdots,r, \theta_i, i = 1,\cdots,s$ は定数,Z_t は SWN$(0,1)$ である.

ARCH や GARCH は,$|X_{t-1}|$ が大きければその後の変動性が高まるというモデルである.しかし,実際の株価のボラティリティには株価が上昇した後よりも下落した後のほうが高まる傾向があり,レバレッジ効果とよばれている.そこで,このような非対称性を表現できるように拡張されたモデルを本節の最後に紹介する.

• NGARCH(nonlinear GARCH)モデル:

$$\sigma_t^\gamma = \omega + \sum_{j=1}^{p} \alpha_j |X_{t-j} - k|^\gamma + \sum_{i=1}^{q} \beta_i \sigma_{t-i}^\gamma \tag{2.28}$$

ただし,γ, k は定数である.

• GJR(Glosten, Jagannathan and Runkle)モデル:

$$\sigma_t^2 = \alpha_0 + \sum_{i=1}^{p} (\alpha_i + 1_{\{X_{t-i}<0\}}\gamma_i)X_{t-i}^2 + \sum_{j=1}^{q} \beta_j \sigma_{t-j}^2 \tag{2.29}$$

ただし,$\gamma_i > 0$, $i = 1,\cdots,p$ である.$X_{t-i} < 0$ の場合のみ係数に γ_i に加算することで,株価下落後のボラティリティのさらなる上昇を表現している.

• TGARCH(threshold GARCH)モデル:

$$\sigma_t^\gamma = \omega + \sum_{i=1}^{p} \beta_i \sigma_{t-i}^\gamma + \sum_{j=1}^{q} \left(\alpha_j^+ 1_{\{X_{t-j}>0\}} + \alpha_j^- 1_{\{X_{t-j}<0\}}\right)|X_{t-j}|^\gamma \tag{2.30}$$

GJR モデルの拡張で,$\gamma = 2$ の場合は GJR モデルになる.

• EGARCH(exponential GARCH)モデル:

$$\log \sigma_t^2 = \omega + \sum_{i=1}^{p} \beta_i \log \sigma_{t-1}^2 + \sum_{j=1}^{q} \alpha_j \{\theta z_{t-1} + \gamma(|z_{t-1}| - E[|z_{t-1}|])\} \tag{2.31}$$

ただし, ϵ_{t-1} は過去の収益率の予測誤差で, $z_{t-1} = \frac{\epsilon_{t-1}}{\sigma_{t-1}}$ である. ボラティリティの対数をモデル化することでボラティリティの正値性が保証されるため, 係数への制約条件は不要である. さらに z_{t-1} と $|z_{t-1}|$ を別々に組み込むことで, 株価の上昇時と下落時の非対称性を表現している.

- GARCH-M (GARCH in the mean) モデル:

$$X_t = \delta \sigma_t^2 + \sigma_t Z_t \tag{2.32}$$

$$\sigma_t^2 = \alpha_0 + \sum_{i=1}^{p} \alpha_i X_{t-i}^2 + \sum_{j=1}^{q} \beta_j \sigma_{t-j}^2 \tag{2.33}$$

条件付期待値が条件付分散 σ_t^2 に依存するモデルである. $\delta > 0$ の場合, 条件付分散と条件付期待値は正の相関をもち, これはハイリスク・ハイリターンを表現しているとみなせる. (2.32) の $\delta \sigma_t^2$ の代わりに, $\delta \sigma_t$ や $\delta \log \sigma_t^2$ が使われることもある.

2.4 リスク計測への応用 (1)

ここでは簡単のため, 資産の時刻 t における価値 V_t が

$$V_t = \mu_t + \sigma_t Z_t, \quad t = 0, 1, 2, \cdots$$

に従う場合について説明する. ただし, μ_t, σ_t は $\mathcal{F}_{t-1}$ 可測で, Z_t は SWN(0,1) であるとする. 時刻 t までの情報 $\mathcal{F}_t$ をもとに,

$$\text{VaR}_{t+1}^{\alpha}(V_{t+1}) = \mu_t - q^{1-\alpha}(V_{t+1}) \tag{2.34}$$

$$\text{ES}_{t+1}^{\alpha}(V_{t+1}) = \mu_t - E[V_{t+1}|V_{t+1} \leq q^{1-\alpha}(V_{t+1})] \tag{2.35}$$

で定義される VaR と ES (期待ショートフォール) を時刻 $t+1$ におけるリスク量として考える. ただし, $0 < \alpha < 1$ で, $q^{\alpha}(X)$ は確率変数 X の $100\alpha\%$ 点とする. μ_t, σ_t は $\mathcal{F}_{t-1}$ 可測なので,

$$\text{VaR}_{t+1}^{\alpha}(V_{t+1}) = \mu_t - q^{1-\alpha}(\mu_t + \sigma_t Z_t) = -\sigma_t q^{1-\alpha}(Z_t)$$
$$\text{ES}_{t+1}^{\alpha}(V_{t+1}) = \mu_t - E[\mu_t + \sigma_t Z_t | \mu_t + \sigma_t Z_t \leq q^{1-\alpha}(\mu_t + \sigma_t Z_t)]$$
$$= -\sigma_t E[Z_t | Z_t \leq q^{1-\alpha}(Z_t)] = -\sigma_t ES^{\alpha}(Z_t)$$

となる. $\mathcal{F}_{t-1}$ 可測である σ_t の値は時刻 t では既知なので, あとは Z_t の分布から $q^{1-\alpha}(Z_t)$ と $ES^{\alpha}(Z_t)$ を求めれば VaR や ES が得られる. 例えば, Z_t が標準正規分布に従う場合, $q^{1-\alpha}(Z_t) = \Phi^{-1}(1-\alpha)$, $ES^{\alpha}(Z_t) = \frac{\phi(\Phi^{-1}(\alpha))}{1-\alpha}$ で与えられる.

σ_t のモデルと Z_t の選択の影響に関しては, Engle (2004) を一例として引用する. この論文には, S&P 500 のリスクホライズン 1 日の 99%-VaR をいろいろな想定のもとで求めた数値があげられている. まず, Z_t が正規分布に従うと仮定して収益率の標準

偏差 $\sigma_{(1)}$ を求め，その $\Phi^{-1}(0.99) \simeq 2.33$ 倍を VaR とすると 1.77%となったが，Z_t の正規性の仮定を外し，非対称性をもつ TGARCH モデルで分析して得られた標準化残差を Z_t として計算すると，99%-VaR は 2.0%になった．リスクホライズン 10 日では，Z_t を独立な正規分布と仮定するとルート t ルールより 99%-VaR は 5.6%となるが，TGARCH モデルによるボラティリティの予測値を使うと若干増え，Z_t の正規性を仮定して TGARCH モデルのシミュレーションを行うと 6.0%になった．さらに正規性の仮定を外し，標準化残差を用いてブートストラップ法を行うと，99%-VaR は 6.5%になった．

2.5 リスク計測への応用 (2)：RiskMetrics^{TM} と RM2006

本節ではリスク計測への応用の具体例として，1994 年に公表されて一時は市場リスク計測モデルのスタンダードとなった RiskMetrics^{TM} と，その改訂版である RM2006 におけるボラティリティの取扱いを，Zumbach (2007a; 2007b) をもとに簡単に説明する[*2)]．

RiskMetrics^{TM} (1996) では，過去データから分散や共分散を推定する際に，減衰ファクター $\lambda, 0 < \lambda < 1$ の**指数ウェイト移動平均**（exponentially weighted moving average）法を推奨している．この方法では，時刻 t において直近 T 期間分のデータ $(X_{t-1}, \cdots, X_{t-T})$ から，データ X_{t-i} の重みを $w_i = \frac{\lambda^{i-1}}{\sum_{j=1}^{T} \lambda^{j-1}}$ として[*3)]，例えば分散ならば，

$$\hat{\sigma}_t^2 = \sum_{i=1}^{T} w_i (X_{t-i} - \hat{\mu}_{t-i})^2$$

により推定する．ここで，$\hat{\mu}_{t-i}$ は X_{t-i} の条件付平均の推定値である．簡単化のため，$\hat{\mu}_{t-i} = 0, T \to \infty$ とすると，

$$\begin{aligned}\hat{\sigma}_{t+1}^2 &\simeq (1-\lambda) \sum_{i=1}^{\infty} \lambda^{i-1} X_{t-i+1}^2 = (1-\lambda) X_t^2 + \lambda(1-\lambda) \sum_{i=1}^{\infty} \lambda^{i-1} X_{t-i}^2 \\ &= (1-\lambda) X_t^2 + \lambda \hat{\sigma}_t^2 \end{aligned} \quad (2.36)$$

という関係が得られる．(2.36) は，時刻 t における条件付分散の予測値と実現値の 2 乗の加重平均が時刻 $t+1$ における条件付分散の予測値になることを示している．なお，重みの減衰のタイムスケールは $\tau = -\frac{1}{\log \lambda}$ で与えられる．

一方，RM2006 では RiskMetrics^{TM} のフレームワークを継承しながらも，その後の金融データの分析から得られた知見を取り込んでモデルを構築している．そこで重要視

[*2)] このモデルは実務での使用例として取り上げただけで，決して推奨しているわけではない．
[*3)] 十分にデータ数 T が大きいとき，$w_i \simeq (1-\lambda) \lambda^{i-1}$ となる．以下ではこの表現を適宜用いる．RiskMetrics^{TM} では，分析結果をもとに日次データには $\lambda = 0.94$，月次データには $\lambda = 0.97$ を推奨している．

されているのは不均一分散性と標準化残差の非正規性（ファットテール性）である．これらを適切に表現するために，そして短期（1日）から長期（およそ1年）のリスク計測を首尾一貫したフレームワークで行うために，RM2006 では確率過程を明示的にモデルに導入し，それに基づいて任意の期間のボラティリティの予測を行い，また，データから過去に実現した標準化残差の分布を求めて分析し，その結果を数値計算に活用している．

単位時間を δ（通常，$\delta = 1$ 日）として，はじめに GARCH(1,1) 過程

$$X_{t+\delta} = \sigma_t Z_t, \qquad \sigma_{t+\delta}^2 = \alpha_0 + \alpha_1 X_t^2 + \beta_1 \sigma_t^2 \tag{2.37}$$

を考える．(2.37) を

$$\sigma_{t+\delta}^2 - \frac{\alpha_0}{1-\beta_1} = \beta_1 \left(\sigma_t^2 - \frac{\alpha_0}{1-\beta_1} \right) + \alpha_1 X_t^2$$

と変形して，さらに $\beta_1 = \mu$, $1 - w_\infty = \frac{\alpha_1}{1-\beta_1}$, $w_\infty \sigma^2 = \frac{\alpha_0}{1-\beta_1}$, $\sigma_{1,t}^2 = \frac{\sigma_t^2 - \alpha_0/(1-\beta_1)}{1-w_\infty}$ とおくと，

$$\sigma_{t+\delta}^2 = (1 - w_\infty)\sigma_{1,t}^2 + w_\infty \sigma^2 \tag{2.38}$$

$$\sigma_{1,t+\delta}^2 = \mu \sigma_{1,t}^2 + (1-\mu) X_t^2 \tag{2.39}$$

と書ける．(2.39) は重み μ の指数ウェイト移動平均法で得られる分散の関係式 (2.36) と同じ形で，減衰のタイムスケールは $\tau = -\frac{\delta}{\log \mu}$ で与えられる．また，(2.38) は $\sigma_{t+\delta}^2$ が $X_t = \sigma_t Z_t$ の無条件分散 $\sigma^2 = \frac{\alpha_0}{1-\alpha_1-\beta_1}$ と $\sigma_{1,t}^2$ の加重平均とみなせることを示している．これを発展させて，Zumbach (2004) は，

$$X_t = \sigma_t Z_t$$

$$\sigma_t^2 = w_\infty \sigma^2 + \sum_{k=1}^n w_k \sigma_{k,t}^2 \tag{2.40}$$

$$\sigma_{k,t}^2 = \mu_k \sigma_{k,t-\delta}^2 + (1-\mu_k) X_{t-\delta}^2 \tag{2.41}$$

$$\mu_k = \mathrm{e}^{-\delta/\tau_k}, \quad \tau_k = \rho^{k-1} \tau_1, \qquad k = 1, \cdots, n \tag{2.42}$$

という **LM-ARCH** 過程（long-memory ARCH process）を提案した[*4]．ここで Z_t は SWN(0,1)，τ_1, ρ は正定数，

$$w_\infty + \sum_{k=1}^n w_k = 1, \qquad w_\infty \geq 0, \, w_k > 0, \, k = 1, \cdots, n \tag{2.43}$$

で，特に $w_\infty = 0$ の場合を **LM 線形 ARCH** 過程，$w_\infty > 0$ の場合を **LM アフィン**

[*4] ここだけみると LM-GARCH とよぶ方がよさそうであるが，本節では原論文に即して LM-ARCH と記述する．なお，$n = 1$ のとき，この過程は IGARCH 過程になる．

ARCH 過程とよんだ．このモデルはさまざまな減衰ファクターをもつ指数ウェイト移動平均法による分散 $\sigma_{k,t}^2$ の組合せで σ_t^2 を表現したもので，RiskMetrics^{TM} の拡張とも解釈できる．さらに Zumbach (2004) は，

$$w_k = (1-w_\infty)\rho^{-(k-1)\lambda} \left(\sum_{j=1}^n \rho^{-(j-1)\lambda}\right)^{-1}, \quad \lambda > 0 \qquad (2.44)$$

とおいて 1 時間ごとから月次までの為替レートのデータを分析したところ，基本となるパラメータ λ と τ_1 の推定値がデータの頻度によらず近い値を示すという結果を得た．

RM2006 では，上述の LM 線形 ARCH モデルにおいて $\rho = \sqrt{2}$ とおき，$n = k_m$,

$$w_k = \left(1 - \frac{\log \tau_k}{\log \tau_0}\right)\left(\sum_{j=1}^{k_m}\left(1 - \frac{\log \tau_j}{\log \tau_0}\right)\right)^{-1} \qquad (2.45)$$

と設定する．このモデルでは，時刻 t における期間 $\Delta T = m\delta$ の分散の予測値

$$\hat{\sigma}_t^2(\Delta T) \equiv V\left[\sum_{i=1}^m X_{t+\delta i}\bigg|\mathcal{F}_t\right] = E\left[\left(\sum_{i=1}^m X_{t+\delta i}\right)^2\bigg|\mathcal{F}_t\right] = \sum_{i=1}^m E\left[\sigma_{t+\delta i}^2\big|\mathcal{F}_t\right] \qquad (2.46)$$

が解析的に得られるので，計算に使用するデータの最大ラグ数を N とすると，

$$\hat{\sigma}_t^2(\Delta T) = \frac{\Delta T}{\delta}\sum_{j=0}^N \lambda_{m,N,j} X_{t-j}^2, \qquad \sum_{j=0}^N \lambda_{m,N,j} = 1 \qquad (2.47)$$

という形で与えられる．$\lambda_{m,N,j}$ の具体的な表現と導出は Zumbach (2007a; 2004) を参照されたい．(2.47) の $\Delta T/\delta = m$ は σ_t を定数，$Z_t \sim N(0,1)$ としたときのいわゆる $\sqrt{T}$ ルールに相当し，そのときの分散を過去の実現ボラティリティの加重和で補正している．Zumbach (2007b) によると，この $\lambda_{m,N,j}$ は長期部分で指数ウェイト移動平均に比べて大きな値をとることができるので，分散の長期記憶性を表現できる．

Z_t に関しては，時刻 t における ΔT 期間の収益率を $X_t(\Delta T)$ として，実際のデータから残差項を算出して分析したところ，$\Delta T = 1$ 日ではさまざまなデータで自由度 5 の t 分布に似た分布となり，ΔT が長くなると分布の裾はやや薄くなるという結果を得たが，RM2006 では $\varepsilon_t(\Delta T)$ の分布を ΔT に依存させることはせず，Z_t には統一的に自由度 5 の t 分布を使っている．

3 コピュラによる確率変数の依存関係の表現

ポートフォリオのリスク計測では，各資産または各資産クラスの将来価値（または損失額）を確率変数として表現し，その和の分布を扱うが，分布の形状，特に裾部分の形状は確率変数間の相互依存性に強く依存する．本章では多変量確率変数間の相互関係を表現するコピュラについて説明する．コピュラの詳細は Nelsen (1999) を参照されたい．

3.1 コピュラ

多変量同時分布を各変数の周辺分布と相互の依存関係に分けて表現するとき，相互の依存関係を示す関数がコピュラである．コピュラには，ある条件を満たす関数として定義する方法と同時分布関数として定義する方法があるが，ここでは後者を選択する．

定義 3.1 すべての 1 次元周辺分布が区間 $[0,1]$ 上の一様分布である n 次元同時分布関数を，n 次元コピュラ (copula) という．

確率変数 $X_j, j = 1, \cdots, n$ の分布関数をそれぞれ $F_{X_j}(x), j = 1, \cdots, n$ とすると，$F_{X_j}(X_j)$ は区間 $[0,1]$ の一様分布に従う（室町 (2007) の補題 4.1 を参照）．任意の同時分布がコピュラで表現できることを主張するのが次のスクラーの定理である．

定理 3.1（スクラーの定理） 任意の n 次元同時分布関数 F に対して，

$$F(x_1, \cdots, x_n) = C(F_{X_1}(x_1), \cdots, F_{X_n}(x_n))$$

となる n 次元コピュラ C が存在する．ただし，$F_{X_j}(x)$ は X_j の周辺分布関数である．すべての $F_{X_j}(x)$ が連続ならば，C は一意に定まる．

系 3.1 n 次元同時分布関数を F，その周辺分布関数を $F_{X_j}(x), j = 1, \cdots, n$ とする．すべての $F_{X_j}(x)$ が連続ならば，ある n 次元コピュラ C が存在し，任意の $\boldsymbol{u} = (u_1, \cdots, u_n) \in [0,1]^n$ に対して

$$C(u_1, \cdots, u_n) = F(F_{X_1}^{-1}(u_1), \cdots, F_{X_n}^{-1}(u_n))$$

が成り立つ．

$\boldsymbol{a} = (a_1, \cdots, a_n)$, $\boldsymbol{b} = (b_1, \cdots, b_n)$, $\boldsymbol{1}^n = (1, \cdots, 1)$ とし,
$$f(\boldsymbol{x}_{-j}, y) \equiv f(x_1, \cdots, x_{j-1}, y, x_{j+1}, \cdots, x_n)$$
とすると,定義 3.1 よりコピュラ C は以下の性質をもつ[*1)].

1) すべての $j = 1, \cdots, n$, $v \in [0,1]$ に対して, $C(\boldsymbol{1}^n_{-j}, v) = v$ である.
2) $\boldsymbol{a} \in [0,1]^n$ の少なくとも一成分が 0 のとき, $C(\boldsymbol{a}) = 0$ である.
3) すべての $\boldsymbol{a}, \boldsymbol{b} \in [0,1]^n$, $\boldsymbol{a} \leq \boldsymbol{b}$ に対して,

$$\sum_{i_1=1}^{2} \sum_{i_2=1}^{2} \cdots \sum_{i_n=1}^{2} (-1)^{i_1+i_2+\cdots+i_n} C(v_{1,i_1}, v_{2,i_2}, \cdots, v_{n,i_n}) \geq 0 \tag{3.1}$$

が成り立つ.ただし,$v_{j,1} = a_j$, $v_{j,2} = b_j$ とする.

1) は $C(\boldsymbol{1}^n_{-j}, v) = F_{X_j}(F_{X_j}^{-1}(v))$ であること, 2) は C が同時分布関数であることから意味は明らかである.3) は 2 次元平面 $[0,1] \times [0,1]$ 上で考えると理解しやすく,$P\{\boldsymbol{X} \in [\boldsymbol{a}, \boldsymbol{b}]\} \geq 0$ を表している.

また,コピュラは狭義単調増加関数による変換に関して次のような不変性をもつので,依存性を表現する手法として一般性がある.

定理 3.2 $(X_1, \cdots, X_n)$ は周辺分布が連続な確率変数ベクトルで,コピュラ C をもつとする.$T_1, \cdots, T_d$ を狭義単調増加関数とすると,$(T_1(X_1), \cdots, T_n(X_n))$ もまたコピュラ C をもつ.

定理 3.3(フレシェ–ヘフディング境界) 任意の $\boldsymbol{u} = (u_1, \cdots, u_n) \in [0,1]^n$ に対して,

$$\max\left\{\sum_{j=1}^{n} u_j - n + 1, 0\right\} \leq C(\boldsymbol{u}) \leq \min_{j=1,\cdots,n} u_j \tag{3.2}$$

が成り立つ[*2)].

$n = 2$ の場合,(3.2) は

$$\max\{u + v - 1, 0\} \leq C(u, v) \leq \min\{u, v\} \tag{3.3}$$

となる.U と V を一様分布 $U(0,1)$ に従う確率変数とすると,同時分布 $C(u,v) = P\{U \leq u, V \leq v\}$ が最大になるのは 2 つの事象 $\{U \leq u\}$ と $\{V \leq v\}$ の集合が最も重なり合う場合で,最小になるのは集合が最も重ならない場合である.(3.3) の左辺と右辺はそれらを表している.また,$\boldsymbol{X} = (X_1, \cdots, X_n)$ の各成分が互いに独立ならば,その同時分布は積コピュラ(product copula)

[*1)] コピュラをある条件を満たす関数として定義する場合には,性質 1)~3) がその条件となる.
[*2)] (3.2) の上限を示す式はコピュラであるが,下限を示す式は $n > 2$ でコピュラにならない.例えば,下限を示す式では,$n > 2$ のとき $\boldsymbol{a} = (1/2, \cdots, 1/2)$, $\boldsymbol{b} = \boldsymbol{1}^n$ に対して性質 3) が成立しない.

$$\Pi(u_1,\cdots,u_n) = \prod_{j=1}^{n} u_j$$

を用いて表現される．これは確率変数の独立の定義から明らかである．

コピュラには同時密度関数 $c(u_1,\cdots,u_n)$ が存在するとは限らないが，もし存在すれば，

$$c(u_1,\cdots,u_n) = \frac{\partial C(u_1,\cdots,u_n)}{\partial u_1 \cdots \partial u_n} = \frac{f(F_{X_1}^{-1}(u_1),\cdots,F_{X_n}^{-1}(u_n))}{f_{X_1}(F_{X_1}^{-1}(u_1))\cdots f_{X_n}(F_{X_n}^{-1}(u_n))}$$

で与えられ，これを**コピュラ密度関数**（copula density function）という．ただし，f は $\boldsymbol{X}$ の同時密度関数，f_j は X_j の周辺密度関数で，F_j^{-1} は X_j の周辺分布関数の逆関数である．また，コピュラの条件付分布は，もし存在すれば，

$$\begin{aligned}
& C_j(u_1,\cdots,u_{j-1},u_{j+1},\cdots,u_n|u_j) \\
& \equiv P\{U_1 < u_1,\cdots,U_{j-1} < u_{j-1},U_{j+1} < u_{j+1},\cdots,U_n < u_n|U_j = u_j\} \\
& = \frac{\partial C(u_1,\cdots,u_n)}{\partial u_j}
\end{aligned}$$

で与えられる．より多くの変数で条件付けられている場合も同様で，条件付けたすべての変数でコピュラ関数を偏微分すればよい．

同時分布関数が周辺分布関数とコピュラで表現されることに対応して，同時生存関数は周辺生存関数と生存コピュラで表現される．

定義 3.2 任意の $\boldsymbol{u} \in [0,1]^n$ に対して定義される

$$\begin{aligned}
& \hat{C}(u_1,\cdots,u_n) \\
& \equiv \sum_{j=1}^{n} u_j - n + 1 + \sum_{i<j} C(1,\cdots,1,1-u_i,1,\cdots,1,1-u_j,1,\cdots,1) \\
& \quad - \sum_{i<j<k} C(1,\cdots,1,1-u_i,1,\cdots,1,1-u_j,1,\cdots,1,1-u_k,1,\cdots,1) \\
& \quad + \cdots + (-1)^n C(1-u_1,\cdots,1-u_n) \tag{3.4}
\end{aligned}$$

を n 次元**生存コピュラ**（survival copula）または**反転コピュラ**（rotated copula）という．ただし，C は n 次元コピュラである．

例えば $n = 2$ のとき，(3.4) は

$$\hat{C}(u_1,u_2) = u_1 + u_2 - 1 + C(1-u_1,1-u_2) \tag{3.5}$$

となる．U を一様分布 $U(0,1)$ に従う確率変数とすると $u = P\{U \leq u\} = P\{U > 1-u\}$ なので，一様分布 $U(0,1)$ に従う確率変数 U_1, U_2 の同時分布関数がコピュラ $C(u_1,u_2)$ で与えられるとき，(3.5) より，

$$\hat{C}(u_1, u_2)$$
$$= P\{U_1 > 1-u_1\} + P\{U_2 > 1-u_2\} - 1 + P\{U_1 \leq 1-u_1, U_2 \leq 1-u_2\}$$
$$= P\{U_1 > 1-u_1, U_2 > 1-u_2\} \tag{3.6}$$

が得られる．(3.6) は，(U_1, U_2) の同時生存関数が

$$P\{U_1 > u_1, U_2 > u_2\} = \hat{C}(1-u_1, 1-u_2)$$

で与えられることを示している．

$\boldsymbol{U} = (U_1, \cdots, U_n)$ のコピュラを C とすると，生存コピュラ $\hat{C}$ は $\boldsymbol{1} - \boldsymbol{U}$ の同時分布関数である．$\hat{C}$ を生存コピュラとよぶのは，これが $(U_1, \cdots, U_n)$ の同時生存関数を表現するからである．

定理 3.4 一様分布 $U(0,1)$ に従う確率変数 $U_j, j = 1, \cdots, n$ の同時分布関数がコピュラ $C(u_1, \cdots, u_n)$ で表現されるとき，同時生存関数は

$$P\{U_1 > u_1, \cdots, U_n > u_n\} = \hat{C}(1-u_1, \cdots, 1-u_n)$$

で与えられる．

定理 3.4 より，$\boldsymbol{X} = (X_1, \cdots, X_n)$ の同時生存関数は，

$$P\{X_1 > x_1, \cdots, X_n > u_n\}$$
$$= P\{F_{X_1}(X_1) > F_{X_1}(x_1), \cdots, F_{X_n}(X_n) > F_{X_n}(u_n)\}$$
$$= \hat{C}(1 - F_{X_1}(x_1), \cdots, 1 - F_{X_n}(x_n)) = \hat{C}(S_{X_1}(x_1), \cdots, S_{X_n}(x_n))$$

で与えられる．ただし，$S_{X_j}(x) = 1 - F_{X_j}(x)$ は X_j の生存関数である．

3.2 代表的な 2 次元コピュラ

ここで，少数のパラメータで表現される 2 次元コピュラを具体的に例示しておこう．

- クレイトンコピュラ（Clayton copula）[3]：

$$C_\theta(u,v) = \max\left(\left[u^{-\theta} + v^{-\theta} - 1\right]^{-\frac{1}{\theta}}, 0\right), \quad \theta \in [-1, \infty) \setminus \{0\}$$

- グンベルコピュラ（Gumbel copula）：

$$C_\theta(u,v) = \exp\left\{-\left[(-\log u)^\theta + (-\log v)^\theta\right]^{1/\theta}\right\}, \quad \theta \geq 1$$

- フランクコピュラ（Frank copula）：

$$C_\theta(u,v) = -\frac{1}{\theta}\log\left(1 + \frac{(\mathrm{e}^{-\theta u} - 1)(\mathrm{e}^{-\theta v} - 1)}{\mathrm{e}^{-\theta} - 1}\right), \quad \theta > 0$$

---

[3] $\theta = 0$ の極限を積コピュラとしてクレイトンコピュラに含むこともある．

- ガウシアンコピュラ (Gaussian copula),または正規コピュラ:

$$C_\rho(u,v) = \Phi_{2,\rho}(\Phi^{-1}(u), \Phi^{-1}(v))$$
$$= \int_{-\infty}^{\Phi^{-1}(u)} \int_{-\infty}^{\Phi^{-1}(v)} \frac{1}{2\pi\sqrt{1-\rho^2}} e^{-\frac{s^2-2\rho st+t^2}{2(1-\rho^2)}} dtds, \quad \rho \in (-1,1)$$

ただし,$\Phi_{2,\rho}$ は相関係数 ρ の 2 次元標準正規分布の分布関数である.

- t コピュラ (t-copula):

$\boldsymbol{Z} = (Z_1, Z_2) \sim N_2(0,0,1,1,\rho)$,$S$ は自由度 ν,$\nu > 2$ のカイ二乗分布に従う確率変数,S と $\boldsymbol{Z}$ は互いに独立で,$\boldsymbol{Y} = \boldsymbol{Z}/\sqrt{S/\nu}$ は自由度 ν,相関係数 ρ の 2 変量 t 分布に従い,その同時分布関数を $T^2_{\nu,\rho}(x,y)$ とする.このとき,

$$C_{\nu,\rho}(u,v) = T^2_{\nu,\rho}(T_\nu^{-1}(u), T_\nu^{-1}(v))$$
$$= \int_{-\infty}^{T_\nu^{-1}(u)} \int_{-\infty}^{T_\nu^{-1}(v)} \frac{1}{2\pi\sqrt{1-\rho^2}} \left\{ 1 + \frac{s^2 - 2\rho st + t^2}{\nu(1-\rho^2)} \right\}^{-\frac{\nu+2}{2}} dtds$$

を 2 次元 t コピュラという.ただし,T_ν は自由度 ν の t 分布の分布関数で,T_ν^{-1} はその逆関数である.

3.3 代表的な n 次元コピュラ

一般に,2 次元コピュラを形式的に n 次元に拡張した関数はコピュラになるとは限らない.(3.1) の成立が保証されないからである.しかし,前項であげたコピュラは 2 次元のときと同形式の表現により n 次元へ拡張することができる.

- n 次元クレイトンコピュラ:

$$C_\theta(u_1, \cdots, u_n) = \left(\sum_{i=1}^n u_i^{-\theta} - n + 1 \right)^{-\frac{1}{\theta}}, \quad \theta \in [-1, \infty) \setminus \{0\}$$

- n 次元グンベルコピュラ:

$$C_\theta(u,v) = \exp\left\{ -\left(\sum_{i=1}^n (-\log u_i)^\theta \right)^{\frac{1}{\theta}} \right\}, \quad \theta \geq 1$$

- n 次元フランクコピュラ:

$$C_\theta(u,v) = -\frac{1}{\theta} \log\left(1 + \frac{\prod_{i=1}^n (e^{-\theta u_i} - 1)}{(e^{-\theta} - 1)^{n-1}} \right), \quad \theta > 0$$

- n 次元ガウシアンコピュラ:

$$C_R(u_1, \cdots, u_n) = \Phi_{n,R}(\Phi^{-1}(u_1), \cdots, \Phi^{-1}(u_n))$$

ただし,$\boldsymbol{R}$ は n 次の相関行列,$\Phi_{n,R}$ は相関行列 $\boldsymbol{R}$ の n 次元標準正規分布の同時分布関数である.

- n 次元 t コピュラ:

$$C_{\nu,R}(u_1,\cdots,u_n) = T^n_{\nu,R}(T_\nu^{-1}(u_1),\cdots,T_\nu^{-1}(u_n))$$

ただし，R は n 次の相関行列，$T^n_{\nu,R}$ は n 変量 t 分布の同時分布関数である．
また，(3.3) の上限を一般化した

$$M(u_1,\cdots,u_n) = \min(u_1,\cdots,u_n)$$

は**共単調コピュラ**（comonotonicity copula）とよばれ，すべての確率変数が完全に正の依存関係をもつことを示す．一方，(3.3) の下限は**反単調コピュラ**（countermonotonicity copula）とよばれるが，$n \geq 3$ 次元への一般化はできない．このことは，完全に負の依存関係をもつ確率変数 X，Y のそれぞれと完全に負の依存関係をもつ確率変数 Z は存在しないことから明らかである．

3.4 さまざまな相関係数

ここで，2 変量の依存関係を示す指標である相関係数について述べる．2 変量 X，Y の依存性を示す最も有名な指標は**積率相関係数**（いわゆる相関係数，product-moment correlation coefficient）で，V を分散，Cov を共分散として，

$$\rho \equiv \frac{\mathrm{Cov}(X,Y)}{\sqrt{V(X)V(Y)}}$$

で定義される．X と Y が線形関係にあるとき積率相関係数は有効な指標となるが，非線形な関係をもつ変数間の依存関係を適切に表現することはできない．

ρ の代わりによく使われるのが順位相関である．(X,Y)，$(\tilde{X},\tilde{Y})$，$(\bar{X},\bar{Y})$ は同じ同時分布に従う独立な確率変数ベクトルで，(X,Y) の同時分布関数を $F(x,y)$，X および Y の周辺分布関数を $F_X(x)$，$F_Y(y)$ とする．代表的な順位相関は，**ケンドールの順位相関係数**（Kendall's rank correlation coefficient）

$$\rho_\tau(X,Y) \equiv P\{(X-\tilde{X})(Y-\tilde{Y}) > 0\} - P\{(X-\tilde{X})(Y-\tilde{Y}) < 0\}$$
$$= 4\iint_{\mathbb{R}^2} F(x,y)\,\mathrm{d}F(x,y) - 1 = 4\iint_{[0,1]\times[0,1]} C(u,v)\,\mathrm{d}C(u,v) - 1$$

と，**スピアマンの順位相関係数**（Spearman's rank correlation coefficient）

$$\rho_s(X,Y) \equiv 3\left(P\{(X-\tilde{X})(Y-\bar{Y}) > 0\} - P\{(X-\tilde{X})(Y-\bar{Y}) < 0\}\right)$$
$$= 12\iint_{\mathbb{R}^2} F_X(x)\,F_Y(y)\,\mathrm{d}F(x,y) - 3 = 12\iint_{[0,1]\times[0,1]} u\,v\,\mathrm{d}C(u,v) - 3$$
$$= \frac{\mathrm{Cov}(F_X(X),F_Y(Y))}{\sqrt{V(F_X(X))V(F_Y(Y))}}$$

で，$-1 \leq \rho_\tau(X,Y) \leq 1$，$-1 \leq \rho_s(X,Y) \leq 1$ が成立する．ただし，$\mathbb{R}$ は実数の集合とする．これらの順位相関係数は周辺分布には依存せず，コピュラ C を与えれば一意に定まるので相互関係を把握するには適している．一方，共分散はもし存在すれば，

$$\mathrm{Cov}(X,Y) = \int_{-\infty}^{\infty}\int_{-\infty}^{\infty} (F(x,y) - F_X(x)F_Y(y))\mathrm{d}x\mathrm{d}y$$

と表現されるので，積率相関係数は周辺分布にも依存する．

例 3.1 $Z \sim N(0,1)$，$X = \mathrm{e}^Z$，$Y = \mathrm{e}^{aZ}$，$a \geq 1$ とし，$(\tilde{X},\tilde{Y})$，$(\bar{X},\bar{Y})$ に対応する Z をそれぞれ $\tilde{Z}, \bar{Z}$ とする．X と Y は Z の狭義単調増加関数なので，$(X-\tilde{X})(Y-\tilde{Y})$ の符号は $(Z-\tilde{Z})^2$ の符号と等しく，ケンドールの順位相関は $\rho_\tau(X,Y) = 1$ となる．同様に，$(X-\tilde{X})(Y-\bar{Y})$ の符号は $(Z-\tilde{Z})(Z-\bar{Z})$ の符号と等しいが，同じ分布に従う独立な $Z,\tilde{Z},\bar{Z}$ において $(Z-\tilde{Z})(Z-\bar{Z}) > 0$ となるのは Z が 3 つの確率変数のなかで最小または最大になるときで，その確率は 2/3．逆に $(Z-\tilde{Z})(Z-\bar{Z}) < 0$ となるのはそれ以外のときで，その確率は 1/3 である．したがって，スピアマンの順位相関は $\rho_s(X,Y) = 1$ となる．一方，積率相関係数は

$$\rho = \frac{\mathrm{Cov}(\mathrm{e}^Z, \mathrm{e}^{aZ})}{\sqrt{V(\mathrm{e}^Z)V(\mathrm{e}^{aZ})}} = \frac{\mathrm{e}^a - 1}{\sqrt{(\mathrm{e}-1)(\mathrm{e}^{a^2}-1)}}$$

で，$a=1$ で $\rho=1$ となるが，$a \geq 1$ では ρ は単調減少し，$a \to \infty$ で $\rho \to 0$ となる．

ここで，最も強い依存関係を表す共単調という概念を導入する．

定義 3.3 確率変数 X と Y が，すべての $\omega, \omega' \in \Omega$ に対して

$$(X(\omega)-X(\omega'))(Y(\omega)-Y(\omega')) \geq 0, \quad a.s.$$

であるとき，X と Y は**共単調**（comonotone）であるという．また，写像 $\rho : L^\infty \to \mathbb{R}$ が任意の共単調な確率変数 $X,Y \in \mathcal{L}^\infty$ に対して

$$\rho(X+Y) = \rho(X) + \rho(Y)$$

となるとき，ρ は共単調であるという[*4]．

X と Y が共単調であることは，ある確率変数 Z と非減少関数 f,g を用いて $X = f(Z), Y = g(Z)$ と表現できることと同値であり，上述の順位相関係数はともに 1 になる．その一例が例 3.1 である．共単調性は n 次元に拡張可能であり，そのときのコピュラはフレシェ–ヘフディングの上限を示すコピュラ $M(u_1,\cdots,u_n) = \min(u_1,\cdots,u_n)$ で与えられる．共単調性は積率相関係数における完全正相関（$\rho = 1$）を拡張した概念であり，完全正相関ならば共単調であるが，共単調でも完全正相関になるとは限らない．

[*4] 確率空間 $(\Omega, \mathcal{F}, P)$ 上の可測関数 f が $\mathrm{ess\,sup}\,|f| < \infty$ であるとき，f は本質的に有界であるといい，本質的に有界な可測関数の集合を L^∞ 空間という．

表 3.1 主な 2 次元コピュラのパラメータと順位相関係数

コピュラ	パラメータ範囲	ρ_τ	ρ_s
クレイトン	$\theta \in [-1, \infty) \setminus \{0\}$	$\theta/(\theta+2)$	
グンベル	$\theta \geq 1$	$1 - 1/\theta$	
フランク	$\theta \in \mathbb{R}$	$1 + 4(D(\theta) - 1)/\theta$	
正規	$-1 < \rho < 1$	$(2/\pi) \arcsin \rho$	$(6/\pi) \arcsin \frac{\rho}{2}$
t	$-1 < \rho < 1, \nu > 2$	$(2/\pi) \arcsin \rho$	

主な 2 次元コピュラのパラメータと順位相関係数を表 3.1 にまとめる．$D(\theta)$ は

$$D(x) \equiv \frac{1}{x} \int_0^x \frac{t}{e^t - 1} dt$$

で定義されるデバイ（Debye）関数である．

3.5 裾依存係数

積率相関係数や順位相関係数は分布全体としての依存性を示す指標であるが，リスク計測で特に重要なのは同時分布の裾における依存性である．

定義 3.4 2 変量 (X, Y) の同時分布において，

$$\begin{aligned}
\lambda_U &= \lim_{u \uparrow 1} P\{Y > F_Y^{-1}(u) | X > F_X^{-1}(u)\} \\
&= \lim_{u \uparrow 1} \frac{1}{1 - P\{X \leq F_X^{-1}(u)\}} \Big[1 - P\{X \leq F_X^{-1}(u)\} - P\{Y \leq F_Y^{-1}(u)\} \\
&\qquad\qquad + P\{X \leq F_X^{-1}(u), Y \leq F_Y^{-1}(u)\} \Big] \\
&= \lim_{u \uparrow 1} \frac{1 - 2u + C(u, u)}{1 - u}
\end{aligned}$$

が存在するとき，λ_U を上側裾依存係数（coefficient of upper tail dependence）といい，$\lambda_U \in [0, 1]$ である．$\lambda_U \in (0, 1]$ のとき X と Y は上側の裾で漸近的に依存するといい，$\lambda_U = 0$ のとき漸近的に独立であるという．また，

$$\begin{aligned}
\lambda_L &= \lim_{u \downarrow 0} P\{Y \leq F_Y^{-1}(u) | X \leq F_X^{-1}(u)\} \\
&= \lim_{u \downarrow 0} \frac{P\{X \leq F_X^{-1}(u), Y \leq F_Y^{-1}(u)\}}{P\{X \leq F_X^{-1}(u)\}} = \lim_{u \downarrow 0} \frac{C(u, u)}{u}
\end{aligned}$$

が存在するとき，λ_L を下側裾依存係数（coefficient of lower tail dependence）といい，$\lambda_L \in [0, 1]$ である．$\lambda_L \in (0, 1]$ のとき X と Y は下側の裾で漸近的に依存するといい，$\lambda_L = 0$ のとき漸近的に独立であるという．

表 3.2 に，主な 2 次元コピュラのパラメータと裾依存係数をまとめる．2 次元ガウシ

表 3.2 主な 2 次元コピュラの裾依存係数

コピュラ	パラメータ範囲	上側裾依存係数 λ_U	下側裾依存係数 λ_L
クレイトン	$\theta \in [-1, \infty) \setminus \{0\}$	0	$2^{-1/\theta} 1_{\{\theta > 0\}}$
グンベル	$\theta \geq 1$	$2 - 2^{1/\theta}$	0
フランク	$\theta \in \mathbb{R}$	0	0
正規	$-1 < \rho < 1$	0	0
t	$-1 < \rho < 1, \nu > 2$	$2\left(1 - T_{\nu+1}\left(\sqrt{\frac{(1-\rho)(\nu+1)}{1+\rho}}\right)\right)$	$2T_{\nu+1}\left(-\sqrt{\frac{(1-\rho)(\nu+1)}{1+\rho}}\right)$

アンコピュラは相関係数 ρ が $-1 < \rho < 1$ ならば漸近的に独立であるが，2 次元 t コピュラは漸近的に依存する．しかし，t 分布において自由度 $\nu \to \infty$ の極限が正規分布に対応することを考えると，これらの結果は整合的である．なお，$\lambda_U, \lambda_L \in [0, 1]$ であることは 2 次元コピュラのフレシェ–ヘフディングの境界 (3.3) から証明できる．

裾依存性の違いによる効果をモンテカルロシミュレーションでみてみよう．図 3.1 にガウシアンコピュラと t コピュラに従う 2 次元一様乱数の下側裾部分を示す．相関係数はともに 0.9 で，t コピュラの自由度は 3 である．t コピュラの左下部分や右上部分をみるとガウシアンコピュラよりも対角線方向に点が集中していることから，t コピュラの方が極端な値をとるデータの同時発生が多いことがわかる．この t コピュラのように，裾依存性をもつコピュラはリスク計測モデルにとって有用である．

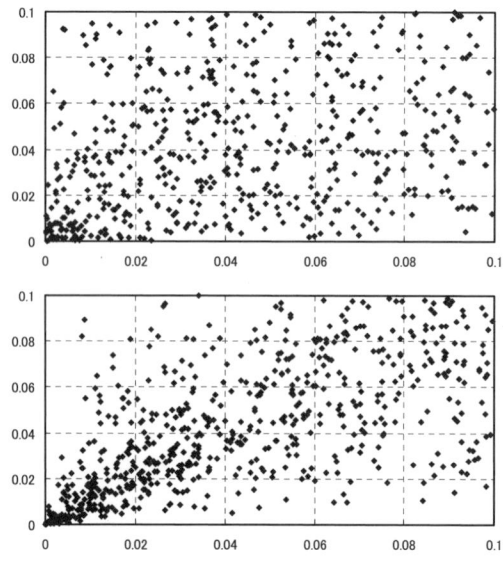

図 3.1　ガウシアンコピュラ（上）と t コピュラ（下）の下側裾の比較

3.6 アルキメデス型コピュラ

$[0,1]$ で定義された狭義単調減少凸関数 $\phi(x)$ が $\phi(0) = \infty$, $\phi(1) = 0$ を満たすとし[*5]，その逆関数を ϕ^{-1} とする．このとき，

$$C_\phi(u,v) = \phi^{-1}(\phi(u) + \phi(v)), \qquad u,v \in (0,1] \tag{3.7}$$

で定義されるコピュラを**狭義のアルキメデス型コピュラ**（strict Archimedean copula）といい，ϕ を**狭義の生成素**（strict generator）という．また，上述の $\phi(x)$ が $\phi(0) < \infty$ のとき，$\phi^{-1}(x)$ の代わりに

$$\phi^{[-1]}(x) = \begin{cases} \phi^{-1}(x), & 0 \leq x \leq \phi(0) \\ 0, & \phi(0) < x \end{cases}$$

を用いて同様に定義されるコピュラを**アルキメデス型コピュラ**（Archimedean copula）といい，ϕ を**生成素**（generator）という．

アルキメデス型コピュラの n 次元への拡張に関しては，関数 ϕ が狭義の生成素であることが必要条件であることと，さらに ϕ が完全単調ならば[*6]，

$$C_\phi(u_1, \cdots, u_n) = \phi^{-1}(\phi(u_1) + \cdots + \phi(u_n)) \tag{3.8}$$

は n 次元コピュラになることが知られている．

表 3.3　2 次元アルキメデス型コピュラと生成素

コピュラ	生成素	パラメータ範囲	狭義の生成素になるための追加条件
クレイトン	$(x^{-\theta}-1)/\theta$	$\theta \in [-1,\infty) \setminus \{0\}$	$\theta > 0$
グンベル	$(-\log x)^\theta$	$\theta \geq 1$	なし
フランク	$-\log \frac{\mathrm{e}^{-\theta x}-1}{\mathrm{e}^{-\theta}-1}$	$\theta \in \mathbb{R}$	なし

生成素 ϕ の選択によりさまざまなコピュラが生まれる．その一部，特に 1 パラメータのコピュラと生成素の関係を表 3.3 に例示する．各自で確認されたい．また，生成素の構成に関しては以下の定理がある．

定理 3.5 G は $G(0) = 0$ を満たす $\mathbb{R}^+$ 上の分布関数で，ラプラス–スティルチェス変換

$$\hat{G}(t) = \int_0^\infty \mathrm{e}^{-tx} \mathrm{d}G(x), \qquad t \geq 0 \tag{3.9}$$

は存在するものとし，$\hat{G}(\infty) = 0$ とおく．V は分布関数を G とする確率変数で，

[*5] 関数 $f(x)$ が実数の区間 I で凸 (convex) であるとは，任意の $\lambda \in (0,1)$ と $x, y \in I$ に対して $f(\lambda x + (1-\lambda)y) \leq \lambda f(x) + (1-\lambda)f(y)$ が成立することである．
[*6] 減少関数 f が完全単調 (completely monotonic) であるとは，$k = 0, 1, 2, \cdots$ に対して $(-1)^k f^{(k)}(x) \geq 0$ が成立することである．

$U_1, \cdots, U_n$ は V を与えたとき条件付独立な確率変数列で，条件付分布関数は $u \in [0, 1]$ に対して $F_{U_i|V}(u|v) = \mathrm{e}^{-v\hat{G}^{-1}(u)}$ で与えられるとする．このとき，$\boldsymbol{U} = (U_1, \cdots, U_n)$ の分布関数は生成素 $\phi = \hat{G}^{-1}$ のアルキメデス型コピュラで与えられる．すなわち，

$$P\{U_1 \leq u_1, \cdots, U_n \leq u_n\} = \hat{G}\left(\hat{G}^{-1}(u_1) + \cdots + \hat{G}^{-1}(u_n)\right) \tag{3.10}$$

である．

生成素が定理 3.5 の $\phi = \hat{G}^{-1}$ で与えられるコピュラを **LT** アルキメデス型コピュラ（LT はラプラス変換を意味する）とよぶこともある．このタイプの乱数列は次の方法で生成できる．

手順 3.1 マーシャル–オルキン法

1. 生成素の逆関数 ϕ^{-1} がラプラス–スティルチェス変換 $\hat{G}$ になるような分布関数 G に従う乱数 V を発生させる．
2. 一様分布 $U(0, 1)$ に従う独立な乱数列 $X_1, \cdots, X_n$ を発生させる．
3. $\boldsymbol{U} = (\hat{G}(-\log(X_1)/V), \cdots, \hat{G}(-\log(X_n)/V))$ を返す．

例えば，クレイトンコピュラでは V としてガンマ分布 $\mathrm{Ga}(1/\theta, 1/\theta)$ に従う確率変数を発生させればよい．これは，$\mathrm{Ga}(1/\theta, 1/\theta)$ の密度関数のラプラス変換

$$\begin{aligned}\hat{G}(t) &= \int_0^\infty \mathrm{e}^{-tx} \frac{(1/\theta)^{\frac{1}{\theta}}}{\Gamma(1/\theta)} x^{\frac{1}{\theta}-1} \mathrm{e}^{-\frac{x}{\theta}} \mathrm{d}x \\ &= \left(\frac{1/\theta}{1/\theta+t}\right)^{\frac{1}{\theta}} \int_0^\infty \frac{(1/\theta+t)^{\frac{1}{\theta}}}{\Gamma(1/\theta)} x^{\frac{1}{\theta}-1} \mathrm{e}^{-(\frac{1}{\theta}+t)x} \mathrm{d}x = \left(\frac{1}{1+\theta t}\right)^{\frac{1}{\theta}}\end{aligned}$$

がクレイトンコピュラの生成素の逆関数に相当するからである．

ここまで紹介してきたコピュラは**交換可能**，すなわち変数の順序を交換してもコピュラ自体は交換前と変わらない．一方，交換可能なコピュラから交換可能でない非対称なコピュラを構成する方法として，交換可能なコピュラ C，定数 $\alpha, \beta \in [0, 1]$ を用いて

$$C(u_1, u_2; \alpha, \beta) = u_1^{1-\alpha} u_2^{1-\beta} C(u_1^\alpha, u_2^\beta), \qquad 0 \leq u_1, u_2 \leq 1 \tag{3.11}$$

とする方法が知られている．$\alpha = \beta$ の場合に限り，$C(u_1, u_2; \alpha, \beta)$ は交換可能になる．

3.7 ヴァインコピュラ

これまではコピュラの一般的な性質と 2 次元コピュラを中心に述べてきたが，現在までに理論的によく調べられているコピュラは 2 次元までで，パラメータの少ないアルキメデス型を除く 3 次元以上の具体的なコピュラに関する研究はそれほど多くない．そこで本節では，2 次元コピュラをもとに n 次元コピュラを構成する方法（pair-copula constructions, PCCs）を Aas et al. (2009) に沿って紹介する．

3.7 ヴァインコピュラ

n 次元確率ベクトル $(X_1, \cdots, X_n)$ の同時分布関数 $F(x_1, \cdots, x_n)$ は連続な同時密度関数 $f(x_1, \cdots, x_n)$ をもち,かつ周辺分布関数 $F_i(x_i)$, $i = 1, \cdots, n$ は連続な正の周辺密度関数 $f_i(x_i)$ をもつとする.このとき,まず 2 次元確率ベクトル (X_1, X_2) の同時分布関数は,コピュラ $C_{1,2}(\cdot, \cdot)$ と周辺分布関数 $F_1(\cdot)$, $F_2(\cdot)$ を使って

$$F(x_1, x_2) = C_{1,2}(F_1(x_1), F_2(x_2)) \tag{3.12}$$

と表現できるので,同時密度関数は

$$f(x_1, x_2) = c_{1,2}(F_1(x_1), F_2(x_2)) f_1(x_1) f_2(x_2) \tag{3.13}$$

と表現できる.ここで,$c_{1,2}(u_1, u_2) = \frac{\partial^2 C_{1,2}(u_1, u_2)}{\partial u_1 \partial u_2}$ はコピュラ密度関数である.次に,3 次元確率ベクトル (X_1, X_2, X_3) の同時密度関数 $f(x_1, x_2, x_3)$ は,条件付確率を使って分解すると,

$$f(x_1, x_2, x_3) = f_3(x_3) f(x_2|x_3) f(x_1|x_2, x_3) \tag{3.14}$$

と書けるが,(3.14) 右辺の $f(x_2|x_3)$ は,(3.13) を用いて,

$$f(x_2, x_3) = f(x_2|x_3) f_3(x_3) = c_{2,3}(F_2(x_2), F_3(x_3)) f_2(x_2) f_3(x_3) \tag{3.15}$$

と書けることから

$$f(x_2|x_3) = c_{2,3}(F_2(x_2), F_3(x_3)) f_2(x_2) \tag{3.16}$$

である.また,(3.16) と同様にして

$$f(x_1|x_3) = c_{1,3}(F_1(x_1), F_3(x_3)) f_1(x_1) \tag{3.17}$$

が得られ,さらに (3.17) の x_2 による条件付確率を考えると,

$$\begin{aligned} f(x_1|x_2, x_3) &= c_{1,3|2}(F_1(x_1|x_2), F_3(x_3|x_2)) f_1(x_1|x_2) \\ &= c_{1,3|2}(F_1(x_1|x_2), F_3(x_3|x_2)) c_{1,2}(F_1(x_1), F_2(x_2)) f_1(x_1) \end{aligned} \tag{3.18}$$

となるので,(3.14), (3.16), (3.18) より,

$$\begin{aligned} f(x_1, x_2, x_3) = &\, f_3(x_3) \cdot c_{2,3}(F_2(x_2), F_3(x_3)) f_2(x_2) \\ &\times c_{1,3|2}(F_1(x_1|x_2), F_3(x_3|x_2)) c_{1,2}(F_1(x_1), F_2(x_2)) f_1(x_1) \end{aligned} \tag{3.19}$$

と書ける.ただし,$c_{1,3|2}$ は x_2 で条件付けられた (X_1, X_3) の条件付コピュラ密度関数である.一方,コピュラ密度関数 $c_{1,2,3}$ を用いて

$$f(x_1, x_2, x_3) = c_{1,2,3}(F_1(x_1), F_2(x_2), F_3(x_3)) f_1(x_1) f_2(x_2) f_3(x_3) \tag{3.20}$$

とも書けるので,(3.19) と (3.20) より,

$$c_{1,2,3}(F_1(x_1), F_2(x_2), F_3(x_3)) = c_{1,2}(F_1(x_1), F_2(x_2))c_{2,3}(F_2(x_2), F_3(x_3))$$
$$\times c_{1,3|2}(F_1(x_1|x_2), F_3(x_3|x_2)) \qquad (3.21)$$

が得られ,さらに (3.21) の添字 1 と 2,添字 2 と 3 を交換した式もそれぞれ成立する.

ここであげた例のように,一般に n 次元の同時密度関数は,条件付確率を用いて分解していくことで条件付 2 次元コピュラ密度関数,2 次元コピュラ密度関数,周辺密度関数の積で表現できる[*7].この表現は次元 n が高くなるほど複雑になり,可能な表現の数も増え,例えば $n=5$ 次元の同時密度関数では 240 の相異なる表現が存在する.このような数多くの表現を整理するために,グラフ理論でいうヴァインという概念を導入する.

ある集合の要素を頂点(vertex)で表し,そのうち相異なる 2 つの頂点のいくつかが辺(edge)で結ばれている図形を考える.その図形が,辺をたどればどの頂点にもいくことができて,しかも閉じた路をもたないとき,その頂点集合と辺集合をあわせたものを木(tree)という[*8].大雑把にいえば,ヴァイン(vine)とはある性質の階層構造をもつ木の列のことで,そのうちよく使われるのは正則ヴァインである.n 個の要素 $\{1,\cdots,n\}$ 上の正則ヴァイン(regular vine, R-vine)$\mathcal{V}$ とは木 $T_i, i=1,\cdots,n-1$ の列 $\mathcal{V}=(T_1,\cdots,T_{n-1})$ で,以下の条件を満たすものである.

1. T_1 は $V_1=\{1,\cdots,n\}$ を頂点集合,E_1 を辺集合とする木である.
2. $i=2,\cdots,n-1$ に対して,T_i は $V_i=E_{i-1}$ を頂点集合,E_i を辺集合とする木で,$\#V_i = n+1-i$,$\#E_i = n-i$ である.ただし,$\#S$ は集合 S の要素数である.
3. 近接条件(proximity condition):T_i において辺で連結される頂点は,T_{i-1} において隣接する辺(1 つの頂点のみ共有する辺)でなければならない.

ここでは最近のファイナンスの文献でよくみられる 2 つの正則ヴァインを紹介する.

3.7.1 正準ヴァイン

図 3.2 では,どの木 $T_j, j=1,2,3$ においてもある 1 つの頂点が他のすべての頂点と辺で連結している.このような正則ヴァインを正準ヴァイン(canonical vine, C-vine)という.図 3.2 の正準ヴァインを用いた 4 次元同時密度関数は,

$$f(x_1, x_2, x_3, x_4) = f_1(x_1)f_2(x_2)f_3(x_3)f_4(x_4)$$
$$\times c_{1,2}(F_1(x_1), F_2(x_2))c_{1,3}(F_1(x_1), F_3(x_3))c_{1,4}(F_1(x_1), F_4(x_4))$$
$$\times c_{2,3|1}(F_2(x_2|x_1), F_3(x_3|x_1))c_{2,4|1}(F_2(x_2|x_1), F_4(x_4|x_1))$$
$$\times c_{3,4|1,2}(F_3(x_3|x_1,x_2), F_4(x_4|x_1,x_2)) \qquad (3.22)$$

[*7] 2 次元コピュラ密度関数の引数は周辺分布関数に,条件付 2 次元コピュラ密度関数の引数は条件付分布関数になる.

[*8] 木は単連結で閉路をもたない無向グラフである.本書ではグラフ理論には言及せず,ヴァインの大まかな概念のみ説明する.用語の正確な定義は Bedford and Cooke (2002) などを参照されたい.

3.7 ヴァインコピュラ

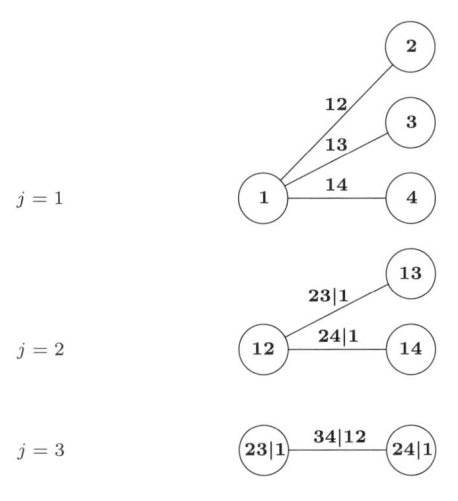

$j = 1$

$j = 2$

$j = 3$

図 3.2　4 次元（4 変量）の正準ヴァイン

と表現される．一般に，正準ヴァインを用いた n 次元同時密度関数は，

$$
\begin{aligned}
&f(x_1, \cdots, x_n) \\
&= \left(\prod_{k=1}^{n} f_k(x_k) \right) \\
&\quad \times \prod_{j=1}^{n-1} \prod_{i=1}^{n-j} c_{j,j+i|1,\cdots,j-1} \left(F_j(x_j|x_1, \cdots, x_{j-1}), F_{j+i}(x_{j+i}|x_1, \cdots, x_{j-1}) \right)
\end{aligned}
\tag{3.23}
$$

で与えられる．ここで，(3.23) のなかの j は木 T_j の階層 j に相当する．

(3.22) や (3.23) の密度関数の引数に現れる条件付分布関数は，Joe (1996) が導出した

$$
F(x|\boldsymbol{v}) = \frac{\partial C_{x,v_j|\boldsymbol{v}_{-j}}(F(x|\boldsymbol{v}_{-j}), F(v_j|\boldsymbol{v}_{-j}))}{\partial F(v_j|\boldsymbol{v}_{-j})}
\tag{3.24}
$$

により求める．ここで，$\boldsymbol{v}$ は d 次元ベクトル，v_j は $\boldsymbol{v}$ の任意の一成分，$\boldsymbol{v}_{-j}$ は $\boldsymbol{v}$ から v_j を除いた $d-1$ 次元ベクトルである．$\boldsymbol{v} = v$ がスカラー，すなわち $d = 1$ のときは，

$$
F(x|v) = \frac{\partial C_{x,v}(F(x), F(v))}{\partial F(v)}
\tag{3.25}
$$

である．

3.7.2　D ヴァイン

図 3.3 では，どの木 T_j, $j = 1, 2, 3$ においてもある頂点が辺で連結している頂点は

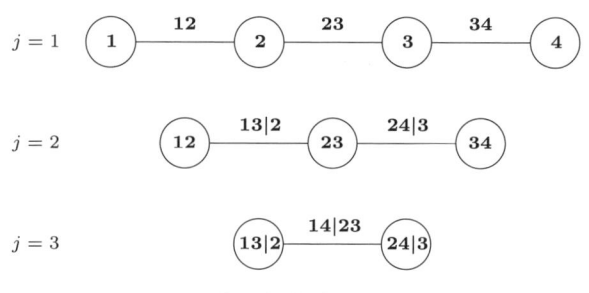

図 3.3　4 次元（4 変量）の D ヴァイン

高々 2 つである．このような正則ヴァインを **D ヴァイン**（D-vine）という．図 3.3 の D ヴァインを用いた 4 次元同時密度関数は，

$$f(x_1, x_2, x_3, x_4) = f_1(x_1)f_2(x_2)f_3(x_3)f_4(x_4)$$
$$\times c_{1,2}(F_1(x_1), F_2(x_2))c_{2,3}(F_2(x_2), F_3(x_3))c_{3,4}(F_3(x_3), F_4(x_4))$$
$$\times c_{1,3|2}(F_1(x_1|x_2), F_3(x_3|x_2))c_{2,4|3}(F_2(x_2|x_3), F_4(x_4|x_3))$$
$$\times c_{1,4|2,3}(F_1(x_1|x_2,x_3), F_4(x_4|x_2,x_3)) \tag{3.26}$$

と表現される．(3.26) の引数に現れる条件付分布関数は (3.24) より求める．一般に，D ヴァインを用いた n 次元同時密度関数は，

$$f(x_1, \cdots, x_n)$$
$$= \left(\prod_{k=1}^n f_k(x_k)\right)$$
$$\times \prod_{j=1}^{n-1}\prod_{i=1}^{n-j} c_{i,i+j|i+1,\cdots,i+j-1}(F_i(x_i|x_{i+1},\cdots,x_{i+j-1}), F_{i+j}(x_{i+j}|x_{i+1},\cdots,x_{i+j-1})) \tag{3.27}$$

で与えられる．ここで，(3.27) のなかの j は木 T_j の階層 j に相当する．

3.7.3　条件付独立とヴァイン

条件付独立性[*9)] は，変数間の依存関係を単純にしたいときによく使われる．一般に，確率変数ベクトル $\boldsymbol{V} = \boldsymbol{v}$ が与えられたとき確率変数 X_1, X_2 が条件付独立であるとすると，

$$c_{1,2|\boldsymbol{v}}(F_1(x_1|\boldsymbol{v}), F_2(x_2|\boldsymbol{v})) = 1 \tag{3.28}$$

となる．例えば，確率変数 X_2 が与えられたとき確率変数 X_1, X_3 が条件付独立である

[*9)] 条件付独立に関しては室町 (2007) を参照されたい．

とすると，$c_{1,3|2}(\cdot,\cdot) = 1$ なので，(3.21) は

$$c_{1,2,3}(F_1(x_1), F_2(x_2), F_3(x_3)) = c_{1,2}(F_1(x_1), F_2(x_2))c_{2,3}(F_2(x_2), F_3(x_3))$$
(3.29)

となり，構造が少し単純になる．互いに独立な要素を示す頂点は異なる木に属するが，この例では X_1, X_2, X_3 に対応する頂点は 1 つの木に属し，X_2 に対応する頂点から伸びる辺をすべて削除すると X_1 と X_3 が別の木に属する，という関係で描かれる．図 3.2 の T_1 では，X_1 が与えられたとき，X_2, X_3, X_4 は条件付独立である．また，図 3.3 の T_1 では，X_2 が与えられたとき，X_1 と X_3, X_4 は条件付独立である．

3.7.4 ヴァインコピュラによる多次元分布の推定の現状と批判

ヴァインコピュラによる多次元分布の推定では，さまざまなヴァインと 2 次元コピュラを用意して，観測データをもとに，ヴァインと各 2 次元コピュラの組合せごとにコピュラのパラメータの最尤推定を行い，その結果をもとに，例えば AIC や SBIC などの指標を使って最適なヴァインと 2 次元コピュラの組合せを選択することになる．最近では，例えば Brechmann and Schepsmeier (2013) のように[*10]，この推定を行う統計パッケージも開発されている．

しかし，推定のなかで使われている仮定に理論的な問題が指摘されている．一般に，条件付 2 次元コピュラ密度関数は条件となる変数に明示的に依存すると考えられる．しかし，既存のヴァインコピュラによる n 次元同時分布の構成に関する文献では，条件付 2 次元コピュラ密度関数は条件となる変数に明示的には依存せず，引数となる条件付分布を通してのみ依存すると仮定されてきた．例えば，本来ならば

$$c_{1,2|3}(F_{1|3}(x_1|x_3), F_{2|3}(x_2|x_3); x_3)$$

とすべきところを，

$$c_{1,2|3}(F_{1|3}(x_1|x_3), F_{2|3}(x_2|x_3))$$

としてきた．この仮定は推定を容易にするために導入されたが，どこまで一般性を失うことになるのか理論的に解明されておらず，今後の研究課題の 1 つとなっている．

3.8 実証分析の例

例 3.2 新谷ら (2010) は，S&P500，ユーロストックス 50，日経平均の 2000 年 1 月〜2009 年 9 月の日次データをもとに，収益率分布の相互依存関係をパラメトリックなコピュラを用いて分析した．まず，日次株価指数収益率の積率相関係数を，過去 1 年間を観測期間としてローリング推計し，市場ストレス発生時，例えば IT バブル崩壊期，中

[*10] 筆者は例としてこのパッケージをあげただけで，特に推薦しているわけではない．

東情勢悪化，パリバショック，リーマンショックなどの時期に比較的相関係数が高まることを示した．次に，データからケンドールの順位相関係数 $\hat{\rho}_\tau$ を求め，正規コピュラや t コピュラ（自由度は 3 と 6 を選択），クレイトンコピュラ，反転グンベルコピュラ（グンベルコピュラの生存コピュラ）に従うとしたときのパラメータを $\hat{\rho}_\tau$ から逆算して求め[*11]．さらに下側裾依存係数を信頼水準の関数として求めた値を実際のデータから推定された下側裾依存係数（これを実測値と呼ぶ）と比較した．ここで，周辺分布には過去 1 年間の経験分布を使用する．その結果，どの株価指数収益率のペアにおいても下側裾依存係数の実測値は正規コピュラを仮定した場合よりも高く，自由度 6 と 3 の t コピュラの中間的な値となった．このことは，正規コピュラでは現実の収益率の裾依存性を適切に表現できないことを示唆している．また，同様の手法でローリング推計を行い，市場ストレス発生時には下側裾依存係数が高まることを示した．これらをもとに，彼らは日米欧の株価はストレス事象が発生すると正規コピュラでは表現できないほど下側裾依存性が高まると結論し，t コピュラ，クレイトンコピュラ，反転グンベルコピュラなどの下側で漸近従属なコピュラの使用がより適切であると述べた．

例 3.3 Aas et al. (2009) は，1999〜2003 年のノルウェーと世界の株価指数と債券指数あわせて 4 つの指数の日次対数収益率データで PCCs を行った．まず，データに AR(1)-GARCH(1) モデルを適用し，得られた残差を $(0,1)$ 上の一様分布に従うデータに変換し，各 2 変数間の依存関係を 2 次元 t コピュラとしてパラメータを最尤推定した．その結果をもとに，依存関係の強さの順に並べて D ヴァインを構築し，最尤法でパラメータを推定した．この結果を 4 次元 t コピュラによる最尤推定と比較したところ，D ヴァインの方が AIC が低く，尤度比検定でも 4 次元 t コピュラは棄却された．

例 3.4 Dißmann et al. (2013) は，2002〜2009 年の 16 種の指数（株価指数 5 種，債券価格指数 9 種，商品価格指数 2 種）の日次収益率を分析した．まず，一変量ごとに AR(1)-GARCH(1) モデルを適用し，得られた残差を $(0,1)$ 上の一様分布に従うデータに変換してケンドールの順位相関係数 ρ_τ を求めた．次に，ケンドールの順位相関係数 ρ_τ の絶対値の和が最大になるように正則ヴァインの木 T_1 を選択し，辺で連結された 2 変数間の 2 次元コピュラとそのパラメータは候補とする 7 種類のコピュラのなかから AIC で決定した．T_2 以降の木では，各レベルごとに同様のアルゴリズムを用いて木の形状と条件付 2 次元コピュラの選択を繰り返し，最終的に，正規コピュラ 16 個，t コピュラ 51 個，グンベルコピュラ 4 個，フランクコピュラ 30 個などからなる正則ヴァインを得た[*12]．さらに彼らは，正準ヴァインや D ヴァインを仮定した場合との比較も行った．

[*11] 表 3.1 に示した関係などを使用する．
[*12] この手順では全体最適化されていないので，彼らの手順による推定結果を初期値として漸近的に最尤推定を行ってもよい．なお，ρ_τ の代わりに他の尺度，例えば裾依存係数などを用いて木の形状を決定することもできる．

4 極値理論

正規分布より裾が厚い分布に従うデータが多い金融の分野では極値理論がよく使われる．極値とは，ある確率変数列のうち最大値（または最小値）と，ある十分大きな（小さな）値を上回る（下回る）変数列の 2 種類を指し，確率変数列の極値が従う分布に関する理論を極値理論（extreme value theory）という．VaR や ES など分布の裾の値を扱う現代のリスク計測において極値理論は今後有望な理論の 1 つとみられている．本章では，McNeil et al. (2005)，Embrechts et al. (1997)，渋谷・高橋 (2011)，森本 (2000) を参考に極値理論を概説する．符号を変えれば最小値は最大値となるので，以下では議論の対象を最大値と，ある十分大きな値を上回る変数列（閾値超過データ）に限定する．

損失額を表す i.i.d. 確率変数列を $(X_i)_{i\in\mathbb{N}}$ とし，その最大値を $M_n = \max(X_1,\cdots,X_n)$，$X_1$ の分布関数を $F(x) = P\{X \leq x\}$，生存関数を $\bar{F}(x) = 1 - F(x)$ とする．

4.1 最大値の分布

はじめに確率変数列の最大値の分布について述べる．

定義 4.1 一般化極値分布（generalized extreme value (GEV) distribution）の分布関数は，$1 + \xi x > 0$ において

$$H_\xi(x) = \begin{cases} \exp\left\{-(1+\xi x)^{-1/\xi}\right\}, & \xi \neq 0 \\ \exp\left\{-e^{-x}\right\}, & \xi = 0 \end{cases} \quad (4.1)$$

で与えられ，$\xi \in \mathbb{R}$ を形状パラメータ（shape parameter）という．また，

$$H_{\xi,\mu,\sigma}(x) = H_\xi\left(\frac{x-\mu}{\sigma}\right) \quad (4.2)$$

のように表現するとき，$\mu \in \mathbb{R}$ を位置パラメータ（location parameter），$\sigma > 0$ を尺度パラメータ（scale parameter）という．

分布の最大の特徴である形状は形状パラメータ ξ の値で決まり，$\xi > 0$ のときをフレシェ（Fréchet）分布，$\xi = 0$ のときをグンベル（Gumbel）分布，$\xi < 0$ のときをワイブル（Weibull）分布という．図 4.1 と図 4.2 に，$\mu = 0$，$\sigma = 1$，$\xi = -0.5, 0, 0.5$ のと

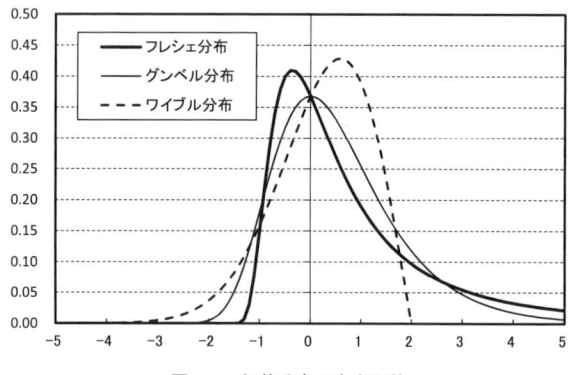

図 4.1 極値分布の密度関数

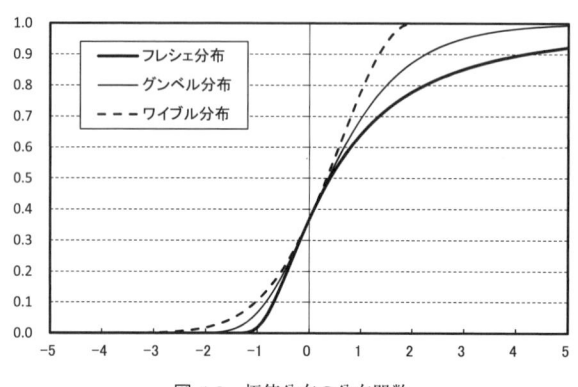

図 4.2 極値分布の分布関数

きの分布関数と密度関数を示す．ワイブル分布は有限の**右端点**

$$x_F = \sup\{x \in \mathbb{R} : F(x) < 1\}$$

をもつ右裾の短い分布で，グンベル分布は右端点が無限，すなわち右裾は無限に伸び，フレシェ分布も右端点が無限でグンベル分布よりも右裾の厚い分布である．

右端点の定義から，データ数 $n \to \infty$ のとき $M_n \to x_F$ になる．しかしこれは自明なことなので，次に，M_n を適当に標準化した変数の振る舞いについて議論する．

以下の記述のため，上述の3分布，フレシェ分布 Φ_α，グンベル分布 Λ，ワイブル分布 Ψ_α のそれぞれの標準化された分布関数の表現もあげておく．

$$\Phi_\alpha(x) = \begin{cases} 0, & x \leq 0 \\ \exp\{-x^{-\alpha}\}, & x > 0 \end{cases} \tag{4.3}$$

$$\Lambda(x) = \exp\{-\mathrm{e}^{-x}\}, \qquad x \in \mathbb{R} \tag{4.4}$$

$$\Psi_\alpha(x) = \begin{cases} \exp\{-(-x)^\alpha\}, & x \leq 0 \\ 1, & x > 0 \end{cases} \quad (4.5)$$

ただし，$\alpha = |\frac{1}{\xi}| > 0$ で，$\xi > 0$ のとき，$\alpha = \frac{1}{\xi}$ を**裾指数**（tail index）という．裾指数 α が小さいほど分布の裾は厚くなる．$\Psi_\alpha(x)$ は負のワイブル分布ともよばれる．

定義 4.2 $M_n = \max(X_1, \cdots, X_n)$ に対して，ある実数列 $(d_n), (c_n), c_n > 0$ が存在し，

$$\lim_{n\to\infty} P\left\{\frac{M_n - d_n}{c_n} \leq x\right\} = \lim_{n\to\infty} F^n(c_n x + d_n) = H(x) \quad (4.6)$$

が成り立つとき，F は H の**最大吸引域**（maximum domain of attraction）に属するといい，$F \in \mathrm{MDA}(H)$ で表す．ただし，H は非退化な分布関数で，$(d_n), (c_n)$ を**基準化定数列**という．分布が非退化とは確率が一点に集中していないことである．

定理 4.1（Fisher–Tippett–Gnedenko の定理） 非退化な分布関数 H に対して $F \in \mathrm{MDA}(H)$ ならば，H は一般化極値分布（GEV 分布）である．

一般化極値分布は 3 種類ある．それぞれの分布に収束する有名な分布を以下に挙げる．
- フレシェ分布
  パレート分布，t 分布，F 分布，逆ガンマ分布，対数ガンマ分布．
- グンベル分布
  指数分布，正規分布，対数正規分布，ガンマ分布，カイ二乗分布．
- ワイブル分布
  ベータ分布，一様分布．

もちろん，それぞれの極値分布の最大値も同じ分布に収束する．例えば，$H_0^n(x) = H_0(x - \log n)$，$H_\xi^n(x) = H_\xi(n^{-\xi} x - \frac{1-n^{-\xi}}{\xi})$ である．ポアソン分布や幾何分布はこの種の極限分布をもたないことが知られているが，通常使われる連続分布は極限分布をもつと思っていて問題はない．

強定常過程に対しても最大値の極限分布の議論は適用できる．$(X_i)_{i \in \mathbb{N}}$ を分布 F の強定常過程，同じ分布 F の i.i.d. 過程を $(Z_i)_{i \in \mathbb{N}}$ とし，$M_n = \max(X_1, \cdots, X_n)$，$\tilde{M}_n = \max(Z_1, \cdots, Z_n)$ とする．このとき，多くの $(X_i)_{i \in \mathbb{N}}$ において，

$$\lim_{n\to\infty} P\left\{\frac{\tilde{M}_n - d_n}{c_n} \leq x\right\} = H(x) \quad (4.7)$$

が成り立つことと，

$$\lim_{n\to\infty} P\left\{\frac{M_n - d_n}{c_n} \leq x\right\} = H^\theta(x) \quad (4.8)$$

が成り立つことが同値になるような実数 $\theta \in (0,1]$ が存在することを示すことができて，この θ を**極値指数**（extremal index）という．極値指数 θ をもつ過程では，標準化され

た最大値 $\frac{M_n-d_n}{c_n}$ は,対応する i.i.d. 過程の最大値 $\frac{\tilde{M}_n-d_n}{c_n}$ と同じ分布,ただし θ で補正された分布に収束する. θ は,時系列相関をもつデータのうち,実質的に独立とみなせるデータの比率を示していると考えられる.極値指数 θ については

- 強ホワイトノイズ過程では $\theta = 1$.
- ARMA 過程の θ はイノベーション過程 Z_t 次第で変わる. Z_t がガウシアンの強ホワイトノイズ過程であれば $\theta = 1$.
- ARCH 過程や GARCH 過程では $\theta < 1$.

などが知られている.

パラメータの最尤推定はブロックデータを使って行う. n 個のデータからなるブロックが m 個あるとし, j 番目のブロックの最大値を M_{nj} で表す.これらブロック最大値は独立と仮定し,GEV 分布の密度関数を $f(x;\xi,\mu,\sigma)$ とすると,対数尤度は

$$\log L(\xi,\mu,\sigma) = \sum_{i=1}^{m} \log f(M_{ni};\xi,\mu,\sigma)$$
$$= -m\log\sigma - \left(1+\frac{1}{\xi}\right)\sum_{i=1}^{m}\log\left(1+\xi\frac{M_{ni}-\mu}{\sigma}\right) - \sum_{i=1}^{m}\left(1+\xi\frac{M_{ni}-\mu}{\sigma}\right)^{-\frac{1}{\xi}}$$

と書けるので,これを最大化するパラメータ (ξ, μ, σ) を求めればよい.しかしこの場合,最大値のデータ数 m が少ないと最尤推定が困難になり,逆に,ブロックのデータ数 n が少ないとデータの最大値としての意味が薄くなることに注意が必要である.また,ブロック最大値が時系列相関をもつときは極値指数 θ の分だけ実質的なデータ数が減少するので,独立な場合に比べて n を多めにとる必要がある.

4.2 閾値超過データの分布

次に,もう1つの極値である閾値超過データの分布について述べる.

定義 4.3 一般化パレート分布(generalized Pareto distribution, GPD)の分布関数は,

$$G_{\xi,\beta}(x) = \begin{cases} 1 - \left(1+\frac{\xi x}{\beta}\right)^{-\frac{1}{\xi}}, & \xi \neq 0 \\ 1 - \exp\left(-\frac{x}{\beta}\right), & \xi = 0 \end{cases} \quad (4.9)$$

で与えられる.ただし, $\xi \geq 0$ のときは $\beta > 0$, $x \geq 0$ で, $\xi < 0$ のときは $0 \leq x \leq -\frac{\beta}{\xi}$ である. ξ を形状パラメータ, β を尺度パラメータという.

GPD は, $\xi > 0$ のときは通常のパレート分布になるが, $\xi = 0$ では指数分布, $\xi < 0$ では II 型パレート分布になる.また, ξ に関する連続性

$$\lim_{\xi \to 0} G_{\xi,\beta}(x) = G_{0,\beta}(x)$$

も成り立つ．また，MDA に関しては $G_{\xi,\beta} \in \mathrm{MDA}(H_\xi)$ となる．

定義 4.4 確率変数 X の分布関数を F とする．閾値 u を超える超過分布の分布関数は

$$F_u(x) = P\{X - u \leq x | X > u\} = \frac{F(x+u) - F(u)}{1 - F(u)}, \qquad 0 \leq x \leq x_F - u \tag{4.10}$$

で与えられる．また，確率変数 X の平均超過関数（mean excess function）は

$$e(u) = E[X - u | X > u] \tag{4.11}$$

で与えられる．

$F = G_{\xi,\beta}$ の場合，超過分布の分布関数は

$$F_u(x) = 1 - \left(1 + \frac{\xi x}{\beta + \xi u}\right)^{-\frac{1}{\xi}} = G_{\xi,\beta(u)}(x), \qquad \xi \neq 0 \tag{4.12}$$

で，$\xi = 0$ でも同様の結果が得られる．ここで $\beta(u) = \beta + \xi u$ は u の 1 次関数である．平均超過関数についても，簡単な計算から

$$e(u) = \frac{\beta + \xi u}{1 - \xi} = \frac{\beta(u)}{1 - \xi} \tag{4.13}$$

が得られる．

超過分布と最大吸引域の関係を示す定理を証明なしで述べる．

定理 4.2（Pickands–Balkema–de Haan の定理） $F \in \mathrm{MDA}(H_\xi), \xi \in \mathbb{R}$ であることと，

$$\lim_{u \to x_F} \sup_{0 \leq x < x_F - u} |F_u(x) - G_{\xi,\beta(u)}(x)| = 0 \tag{4.14}$$

を満たす正値可測関数 $\beta(u)$ が存在することは同値である．

(4.14) の意味で超過分布が GPD に収束するとき，最大値の分布はその GPD と同じ形状パラメータ ξ の GEV 分布に収束する．この定理が最大値に関する議論と超過分布，ひいては平均超過関数に関する議論を結びつける．実務的にも，ブロック最大値のみを使用した最大値分布の直接推定よりも，閾値超過データの分析の方がより多くのデータを有効に活用することになるので望ましく，実際の分析も容易になる．

ある閾値 u を超える超過分布が $G_{\xi,\beta}$ に従うと仮定する．このとき，$x > u$ における X の生存関数は

$$\bar{F}(x) = P\{X > x\} = P\{X > u\}P\{X > x | X > u\} = \bar{F}(u)(1 - G_{\xi,\beta}(x - u)) \tag{4.15}$$

となるので，$\bar{F}(u)$ を経験分布関数などで推定できれば，裾部分の確率は (4.15) で推定できる[*1]．また，$F(u) < \alpha < 1$ における VaR と期待ショートフォールは，それぞれ

$$\mathrm{VaR}(\alpha) = u + \frac{\beta}{\xi}\left(\left(\frac{1-\alpha}{\bar{F}(u)}\right)^{-\xi} - 1\right) \tag{4.16}$$

$$\mathrm{ES}(\alpha) = \frac{1}{1-\alpha}\int_\alpha^1 \mathrm{VaR}(u)\mathrm{d}u = \frac{\mathrm{VaR}(\alpha) + \beta - \xi u}{1-\xi} \tag{4.17}$$

で与えられる．ここでは連続分布を想定しているので，$\mathrm{ES}(\alpha) = \mathrm{VaR}(\alpha) + e(\mathrm{VaR}(\alpha))$ とも表現できる．また，(4.16) と (4.17) より，

$$\lim_{\alpha \to 1}\frac{\mathrm{ES}(\alpha)}{\mathrm{VaR}(\alpha)} = \begin{cases} (1-\xi)^{-1}, & \xi \geq 0 \\ 1, & \xi < 0 \end{cases} \tag{4.18}$$

である．

次に，(4.14) に含まれるパラメータ (ξ, β) の推定について述べる．

手順 4.1 超過分布が GPD に従うことを用いた推定

1. 損失額のデータ $(X_1, \cdots, X_n)$ をもとに閾値 u を与える．
2. $j = 1, \cdots, n$ として，$X_j > u$ を満たすデータに対して超過損失額 $Y_j = X_j - u$ を求める．
3. 得られた超過損失額データの総数を N_u，(4.9) の GPD の密度関数を $f_{\xi,\beta}(x)$ として，対数尤度

$$\log L(\xi, \beta) = \sum_{i=1}^{N_u}\log f_{\xi,\beta}(Y_j) = -N_u \log\beta - \left(\frac{1}{\xi} + 1\right)\sum_{i=1}^{N_u}\left(1 + \frac{\xi}{\beta}Y_j\right)$$

を最大にする $(\hat{\xi}, \hat{\beta})$ を求める．
4. 求める最尤推定量は $(\hat{\xi}, \hat{\beta} - \hat{\xi}u)$ で与えられる．

手順 4.1 の場合，推定値は閾値 u の選択に依存する．u を大きくとれば近似は良くなるが，閾値超過データ数が減少して推定精度は悪くなる．適切な閾値 u の選択には次に定義する標本平均超過関数を用いることができる．

定義 4.5 データ $(X_1, \cdots, X_n)$ に対して，標本平均超過関数を

$$e_n(u) = \frac{\sum_{i=1}^n (X_i - u)1_{\{X_i > u\}}}{\sum_{i=1}^n 1_{\{X_i > u\}}} = \frac{\sum_{i=1}^n (X_i - u)1_{\{X_i > u\}}}{N_u} \tag{4.19}$$

で定義する．ただし，1_A は定義関数である．

[*1] N_u を閾値 u を超過するデータの数として，$\bar{F}(u) = \frac{N_u}{n}$ として (4.15) を使うこともできるが，信頼水準 $1 - \frac{N_u}{n}$ 以上の領域では使えない．

(4.13) より，GPD の平均超過関数は閾値 u の 1 次関数となるので，横軸に閾値 u，縦軸に標本平均超過関数 $e_n(u)$ をプロットして，ある閾値以上でおおむね直線的になることが確認できれば，その直線部分の左側の起点を閾値 u とすればよい．このプロットは標本平均超過プロットとよばれている．標本平均超過プロットは，指数分布に従う場合はフラットになり，それよりもファットテールであれば右上がり，逆に裾が薄ければ右下がりになるので，ファットテール性を視覚的に訴えることができる．

しかし，標本平均超過プロットが定量的な議論に使えるかどうかはやってみなければわからない．なぜならば，標本平均超過プロットにきれいな直線的な部分が現れるかどうかはまさにデータ次第であるからである．標本平均超過プロットには屈曲や振動がみられることが多く，特に右裾は大きく荒れてしまうのが普通である．以下に示す事例のもとになった論文などを参照されたい．それらの結果をみる限り，(4.13) を根拠に標本平均超過プロットのデータから回帰分析でパラメータを推定することは推奨できない．

例 4.1 McNeil (1997) は，1980〜1990 年に発生したデンマークの 100 万 DKK (Danish Krone) 以上の火災保険給付のデータ 2156 件を分析した．まず，指数分布に対して QQ プロットと標本平均超過プロットを作成して，QQ プロットのカーブが凹になることと標本平均超過プロットが右上がりになることを示し，指数分布に比べてファットテールであることを視覚的に確認した．次に，標本平均超過プロットをもとに適切と思われる閾値 u を決定し，一般化パレート分布のパラメータを最尤法で推定しただけでなく，さまざまな閾値の下で最尤推定を行い，閾値による推定値の違いを示した．

例 4.2 McNeil et al. (2005) には AT&T の株式の分析例があげられている．1991〜2000 年の週次対数収益率を X_t，損失率を $L_t = 100(1 - e^{X_t})$ として標本平均超過プロットを作成したところ，最初は右下がり，のちに右上がりに転じるグラフが得られた．そこで，右上がりに転じるあたりの $u = 2.75\%$ を閾値として，521 個の週次データから得られた 102 個の閾値超過データをもとに超過分布が GPD に従うと仮定して最尤推定を行い，$(\hat{\xi}, \hat{\beta}) = (0.22, 2.1)$ という結果を得た．これは最大値の極限分布が右裾の厚いフレシェ分布に従うことを示している．さらに，これらの結果をもとに 99%-VaR と 99%-ES を推定したところ，それぞれ 11.7% と 17.0% で，ES/VaR $\simeq$ 1.45 となったが，これは (4.18) から得られる ES/VaR $\to$ 1.29 より大きい．

例 4.3 森本 (2000) は，正規分布，指数分布，一般化パレート分布に従う乱数をそれぞれ発生させて標本平均超過プロットを作成した．また，1988〜1998 年の TOPIX の日次対数収益率データで標本平均超過プロットを作成し，右上がりのグラフになることと，特に右裾の傾きが大きく，ファットテール性が強いことを示した．さらに，さまざまな閾値の下で最尤推定を行い，閾値と ξ の推定値の関係を図示したところ，推定値は 0.1〜0.2 の間に収まるが，閾値超過データ数が少なくなるとかなり変動した．そこで，推定値が安定している領域内の一点（閾値 $u = 1.5\%$）における推定値を採用し，99 パー

セント点と 99.9 パーセント点を求めたところ，3.51%と 6.88%となり，正規分布を仮定したときの推定値 2.8%と 3.7%に比べてかなり大きくなることを示した．

その他のパラメータ推定法ではヒルの方法が有名である．n 個のデータ $(X_1, \cdots, X_n)$ の順序統計量を $X_{n,n} \leq \cdots \leq X_{1,n}$ とし，L を緩慢変動関数として裾部分で生存関数が $\bar{F}(x) = L(x)x^{-\alpha}$ と表現できると仮定すると，裾指数 α に対するヒル推定量は，

$$\hat{\alpha}_{k,n}^{(H)} = \left(\frac{1}{k} \sum_{j=1}^{k} \log X_{j,n} - \log X_{k,n} \right)^{-1}, \quad 2 \leq k \leq n \quad (4.20)$$

で与えられ，そのときの裾部分の生存関数は，

$$\hat{\bar{F}}(x) = \frac{k}{n} \left(\frac{x}{X_{k,n}} \right)^{-\hat{\alpha}_{k,n}^{(H)}} \quad (4.21)$$

で与えられる[*2]．実際には，さまざまな k の値に対してヒル推定量 (4.20) をプロットしたグラフ（ヒルプロットという）を作成し，そのなかで推定値がほぼ同じになる領域を探してその値を使用する．

ただし，ヒル推定量はデータの分布 F がフレシェ分布の最大吸引域に入っている場合の推定量であり，それ以外の場合に適用しても意味はない．また，フレシェ分布の最大吸引域にある場合でも，ヒルプロットに推定値の安定した領域ができるとは限らない．例えば，McNeil et al. (2005) によると，例 4.2 の AT&T の株価データのヒルプロットでは，k が大きくなるほどヒル推定量は低下し続けるので安定領域は現れない．また，データ総数に対して k が大きい場合のヒル推定量にはそもそも意味がなく，McNeil et al. (2005) によると，データ総数 1000 に対して $k = 10 \sim 50$ が目安になるようである．

4.3 多変量最大値の分布

本節では多変量最大値の理論を紹介するが，これらの理論は現在まだ構築中である．以下で頻出するコピュラに関しては第 3 章を参照されたい[*3]．

$(\boldsymbol{X}_1, \cdots, \boldsymbol{X}_n)$ は d 次元の i.i.d. 確率変数ベクトルで，その同時分布関数を F，周辺分布関数を F_i とし，$\boldsymbol{X}_i = (X_{i,1}, \cdots, X_{i,d})^\top$ の各成分は d 個のそれぞれ異なる損失を表すとする．j 成分の最大値を $M_{n,j} = \max(X_{1,j}, \cdots, X_{n,j})$ で定義し，$\boldsymbol{M}_n = (M_{n,1}, \cdots, M_{n,d})^\top$ とする．また，基準化定数列からなるベクトルを $\boldsymbol{c}_n = (c_{n,1}, \cdots, c_{n,d})^\top, \boldsymbol{d}_n = (d_{n,1}, \cdots, d_{n,d})^\top, \boldsymbol{c}_n > \boldsymbol{0}$ として，$n \to \infty$ における

[*2] これらの導出については Embrechts et al. (1997) や McNeil et al. (2005) を参照されたい．
[*3] 閾値を超過するイベントがポアソン過程に従うと考えて議論を始める流儀もある．そちらに関しては Coles and Tawn (1991), Ledford and Tawn (1996) を参照されたい．

4.3 多変量最大値の分布　　　　　41

$$\frac{\boldsymbol{M}_n - \boldsymbol{d}_n}{\boldsymbol{c}_n} = \left(\frac{M_{n,1} - d_{n,1}}{c_{n,1}}, \cdots, \frac{M_{n,d} - d_{n,d}}{c_{n,d}}\right)^\top$$

の極限分布を考える．$\frac{\boldsymbol{M}_n - \boldsymbol{d}_n}{\boldsymbol{c}_n}$ がある同時分布関数 H に分布収束するならば，

$$\lim_{n\to\infty} P\left\{\frac{\boldsymbol{M}_n - \boldsymbol{d}_n}{\boldsymbol{c}_n} \leq \boldsymbol{x}\right\} = \lim_{n\to\infty} F^n(\boldsymbol{c}_n\boldsymbol{x} + \boldsymbol{d}_n) = H(\boldsymbol{x}) \qquad (4.22)$$

が成り立つ．

定義 4.6　ある F と H に対して (4.22) が成り立つとき，F は H の最大吸引域に属するといい，$F \in \mathrm{MDA}(H)$ で表して，H を**多変量極値分布**（multivariate extreme value distribution，MEV 分布）とよぶ．

それぞれの周辺分布関数 F_i については，F_i が極値分布をもつならば，それは前述の 1 変量極値分布のどれかになる．さらに，1 変量極値分布は連続分布なので，スクラーの定理より，H の変数間の依存関係を表すコピュラは一意に決まり，H も一意に決まる．

MEV 分布 H から独立にサンプリングした n 個の標本の最大値からなるベクトルの同時分布を考える．$H(\boldsymbol{x}) = C(\boldsymbol{u})$，$\boldsymbol{x} = (x_1, \cdots, x_d)$，$\boldsymbol{u} = (u_1, \cdots, u_d)$，$u_i = F_i(c_{n,i}x_i + d_{n,i})$，$i = 1, \cdots, d$ とすると，すべての成分が $\boldsymbol{x}$ の成分以下になる標本ベクトル $\boldsymbol{X}_i$ が n 個得られると考えれば，

$$P\left\{\frac{\boldsymbol{M}_n - \boldsymbol{d}_n}{\boldsymbol{c}_n} \leq \boldsymbol{x}\right\} = \prod_{j=1}^{n} P\left\{\frac{\boldsymbol{X}_j - \boldsymbol{d}_n}{\boldsymbol{c}_n} \leq \boldsymbol{x}\right\} = H^n(\boldsymbol{c}_n\boldsymbol{x} + \boldsymbol{d}_n)$$
$$= C^n(F_1(c_{n,1}x_1 + d_{n,1}), \cdots, F_d(c_{n,d}x_d + d_{n,d})) = C^n(u_1, \cdots, u_d)$$

と書ける．一方，各変数の最大値 $M_{n,j}$ が x_j を超えないと考えると，$M_{n,j}$ の分布関数は $P\{M_{n,j} \leq x\} = F_j^n(x)$ なので，

$$P\left\{\frac{\boldsymbol{M}_n - \boldsymbol{d}_n}{\boldsymbol{c}_n} \leq \boldsymbol{x}\right\} = P\{\boldsymbol{M}_n \leq \boldsymbol{c}_n\boldsymbol{x} + \boldsymbol{d}_n\} = H(\boldsymbol{c}_n\boldsymbol{x} + \boldsymbol{d}_n)$$
$$= C(F_1^n(c_{n,1}x_1 + d_{n,1}), \cdots, F_d^n(c_{n,d}x_d + d_{n,d})) = C(u_1^n, \cdots, u_d^n)$$

と表現できるので，$C^n(u_1, \cdots, u_d) = C(u_1^n, \cdots, u_d^n)$ が成り立つ．

定理 4.3　ある F と，一般化極値分布を周辺分布としてもつある H に対して (4.22) が成り立つならば，H のコピュラ C は

$$C(\boldsymbol{u}^t) = C^t(\boldsymbol{u}), \qquad \forall t > 0 \qquad (4.23)$$

を満たす．

定理 4.3 では (4.23) が任意の正数 t で成立し，(4.23) を満たすコピュラを**極値コピュラ**（extreme value copula）という．積コピュラ，フレシェの上限にあたる共単調コ

ピュラ，グンベルコピュラは極値コピュラである．また，任意の極値コピュラ $C(\boldsymbol{u})$ に対して，

$$C(\boldsymbol{u};\boldsymbol{\alpha}) = \boldsymbol{u}^{1-\boldsymbol{\alpha}} C(\boldsymbol{u}^{\boldsymbol{\alpha}}) \tag{4.24}$$

は極値コピュラになる．ただし，$\boldsymbol{\alpha} = (\alpha_1, \cdots, \alpha_d), 0 \leq \alpha_i \leq 1, i = 1, \cdots, d$ で，$\boldsymbol{u}^{\boldsymbol{\alpha}} = (u_1^{\alpha_1}, \cdots, u_d^{\alpha_d})$ である．

定理 4.4 コピュラ C が極値コピュラであるための必要十分条件は，

$$C(\boldsymbol{u}^t) = \exp\left\{ B\left(\frac{\log u_1}{\sum_{k=1}^d \log u_k}, \cdots, \frac{\log u_d}{\sum_{k=1}^d \log u_k}\right) \sum_{i=1}^d \log u_i \right\} \tag{4.25}$$

と表現できることである．ここで，コピュラ C の従属関数 B は

$$B(\boldsymbol{w}) = \int_{S_d} \max(x_1 w_1, \cdots, x_d w_d) \mathrm{d}m(\boldsymbol{x})$$

で与えられ，$\frac{m}{d}$ は $d-1$ 次元の単位単体 $S_d = \{\boldsymbol{x} : \sum_{i=1}^d x_i = 1, x_i \geq 0, i = 1, \cdots, d\}$ 上の確率測度である．

2 変量の場合，(4.25) は，

$$C(u_1, u_2) = \exp\left\{ (\log u_1 + \log u_2) A\left(\frac{\log u_1}{\log u_1 + \log u_2}\right) \right\} \tag{4.26}$$

と表現できる．ただし，A は，$w \in [0,1]$ で

$$A(w) = B(w, 1-w) = \int_0^1 \max((1-x)w, x(1-w)) \mathrm{d}m(x) \tag{4.27}$$

で定義される凸関数で，

$$\max(w, 1-w) \leq A(w) \leq 1, \quad 0 \leq w \leq 1 \tag{4.28}$$

を満たす．すべての w で $A(w) = 1$ ならば積コピュラ，すべての w で $A(w) = \max(w, 1-w)$ ならば共単調コピュラが得られる．逆に，(4.28) を満たす微分可能な凸関数 $A(w)$ をもとに，(4.27) を用いて極値コピュラをつくることもできる．

例 4.4 従属関数を $A(w) = (w^\theta + (1-w)^\theta)^{\frac{1}{\theta}}$ とすると，(4.26) より 2 変量グンベルコピュラ

$$C_\theta^{\mathrm{Gu}}(u_1, u_2) = \exp\left\{ -((-\log u_1)^\theta + (-\log u_2)^\theta)^{\frac{1}{\theta}} \right\}$$

が得られる．

例 4.5 従属関数を $A(w) = 1 - ((\alpha w)^{-\theta} + (\beta(1-w))^{-\theta})^{-\frac{1}{\theta}}, 0 \leq \alpha, \beta \leq 1, 0 < \theta$ とすると，(4.26) よりガランボスコピュラ（Galambos copula）

$$C_{\theta,\alpha,\beta}^{\mathrm{Gal}}(u_1, u_2) = u_1 u_2 \exp\left\{ ((-\alpha \log u_1)^{-\theta} + (-\beta \log u_2)^{-\theta})^{-\frac{1}{\theta}} \right\}$$

が得られる．ガランボスコピュラは $\alpha \neq \beta$ とすることで非対称な従属性を表現できる．

最大吸引域に関して成り立つ次の定理は分布の裾のモデリングにおいて重要である.

定理 4.5 連続な周辺分布関数 F_j, $j = 1, \cdots, d$ とコピュラ C を用いて同時分布関数 F が $F(\boldsymbol{x}) = C(F_1(x_1), \cdots, F_d(x_d))$ と表現できて,極値コピュラ C_0 を用いて多変量極値分布 H が $H(\boldsymbol{x}) = C_0(H_1(x_1), \cdots, H_d(x_d))$ と表現できるとする.このとき,

$$\lim_{t \to \infty} C^t \left(u_1^{\frac{1}{t}}, \cdots, u_d^{\frac{1}{t}} \right) = C_0(u_1, \cdots, u_d), \qquad \boldsymbol{u} \in [0,1]^d \tag{4.29}$$

が成り立つことと,$F \in \mathrm{MDA}(H)$,すなわち F が H の最大吸引域に属することは同値である.

定理 4.5 は,極値コピュラ C_0 はコピュラ C のみによって決まり,周辺分布は影響しないことを示している.このため,極値における周辺分布とコピュラの収束は別々に考えることができる.

定義 4.7 あるコピュラ C と極値コピュラ C_0 に対して (4.29) が成り立つとき,C は C_0 の**コピュラ吸引域** (copula domain of attraction) に属するといい,$C \in \mathrm{CDA}(C_0)$ で表す.

(4.29) でコピュラ C の極限として極値コピュラ C_0 を考えるときは,(4.29) の別表現

$$\lim_{s \downarrow 0} \frac{1 - C(1 - sx_1, \cdots, 1 - sx_d)}{s} = -\log C_0(\mathrm{e}^{-x_1}, \cdots, \mathrm{e}^{-x_d}) \tag{4.30}$$

が使える.また,裾依存性とコピュラ吸引域の関係を示す次の定理も興味深い.

定理 4.6 上側裾依存係数 λ_u をもつ 2 変量コピュラを C,ある極値コピュラを C_0 として,$C \in \mathrm{CDA}(C_0)$ とする.このとき,λ_u は C_0 の上側裾依存係数でもあり,従属関数 A と $\lambda_u = 2(1 - A(\frac{1}{2}))$ という関係をもつ.

例 4.6 ガウシアンコピュラで相関係数が $|\rho| < 1$ のとき,$\lambda_u = 0$ となるので,定理 4.6 より,極値コピュラは上側漸近独立で,$A(\frac{1}{2}) = 1$ となる.従属関数 A は $w \in [0,1]$ で凸,しかも $A(w) \leq 1$ なので,$A(w) = 1$, $w \in [0,1]$ でなければならない.したがって,(4.26) より,ガウシアンコピュラの極値コピュラは積コピュラである.

4.4 多変量閾値超過データの分布

コピュラを C,周辺分布関数を F_j, $j = 1, \cdots, d$ として,同時分布関数が $F(\boldsymbol{x}) = C(F_1(x_1), \cdots, F_d(x_d))$ で表現されるベクトル $\boldsymbol{X}_i$, $i = 1, \cdots, n$ を考える.周辺分布 F_j に関しては 1 変量のときの議論が使えるので,各成分とも十分に大きな $\boldsymbol{u} = (u_1, \cdots, u_d)$ をとると,$x_j \geq u_j$ に対して,分布関数は

$$F_j(x_j) = 1 - \bar{F}_j(u_j) F_j(x_j - u_j | X_j > u_j)$$

$$\simeq 1 - \bar{F}_j(u_j)\left(1 + \xi_j \frac{x_j - u_j}{\beta_j}\right)^{-\frac{1}{\xi_j}}, \qquad j = 1, \cdots, d \qquad (4.31)$$

と表現できる．一方，定理 4.5 の (4.29) を近似とみなし，$\boldsymbol{w} = (w_1, \cdots, w_d)$, $\boldsymbol{v} = (v_1, \cdots, v_d) = \boldsymbol{w}^t$ において極値コピュラの性質 (4.23) を使うと，

$$C(\boldsymbol{w}) = C(\boldsymbol{v}^{\frac{1}{t}}) \simeq C_0^{\frac{1}{t}}(\boldsymbol{v}) = C_0^{\frac{1}{t}}(\boldsymbol{w}^t) = C_0(\boldsymbol{w}) \qquad (4.32)$$

が得られるので，$\boldsymbol{x} > \boldsymbol{u}$ において $C \simeq C_0$ と近似できる．(4.31) の最後の式を $\hat{F}_j(x_j)$ とおくと，(4.31) と (4.32) より，

$$F(\boldsymbol{x}) \simeq \tilde{F}(\boldsymbol{x}) = C_0(\hat{F}_1(x_1), \cdots, \hat{F}_d(x_d)), \qquad \boldsymbol{x} \geq \boldsymbol{u} \qquad (4.33)$$

と近似できる．

(4.33) の $\tilde{F}$ で与えられる分布の裾のモデルのパラメータ推定には，通常は最尤法が使われる．データ $\boldsymbol{X}_i$ で閾値ベクトル $\boldsymbol{u}$ を超過した成分数を $n(i)$，超過した成分の番号を $m_{i,1}, \cdots, m_{i,n(i)}$ とし，$\boldsymbol{\xi} = (\xi_1, \cdots, \xi_d)$, $\boldsymbol{\beta} = (\beta_1, \cdots, \beta_d)$, 極値コピュラ C_0 のパラメータを $\boldsymbol{\theta}$ とすると，尤度関数は，

$$L(\boldsymbol{\xi}, \boldsymbol{\beta}, \boldsymbol{\theta}) = \prod_{i=1}^{n} L_i(\boldsymbol{\xi}, \boldsymbol{\beta}, \boldsymbol{\theta}) = \prod_{i=1}^{n} \left. \frac{\partial^{n(i)} \tilde{F}(x_1, \cdots, x_d)}{\partial x_{m_{i,1}} \cdots \partial x_{m_{i,n(i)}}} \right|_{\max(\boldsymbol{X}_i, \boldsymbol{u})} \qquad (4.34)$$

で与えられる．ただし，$\boldsymbol{u}$ と $\bar{F}_j(u_j), j = 1, \cdots, d$ は既知とした．

ところで，1 変数の場合には Pickands–Balkema–de Haan の定理（定理 4.2）が成り立つが，多変量の場合には閾値超過データの分布が特定の分布に収束することは保証されておらず，そのときの極限分布と多変量極値分布の対応関係もない．しかも，極値コピュラは無数に存在しうる．このため，分析においては極値コピュラのなかから C_0 を恣意的に選択する必要がある．C_0 にはグンベルコピュラが選ばれることが多いが，その理由として Longin and Solnik (2001) は，パラメータが 1 つだけで済むことと，独立な場合（$\theta = 1$ に対応），および最も依存性の強い共単調な場合（$\theta \to \infty$ に対応）が（後者は極限としてではあるが）含まれていることをあげている．また，McNeil et al. (2005) はグンベルコピュラとガランボスコピュラをあげているが，その理由を，最尤推定に必要な同時密度関数を比較的容易に計算できることと，比較的表現力が高く，他のコピュラ，例えば t コピュラを正確に近似できることとしている．

例 4.7 Longin and Solnik (2001) は，1959〜1996 年の先進諸国の株価インデックスの月次収益率の依存関係を，グンベルコピュラを極値コピュラとする多変量極値分布で分析した．閾値 u をいくつか設定して閾値超過データから最尤法でパラメータを推定し，相関係数 $\rho = 1 - \xi^{-2}$ を求めたところ，下落する側の裾にいくほど ρ は上昇し，0 とは有意な差が認められた．すなわち，株価下落時ほど強い相関がみられた．一方，上側（右側）の裾にいくほど ρ は低下し，0 との差は有意にならなかった．

例 4.8 McNeil et al. (2005) は Example 7.53 に USD/EUR と USD/JPY の日次変動率の分析結果を示している．彼らは極値コピュラとしてグンベルコピュラを選択し，1996～2003 年のデータ 2008 個をもとに閾値をそれぞれ 0.75%と 1.00%として，それぞれの閾値超過データ（189 個と 126 個）からパラメータを最尤推定した．その結果，グンベルコピュラのパラメータ推定値は $\hat{\theta} = 1.10$（標準誤差は 0.03）となり，独立を示す $\theta = 1$ を有意に上回った．また，推定したパラメータを用いてストレス事象の確率，例えば，EUR と JPY の両通貨に対して USD が 2%以上下落する確率などを算出した．

例 4.9 一般化パレート分布では形状パラメータ ξ が大きいほど裾は厚くなる．山井・吉羽 (2002) は，2 つの一般化パレート分布のそれぞれの形状パラメータを $\xi_1, \xi_2, \xi_1 > \xi_2$ としたとき，尺度パラメータなどが異なれば，ある信頼水準の VaR が $\text{VaR}_1 < \text{VaR}_2$ になりうることを示し，これを VaR のテールリスクとよんだ．また，ES についても同様のことを示し，ES のテールリスクとよんだ．さらに，周辺分布の裾部分を一般化パレート分布で，それ以外の部分を正規分布で構成し，依存関係を特定のコピュラで表現した 2 変量分布においても，VaR と ES のテールリスクが同様に現れうることをモンテカルロシミュレーションで確認した．実証分析では，1993～2001 年の多くの通貨の対 USD 為替レートの日次対数変化率のデータをもとに，周辺分布の裾を一般化パレート分布として最尤推定し，先進国よりもエマージング諸国の方が ξ が大きく裾が厚いにもかかわらず，信頼水準 99%の VaR は小さくなりうることを示した．また，一部の通貨を上述の 2 変量分布モデルに従うとしてパラメータを推定し，その結果をもとにモンテカルロシミュレーションを実施して，信頼水準 95%の VaR にテールリスクがあることを示した．

5 分位点回帰

ファイナンスにおける分位点回帰はもともと市場リスクの VaR の推定手法として提案されたが,近年ではシステミックリスクを計測する CoVaR (conditional VaR) という指標の推定手法としても注目されている.本章では,分位点回帰の概要と,分位点回帰を用いたさまざまな市場リスク計測モデル,回帰パラメータの仮説検定について説明し,最後に VaR の推定例を示す.

5.1 分位点回帰

確率変数 Y が分布関数 F をもつとき,$F(y) = P\{Y \leq y\}$ より,Y の $100\theta\%$ 点は

$$Q_\theta(Y) = \inf\{y : F(y) \geq \theta\}, \quad 0 < \theta < 1$$

と定義される.次に,$\{y_i : i = 1, \cdots, n\}$ を上記の確率変数 Y の標本データとする.この標本データの経験分布関数 $F_n(y) = \frac{1}{n}\sum_{i=1}^n 1_{\{y_i \leq y\}}$ を用いて標本 $100\theta\%$ 点は

$$Q_{n\theta}(Y) = \inf\{y : F_n(y) \geq \theta\}$$

と定義される.ただし $1_{\{\cdot\}}$ は定義関数である.

ここで,F を連続分布とし,$0 < \theta < 1$,

$$\rho_\theta(u) = u \cdot (\theta - 1_{\{u<0\}}) = \begin{cases} u \cdot \theta, & u \geq 0 \\ u \cdot (\theta - 1), & u < 0 \end{cases} \quad (5.1)$$

として

$$E[\rho_\theta(Y - a)] = (\theta - 1)\int_{-\infty}^a (y-a)\mathrm{d}F(y) + \theta\int_a^\infty (y-a)\mathrm{d}F(y) \quad (5.2)$$

を最小化する a を探す問題を考えよう.(5.2) を a に関して微分すると,この問題の解の必要条件

$$0 = (1-\theta)\int_{-\infty}^a \mathrm{d}F(y) - \theta\int_a^\infty \mathrm{d}F(y) = F(a) - \theta \quad (5.3)$$

が得られる.(5.3) より,(5.2) を最小化する a は $Q_\theta(Y)$ である.同様に,F を F_n で

置き換えた

$$E[\rho_\theta(Y-a)] = \int_{-\infty}^{\infty} \rho_\theta(y-a)\mathrm{d}F_n(y) = \frac{1}{n}\sum_{i=1}^{n}\rho_\theta(y_i - a) \tag{5.4}$$

を最小化する a は $Q_{n\theta}(Y)$ である．ところで，Y の標本平均は $\sum_{i=1}^{n}(y_i - \mu)^2$ を最小化する μ である．また $\sum_{i=1}^{n}(y_i - \boldsymbol{x}_i^\top \boldsymbol{\beta})^2$ を最小化する $\boldsymbol{\beta}$ を用いて，最小二乗法では Y の $\boldsymbol{x}$ に関する条件付平均が $\boldsymbol{x}^\top\boldsymbol{\beta}$ で表される．ただし $\{\boldsymbol{x}_i : i = 1, \cdots, n\}$ は $\boldsymbol{x}$ の標本データである．この最小二乗法と同じ考え方で，(5.4) を最小化して得られる標本パーセント点 a を $\boldsymbol{x}^\top\boldsymbol{\beta}$ に置き換えると，

$$\sum_{i=1}^{n}\rho_\theta(y_i - \boldsymbol{x}_i^\top\boldsymbol{\beta}) \tag{5.5}$$

を最小化する $\boldsymbol{\beta}$ を用いて

$$Q_{n\theta}(Y|\boldsymbol{x}) = \boldsymbol{x}^\top\boldsymbol{\beta}$$

が得られる．ただし $Q_{n\theta}(Y|\boldsymbol{x})$ は Y の $\boldsymbol{x}$ に関する条件付標本 $100\theta\%$ 点である．

以上の考えをもとに構築された Koenker and Bassett (1978) の分位点回帰 (quantile regression) は以下のモデルである．Y_t を 1 次元の被説明変数，$\boldsymbol{x}_t = (1, x_{t2}, \cdots, x_{tp})^\top$，$\boldsymbol{\beta} = (\beta_1, \beta_2, \ldots, \beta_p)^\top$ をそれぞれ p 次元の説明変数とパラメータとして，

$$Y_t = \boldsymbol{x}_t^\top\boldsymbol{\beta} + U_t \tag{5.6}$$

とする．ここで誤差項 U_t は連続な未知の分布関数 $F_u(\cdot)$ をもち，$F_u^{-1}(\theta|\boldsymbol{x}_t)$ を U_t の $\boldsymbol{x}_t$ に関する条件付 $100\theta\%$ 点として $\beta_1^*(\theta) = \beta_1 + F_u^{-1}(\theta|\boldsymbol{x}_t)$，$\boldsymbol{\beta}^*(\theta) = (\beta_1^*(\theta), \beta_2, \cdots, \beta_p)^\top$ とする．このとき，

$$\begin{aligned}\hat{\boldsymbol{\beta}}^*(\theta) &= \arg\min_{\boldsymbol{\beta}^* \in R^p} \frac{1}{n}\sum_{i=1}^{n}\rho_\theta(y_i - \boldsymbol{x}_i^\top\boldsymbol{\beta}^*) \\ &= \arg\min_{\boldsymbol{\beta}^* \in R^p} \frac{1}{n}\sum_{i=1}^{n}[\theta - 1_{\{y_i < \boldsymbol{x}_i^\top\boldsymbol{\beta}^*\}}][y_i - \boldsymbol{x}_i^\top\boldsymbol{\beta}^*]\end{aligned} \tag{5.7}$$

とすると

$$Q_\theta(Y_t|\boldsymbol{x}_t) = \boldsymbol{x}_t^\top\hat{\boldsymbol{\beta}}^*(\theta)$$

が得られる．ただし，$Q_\theta(Y_t|\boldsymbol{x}_t)$ は Y_t の $\boldsymbol{x}_t$ に関する条件付 $100\theta\%$ 点，$\{y_i : i = 1, \cdots, n\}$，$\{\boldsymbol{x}_i : i = 1, \cdots, n\}$ はそれぞれ被説明変数と説明変数の標本データである．なお，(5.7) により推定されたパラメータ $\hat{\boldsymbol{\beta}}^*(\theta)$ は一致性，漸近正規性をもつ．証明は Koenker (2005) を参照せよ．

上述のモデルは特に線形分位点回帰とよばれるが，これは非線形のモデルにも拡張できる．Y_t，$\boldsymbol{x}_t$，$\boldsymbol{\beta}$，$Q_\theta(\cdot)$，$\{y_i : i = 1, \cdots, n\}$，$\{\boldsymbol{x}_i : i = 1, \cdots, n\}$ は前述のとおりと

し，$f(\boldsymbol{x}_t, \boldsymbol{\beta}) \equiv f_t(\boldsymbol{\beta})$ は定数項 β_1 をもつ非線形関数で，

$$Y_t = f_t(\boldsymbol{\beta}) + U_t \tag{5.8}$$

とする．誤差項 U_t は連続な未知の分布関数 $F_u(\cdot)$ をもち，$F_u^{-1}(\theta|\boldsymbol{x}_t)$ を U_t の $\boldsymbol{x}_t$ に関する条件付 $100\theta\%$ 点として $\beta_1^*(\theta) = \beta_1 + F_u^{-1}(\theta|\boldsymbol{x}_t)$, $\boldsymbol{\beta}^*(\theta) = (\beta_1^*(\theta), \beta_2, \ldots, \beta_p)^\top$ とする．このとき，

$$\begin{aligned}\hat{\boldsymbol{\beta}}^*(\theta) &= \arg\min_{\boldsymbol{\beta}^* \in R^p} \frac{1}{n} \sum_{i=1}^n \rho_\theta(y_i - f_i(\boldsymbol{\beta}^*)) \\ &= \arg\min_{\boldsymbol{\beta}^* \in R^p} \frac{1}{n} \sum_{i=1}^n \left[\theta - 1_{\{y_i < f_i(\boldsymbol{\beta}^*)\}}\right][y_i - f_i(\boldsymbol{\beta}^*)]\end{aligned} \tag{5.9}$$

とすると

$$Q_\theta(Y_t|\boldsymbol{x}_t) = f_t(\hat{\boldsymbol{\beta}}^*(\theta))$$

が得られる．なお，(5.9) により推定されたパラメータ $\hat{\boldsymbol{\beta}}^*(\theta)$ もやはり一致性，漸近正規性をもつ．証明は Koenker (2005) を参照せよ．

分位点回帰において β_1 と $F_u^{-1}(\theta|\boldsymbol{x})$ を分離して推定することはできない．これは最小二乗法（線形回帰）においてモデルの真の定数項の値と誤差項の平均を分離して推定できないことと同様である．そこで，最小二乗法では誤差項は特定の傾向をもたず 0 を中心に分布するのが自然であると考えて，誤差項の平均を 0 と仮定してモデルの定数項の値を推定する．分位点回帰では，モデルの要請により β_1 と $F_u^{-1}(\theta|\boldsymbol{x})$ を分離して考える場合，$F_u^{-1}(\theta|\boldsymbol{x})$ の値を与える根拠が特になければ $F_u^{-1}(\theta|\boldsymbol{x}) = 0$ と仮定して $\beta_1 = \beta_1^*(\theta)$ としている．

5.2　リスク量の推定

本節では VaR をリターン（収益率）で考える．ある資産の時点 t におけるリターンを Y_t，時点 t で利用可能な情報を Ω_t とすると，

$$P\{Y_t \leq -\mathrm{VaR}_t(1-\theta|\Omega_{t-1})\} = \theta, \quad 0 < \theta < 1 \tag{5.10}$$

を満たす $\mathrm{VaR}_t(1-\theta|\Omega_{t-1})$ が時点 t における信頼水準 $100(1-\theta)\%$ の VaR である．Ω_{t-1} で条件付けられた Y_t の $100\theta\%$ 点を $Q_\theta(Y_t|\Omega_{t-1})$ と表すと

$$\mathrm{VaR}_t(1-\theta|\Omega_{t-1}) = -Q_\theta(Y_t|\Omega_{t-1})$$

であるので分位点回帰を用いて VaR が推定できる．例えば，Y_t を t 時点のリターン，$\boldsymbol{x}_{t-1}$ を $t-1$ 時点で利用可能な情報から選んだ p 次元の説明変数として線形分位点回帰により Y_t の VaR を推定する．$\{y_i : i = 2, \cdots, t-1\}$ を $t-1$ 時点までのリターン

データ，$\{x_i : i = 1, \cdots, t-2\}$ を $t-2$ 時点までの説明変数のデータとし，(5.7) より，

$$\begin{aligned}\hat{\boldsymbol{\beta}}^*(\theta) &= \arg\min_{\boldsymbol{\beta}^* \in R^p} \frac{1}{t-2} \sum_{i=2}^{t-1} \rho_\theta(y_i - \boldsymbol{x}_{i-1}^\top \boldsymbol{\beta}^*) \\ &= \arg\min_{\boldsymbol{\beta}^* \in R^p} \frac{1}{t-2} \sum_{i=2}^{t-1} [\theta - 1_{\{y_i < \boldsymbol{x}_{i-1}^\top \boldsymbol{\beta}^*\}}][y_i - \boldsymbol{x}_{i-1}^\top \boldsymbol{\beta}^*]\end{aligned} \quad (5.11)$$

とすると，VaR は

$$\text{VaR}_t(1-\theta|\Omega_{t-1}) = -\boldsymbol{x}_{t-1}^\top \hat{\boldsymbol{\beta}}^*(\theta) \quad (5.12)$$

により推定できる．

分位点回帰はポートフォリオの VaR 推定にも用いることができる．k 個の資産からなるポートフォリオの各資産への投資比率を $\boldsymbol{a} = (a_1, \cdots, a_k)^\top$ とし，k 個の資産の i 日目のリターンを $\boldsymbol{Y}_i = (Y_{i1}, \cdots, Y_{ik})^\top$ とすると，i 日目のポートフォリオリターン $\tilde{Y}_i$ は $\tilde{Y}_i = \boldsymbol{a}^\top \boldsymbol{Y}_i$ で与えられる．この手順で作成した $t-1$ 時点までのポートフォリオリターンデータ $\{\tilde{y}_i : i = 2, \cdots, t-1\}$ に対して分位点回帰を用いれば，ポートフォリオの VaR も推定できる．

また，分位点回帰は期待ショートフォールの推定にも活用できる．いま，区間 $[0,1]$ の分割点 $\{\alpha_i\}$ における $100\alpha_i\%$ 点の推定値を $\hat{Q}_{\alpha_i}(Y_t|\Omega_{t-1})$ とし，$\bar{\alpha} = \sup\{\alpha_j : \hat{Q}_{\alpha_j}(Y_t|\Omega_{t-1}) \leq -\text{VaR}_t(1-\theta|\Omega_{t-1})\}$ とする．このとき時点 t における信頼水準 $100(1-\theta)\%$ の期待ショートフォール（ES）は

$$\text{ES}_t(1-\theta|\Omega_{t-1}) = \frac{1}{\theta} \int_0^\theta \text{VaR}_t(1-p|\Omega_{t-1}) \mathrm{d}p$$

と書けるので，

$$\text{ES}_t(1-\theta|\Omega_{t-1}) \approx \frac{1}{\theta} \sum_{\alpha_i \leq \bar{\alpha}} \hat{Q}_{\alpha_i}(Y_t|\Omega_{t-1})[\alpha_i - \alpha_{i-1}] \quad (5.13)$$

と近似できる．ここで $\hat{Q}_{\alpha_i}(Y_t|\Omega_{t-1})$ と $\text{VaR}_t(1-\theta|\Omega_{t-1})$ の推定に分位点回帰を用いることで $\text{ES}_t(1-\theta|\Omega_{t-1})$ を推定することができる．ES に関する詳細は室町 (2007) の 3.2 節を参照せよ．

5.3　さまざまな分位点回帰モデル

分位点回帰では (5.8) の関数 f_t と誤差項 U_t の選択次第でさまざまなモデルを提案できる．ここでは既存モデルをいくつか紹介する．

5.3.1　ARCH-QR モデル

Koenker and Zhao (1996) は，線形 ARCH(q) モデルに対して分位点回帰を用いる

ARCH-QR (quantile regression) モデルを提案している. 線形 ARCH(q) モデルを前提とする理由は,分位点回帰では線形モデルは非線形モデルと比較して扱いが容易であるためである. 線形 ARCH(q) モデルは

$$Y_t = \alpha_0 + \sum_{i=1}^{k} \alpha_i Y_{t-i} + U_t \tag{5.14}$$

$$U_t = (\gamma_0 + \gamma_1 |U_{t-1}| + \cdots + \gamma_q |U_{t-q}|)\epsilon_t$$

で表される. ただし,$\gamma_0 > 0$,$\gamma_i \geq 0, i = 1,\ldots,q$,$\epsilon_t$ は i.i.d. で平均 0 かつ未知の分布関数 $F_\epsilon(\cdot)$ をもつ強ホワイトノイズ過程であると仮定する. このときリターン Y_t の信頼水準 $100(1-\theta)$% の VaR は

$$\text{VaR}_t(1-\theta|\Omega_{t-1})$$
$$= -\alpha_0 - \sum_{i=1}^{k} \alpha_i y_{t-i} - (\gamma_0 + \gamma_1 |u_{t-1}| + \cdots + \gamma_q |u_{t-q}|)F_\epsilon^{-1}(\theta) \tag{5.15}$$

となる. ただし,時点 i における Y_i,U_i の実現値をそれぞれ y_i,u_i とし,$F_\epsilon^{-1}(\theta)$ は ϵ の 100θ% 点である. さらに $\boldsymbol{\gamma}(\theta) = (\gamma_0 F_\epsilon^{-1}(\theta), \gamma_1 F_\epsilon^{-1}(\theta), \cdots, \gamma_q F_\epsilon^{-1}(\theta))^\top$,$\boldsymbol{x}_{t-1} = (1, |u_{t-1}|, \cdots, |u_{t-q}|)^\top$ として (5.15) は

$$\text{VaR}_t(1-\theta|\Omega_{t-1}) = -\alpha_0 - \sum_{i=1}^{k} \alpha_i y_{t-i} - \boldsymbol{\gamma}(\theta)^\top \boldsymbol{x}_{t-1} \tag{5.16}$$

と表される.

ARCH-QR モデルのパラメータ推定は以下の手順で行われる. Wu and Xiao (2002) は下記手順に従って VaR を推定し,(5.13) より期待ショートフォールの推定を行っている.

手順 5.1 (ARCH-QR モデルのパラメータ推定手順)

1. $\{y_i : i = 1, \cdots, t-1\}$ を $t-1$ 時点までのリターンデータとし,(5.14) に最小二乗法を用いて

$$\hat{\boldsymbol{\alpha}} = (\hat{\alpha}_0, \hat{\alpha}_1, \cdots, \hat{\alpha}_k)^\top = \arg\min_{\boldsymbol{\alpha} \in R^{k+1}} \sum_{i=k+1}^{t-1} \left(y_i - \alpha_0 - \sum_{j=1}^{k} \alpha_j y_{i-j} \right)^2 \tag{5.17}$$

を推定する.

2. $\hat{\boldsymbol{\alpha}}$ を用いて

$$\hat{u}_i = y_i - \hat{\alpha}_0 - \sum_{j=1}^{k} \hat{\alpha}_j y_{i-j}, \qquad i = k+1, \cdots, t-1$$

を算出し，$\{\hat{\boldsymbol{x}}_{i-1}^\top = (1, |\hat{u}_{i-1}|, \cdots, |\hat{u}_{i-q}|), i = k+q+1, \cdots, t-1\}$ を得る．
3. 線形分位点回帰により

$$\hat{\boldsymbol{\gamma}}(\theta) = \arg\min_{\boldsymbol{\gamma} \in R^q} \sum_{i=k+q+1}^{t-1} \rho_\theta(\hat{u}_i - \hat{\boldsymbol{x}}_{i-1}^\top \boldsymbol{\gamma}) \tag{5.18}$$

を推定する．

5.3.2 CAViaR モデル

ほとんどの資産において，リターンのボラティリティのショックには持続性があることが知られている．そして (5.10) より VaR も同様の持続性をもち，ある時点において高い（低い）VaR が示されている場合，そのしばらく後まで高い（低い）VaR が続くと考えられる．Engle and Manganelli (2004) は VaR が自己相関するという形でこの性質をモデル化し，conditional autoregressive VaR（CAViaR）モデルを提案した．CAViaR モデルは

- **adaptive:** $\boldsymbol{\beta} = \beta_1$

$$\begin{aligned}&\text{VaR}_t(1-\theta|\Omega_{t-1}) \\ &= \text{VaR}_{t-1}(1-\theta|\Omega_{t-2}) \\ &\quad + \beta_1 \left\{ \frac{1}{1+\exp(G[y_{t-1}+\text{VaR}_{t-1}(1-\theta|\Omega_{t-2})])} - \theta \right\}\end{aligned} \tag{5.19}$$

- **symmetric absolute value:** $\boldsymbol{\beta} = (\beta_1, \beta_2, \beta_3)^\top$

$$\text{VaR}_t(1-\theta|\Omega_{t-1}) = \beta_1 + \beta_2 \text{VaR}_{t-1}(1-\theta|\Omega_{t-2}) + \beta_3|y_{t-1}| \tag{5.20}$$

- **asymmetric slope:** $\boldsymbol{\beta} = (\beta_1, \beta_2, \beta_3, \beta_4)^\top$

$$\begin{aligned}&\text{VaR}_t(1-\theta|\Omega_{t-1}) \\ &= \beta_1 + \beta_2 \text{VaR}_{t-1}(1-\theta|\Omega_{t-2}) + \beta_3(y_{t-1})^+ + \beta_4(y_{t-1})^-\end{aligned} \tag{5.21}$$

- **indirect GARCH(1,1):** $\boldsymbol{\beta} = (\beta_1, \beta_2, \beta_3)^\top, \ \beta_i > 0, i = 1, 2, 3$

$$\text{VaR}_t(1-\theta|\Omega_{t-1}) = \left(\beta_1 + \beta_2 \text{VaR}_{t-1}^2(1-\theta|\Omega_{t-2}) + \beta_3 y_{t-1}^2\right)^{\frac{1}{2}} \tag{5.22}$$

の4種類のモデルで構成される．ただし，$(x)^+ = \max(x,0)$，$(x)^- = -\min(x,0)$ とする．G はある正の数であり，$G \to \infty$ で

$$\begin{aligned}&\boldsymbol{\beta} \left\{ \frac{1}{1+\exp(G[y_{t-1}+\text{VaR}_{t-1}(1-\theta|\Omega_{t-2})])} - \theta \right\} \\ &\to \boldsymbol{\beta} \left[1_{\{y_{t-1} < -\text{VaR}_{t-1}(1-\theta|\Omega_{t-2})\}} - \theta \right]\end{aligned} \tag{5.23}$$

となる.また G が有限の場合には,$\beta\{\frac{1}{1+\exp(G[y_{t-1}+\text{VaR}_{t-1}(1-\theta|\Omega_{t-2})])} - \theta\}$ は平滑化された階段関数となる.(5.23) をみるとわかるように,リターンが VaR を超過した場合には VaR を大きく増やし,超過しない場合には VaR を少し減らすという考え方が adaptive モデルには組み込まれている.ただし G が有限かつ θ が小さい場合には,リターンが VaR を超過していなくても,リターンと VaR の乖離が一定の範囲内に収まっていれば VaR を増やすことになる.本来 G は推定されるべき値であるが,Engle and Manganelli (2004) では簡単化のため $G = 10$ としている.

(5.8) で表される非線形分位点回帰において,$f_t(\boldsymbol{\beta}) = -\text{VaR}_t(1-\theta|\Omega_{t-1})$,誤差項 U_t を $U_{\theta,t}$ とし,$U_{\theta,t}$ の $\boldsymbol{x}_t$ に関する条件付 $100\theta\%$ 点を 0 と仮定して CAViaR モデルのパラメータ推定を行う.ここでさらに定数項 $\beta_1 = 0$ とすれば定数項のない (5.19),(5.22) のパラメータ推定が可能になる.CAViaR モデルは (5.8) のモデルと異なり,説明変数として使う $\text{VaR}_{t-1}(1-\theta|\Omega_{t-2}) = -f_{t-1}(\boldsymbol{\beta})$ が推定されるパラメータ $\boldsymbol{\beta}$ によって決定されるという構造をもっているために,パラメータ推定が複雑になる.そのため Engle and Manganelli (2004) ではグリッドサーチを再帰的に用いる以下の方法でパラメータを推定している.

手順 5.2(CAViaR モデルのパラメータ推定手順)

1. $\{y_i : i = 1, \cdots, t-1\}$ を $t-1$ 時点までのリターンデータとする.区間 $(0, 1)$ 間の一様乱数を用いて $1 \times j$ のベクトルを 10,000 個つくる.j は推定するパラメータの数である.
2. 1. でつくったベクトルそれぞれを
$$\sum_{i=2}^{t-1} \left[\theta - 1_{\{y_i < f_{i-1}(\boldsymbol{\beta})\}}\right] [y_i - f_{i-1}(\boldsymbol{\beta})] \tag{5.24}$$
の $\boldsymbol{\beta}$ として (5.24) の値を計算する.なお (5.24) は (5.9) の右辺の一部である.この計算には初期条件 $f_1(\boldsymbol{\beta})$ が必要となる.Engle and Manganelli (2004) では最初の 300 個のデータによって得られる標本 $100\theta\%$ 点を $f_1(\boldsymbol{\beta})$ としている.
3. 10,000 個のベクトルのうち (5.24) の値が最も小さい 10 個を選び,その 10 個のベクトルをそれぞれ初期値としてシンプレックス法によって (5.24) を最小化するパラメータを推定する.
4. 得られた 10 個の最適パラメータのうち (5.24) を最小化するものを初期値として準ニュートン法によって (5.24) を最小化するパラメータを推定する.
5. 区間 $(0, 1)$ 間の一様乱数を用いて新たに作成した 10,000 個のベクトルと 4. で得られた最適ベクトルとを合わせた 10,001 個のベクトルに対して 2.~ 5. を繰り返す.
6. 4. で得られる (5.24) の最小値と前回の 4. で得られた (5.24) の最小値の差が 10^{-10} 以下になった場合に推定終了とする.

5.3.3 GARCH-QR モデル

Taylor (1986) で提案された線形 GARCH(p,q) モデルは

$$Y_t = U_t \cdot \epsilon_t \tag{5.25}$$

$$U_t = \beta_0 + \sum_{i=1}^{p} \beta_i U_{t-i} + \sum_{j=1}^{q} \gamma_j |Y_{t-j}|$$

で表される．Koenker and Xiao (2009) は，$\beta_0 > 0$, $\gamma_i \geq 0, i = 1, \cdots, q$, ϵ_t が i.i.d. で平均 0 かつ未知の分布関数 $F_\epsilon(\cdot)$ をもつ強ホワイトノイズ過程であるという条件の下で，線形 GARCH(p,q) モデルのパーセント点が

$$Q_\theta(Y_t|\Omega_{t-1}) = \boldsymbol{\alpha}(\theta)^\top \boldsymbol{z}_{t-1} \tag{5.26}$$

で表される GARCH-QR モデルを提案している．ただし，時点 i における U_i, Y_i の実現値をそれぞれ u_i, y_i とし，$\boldsymbol{z}_{t-1} = (1, u_{t-1}, \cdots, u_{t-p}, |y_{t-1}|, \cdots, |y_{t-q}|)^\top$, $\boldsymbol{\alpha}(\theta)^\top = (\beta_0, \beta_1, \cdots, \beta_p, \gamma_1, \cdots, \gamma_q) F_\epsilon^{-1}(\theta)$ とする．また $F_\epsilon^{-1}(\theta)$ は ϵ の $100\theta\%$ 点である．線形 GARCH(p,q) モデルを前提とする理由として，Koenker and Xiao (2009) は，分位点回帰における線形モデルの扱いやすさとともに，線形でない GARCH モデルの極端なリターンに対する感応度がファイナンスのモデルとしては不都合なほど高すぎる点をあげている．$u_{t-j} F_\epsilon^{-1}(\theta) = Q_\theta(Y_{t-j}|\Omega_{t-j-1})$ であるので，$\beta_0^* = \beta_0(\theta) = \beta_0 F_\epsilon^{-1}(\theta)$, $\beta_i^* = \beta_i$, $\gamma_j^* = \gamma_j(\theta) = \gamma_j F_\epsilon^{-1}(\theta)$ とすると (5.26) は

$$Q_\theta(Y_t|\Omega_{t-1}) = \beta_0^* + \sum_{i=1}^{p} \beta_i^* Q_\theta(Y_{t-i}|\Omega_{t-i-1}) + \sum_{j=1}^{q} \gamma_j^* |y_{t-j}| \tag{5.27}$$

となる．

いま，$\boldsymbol{\delta}^\top = (\beta_0, \beta_1, \cdots, \beta_p, \gamma_1, \cdots, \gamma_q)$ とする．そして $\theta_i, i = 1, \cdots, n$ に対して $\boldsymbol{\xi}_i = \boldsymbol{\alpha}(\theta_i), i = 1, \cdots, n$ とし，$\boldsymbol{\Xi} = (\boldsymbol{\xi}_1, \cdots, \boldsymbol{\xi}_n)$ とする．(5.26) の説明変数 $\boldsymbol{z}_{t-1}$ は $\boldsymbol{\delta}$ より決まるので，(5.26) を用いてパラメータを推定する場合

$$(\hat{\boldsymbol{\Xi}}, \hat{\boldsymbol{\delta}}) = \begin{cases} \arg\min_{\boldsymbol{\Xi}, \boldsymbol{\delta}} \sum_i \sum_j \rho_{\theta_i}(y_j - \boldsymbol{\xi}_i^\top \boldsymbol{z}_{j-1}(\boldsymbol{\delta})) \\ s.t. \ \boldsymbol{\xi}_i = \boldsymbol{\alpha}(\theta_i) = \boldsymbol{\delta} F_\epsilon^{-1}(\theta_i) \end{cases} \tag{5.28}$$

という制約付き非線形分位点回帰[*1] を解くことになるが，この推定は理論的にも計算的にも難しい．そのため，Koenker and Xiao (2009) では，まず $u_{t-1}, \cdots, u_{t-q}$ を推定し，その推定値を説明変数として $\boldsymbol{\alpha}$ を推定するという 2 段階のパラメータ推定方法を採用している．適当な正則条件の下で，U_t は ARCH(∞) の形，つまり $U_t = a_0 + \sum_{j=1}^{\infty} a_j |Y_{t-j}|$ と表すことができる．よって (5.25) は

[*1] (5.28) では $\boldsymbol{z}_{j-1}$ を $\boldsymbol{z}_{j-1}(\boldsymbol{\delta})$ と表記することで $\boldsymbol{z}_{j-1}$ が $\boldsymbol{\delta}$ より決まることを強調している．

$$Y_t = \left(a_0 + \sum_{j=1}^{\infty} a_j |Y_{t-j}|\right) \epsilon_t \tag{5.29}$$

と表すことができるので, $\eta_j(\theta) = a_j Q_\theta(\epsilon_t), j = 0, 1, \cdots$ として

$$Q_\theta(Y_t | \Omega_{t-1}) = \eta_0(\theta) + \sum_{j=1}^{\infty} \eta_j(\theta) |y_{t-j}|$$

と表される. (5.29) の a_j は j が大きくなるにつれて幾何級数的に小さくなっていくことが知られているので

$$Q_\theta(Y_t | \Omega_{t-1}) \approx \eta_0(\theta) + \sum_{j=1}^{m} \eta_j(\theta) |y_{t-j}| \tag{5.30}$$

と近似できる. m は推定に用いるデータ数に応じて決まり, Koenker and Xiao (2009) は数値例において $m = 3n^{\frac{1}{4}}$ としている. Koenker and Xiao (2009) では, まず第 1 段階として, $\theta_1, \ldots, \theta_K$ における (5.30) のパラメータ推定値 $\hat{\boldsymbol{\eta}}(\theta_1), \cdots, \hat{\boldsymbol{\eta}}(\theta_K)$ を活用して $a_0, \cdots, a_m$ を推定する. ただし $\boldsymbol{\eta}(\theta) = [\eta_0(\theta), \eta_1(\theta), \cdots, \eta_m(\theta)]^\top$ である. そして $\hat{u}_t = \hat{a}_0 + \sum_{j=1}^{m} \hat{a}_j |y_{t-j}|$ を得る. 次に第 2 段階として, $\hat{u}_{t-1}, \cdots, \hat{u}_{t-q}$ を説明変数にして $\boldsymbol{\alpha}$ を推定する.

手順 5.3 (GARCH-QR モデルのパラメータ推定手順)

1. $\{y_i : i = 1, \cdots, t-1\}$ を $t-1$ 時点までのリターンデータとする. $(\theta_1, \cdots, \theta_K)$ を選択し, $\theta_k, k = 1, \cdots, K$ に対して線形分位点回帰を用いて (5.30) のパラメータ $\boldsymbol{\eta}(\theta_k)$ を

$$\hat{\boldsymbol{\eta}}(\theta_k) = \arg\min_{\boldsymbol{\eta}} \sum_{i=m+1}^{t-1} \rho_{\theta_k}\left(y_i - \eta_0 - \sum_{j=1}^{m} \eta_j |y_{i-j}|\right) \tag{5.31}$$

と推定する.

2. ARCH モデルの推定においては一般に ϵ_t の分散を 1 に基準化するが, GARCH-QR モデルでは ϵ_t の分散を 1 にする代わりに $a_0 = 1$ と基準化する. 分散を基準化することによるスケールの違いは他のパラメータで吸収できるためである. 次に, $q_k = Q_{\theta_k}(\epsilon_t)$ として $\boldsymbol{a} = (a_1, \cdots, a_m, q_1, \cdots, q_K)^\top$, $\hat{\boldsymbol{\pi}} = [\hat{\boldsymbol{\eta}}(\theta_1)^\top, \cdots, \hat{\boldsymbol{\eta}}(\theta_K)^\top]^\top$ とする. さらに $\boldsymbol{g} = (q_1, \cdots, q_K)^\top$, $\boldsymbol{\eta} = (1, a_1, \cdots, a_m)^\top$ として $\phi(\boldsymbol{a}) = \boldsymbol{g} \otimes \boldsymbol{\eta} = (q_1, a_1 q_1, \cdots, a_m q_1, \cdots, q_K, a_1 q_K, \cdots, a_m q_K)^\top$ とする. そして最小距離推定を用いて

$$\hat{\boldsymbol{a}} = \arg\min_{\boldsymbol{a}} (\hat{\boldsymbol{\pi}} - \phi(\boldsymbol{a}))^\top \boldsymbol{A}_n (\hat{\boldsymbol{\pi}} - \phi(\boldsymbol{a})) \tag{5.32}$$

を得る. ただし $\boldsymbol{A}_n$ は $K(m+1)$ 行 $K(m+1)$ 列の正定値行列である. GARCH-QR モデルにおける $\boldsymbol{A}_n$ の選び方については, Koenker and Xiao (2009) を参照

せよ．なお，最小距離推定において重み付け行列 $\boldsymbol{A}_n$ にはさまざまな選択肢があり，その1つとして $\hat{\boldsymbol{\pi}} - \phi(\boldsymbol{a})$ の分散共分散行列の逆行列があげられる．(5.32) で得られた $\hat{\boldsymbol{a}}$ を用いて $\hat{u}_i = \hat{a}_0 + \sum_{j=1}^{m} \hat{a}_j |y_{i-j}|$ より $\{\hat{u}_i : i = m+1, \cdots, t-1\}$ が推定される．

3. 2. で得られた $\{\hat{u}_i : i = m+1, \cdots, t-1\}$ をもとに，$\hat{\boldsymbol{z}}_{i-1} = (1, \hat{u}_{i-1}, \cdots, \hat{u}_{i-p}, |y_{i-1}|, \cdots, |y_{i-q}|)^\top$ として $\{\hat{\boldsymbol{z}}_{i-1} : i = l+1, \cdots, t-1\}$ を得る．ただし $l = \max(m+p, q)$ とする．そして線形分位点回帰を用いて

$$\hat{\boldsymbol{\alpha}}(\theta)^\top = \arg\min_{\boldsymbol{\alpha}} \sum_{i=l}^{t-1} \rho_\theta(y_i - \boldsymbol{\alpha}^\top \hat{\boldsymbol{z}}_{i-1}) \tag{5.33}$$

を得る．

5.3.4 DAQ モデル

分位点回帰によって推定されたパーセント点は，モデル化の方法次第によっては θ に対する単調性が保証されなくなるという特徴がある．つまり分位点回帰によって推定された信頼水準 98% の VaR と信頼水準 99% の VaR を比較した場合，よりリスクレベルの高い信頼水準 99% の VaR の値が信頼水準 98% の VaR の値よりも低くなることが起こりうるということである．なお Koenker (2005) によると，線形モデルで説明変数が極端な値を示すときに単調性が崩れる場合がある．Gourieroux and Jasiak (2008) は推定されるパーセント点が θ に関する単調性を必ずもつように分位点回帰のモデル化を行い，dynamic additive quantile(DAQ) モデル

$$Q_t(\theta; \boldsymbol{\alpha}) = \sum_{k=1}^{K} a_k(y_{t-1}; \gamma_k) Q_k(\theta; \beta_k) + a_0(y_{t-1}; \gamma_0) \tag{5.34}$$

を定義した．ただし，$\{y_i : i = 1, \cdots, t-1\}$ は時点 1 から $t-1$ までのリターンデータ，$\boldsymbol{\alpha} = (\beta_1, \cdots, \beta_K, \gamma_0, \gamma_1, \cdots, \gamma_K)^\top$ である．そして $a_k(y_{t-1}; \gamma_k)$ は $\{y_i : i = 1, \cdots, t-1\}$ の関数で非負とする．また $Q_k(\theta; \beta_k)$ は $\{y_i : i = 1, \cdots, t-1\}$ とは独立な分布関数の $100\theta\%$ 点であり，値域がすべて同じであるとする．$Q_k(\theta; \beta_k)$ の一例としては，値域がともに $(0, \infty)$ である指数分布の $100\theta\%$ 点とパレート分布の $100\theta\%$ 点との組合せがあげられる．$Q_k(\theta; \beta_k)$ と $a_k(y_{t-1}; \gamma_k)$ に関するこれらの条件によって，$Q_t(\theta; \boldsymbol{\alpha})$ の θ に対する単調性が保証される．Gourieroux and Jasiak (2008) では

$$Q_t(\theta; \boldsymbol{\alpha}) = m_0 + m_1 |y_{t-1} - \mu| + (\sigma_{0,0} + \sigma_{0,1}|y_{t-1} - \mu|)^{\frac{1}{2}} \Phi^{-1}(\theta)$$
$$+ (\sigma_{1,0} + \sigma_{1,1}|y_{t-1} - \mu|)^{\frac{1}{2}} \tan\left[\pi\left(\theta - \frac{1}{2}\right)\right] \tag{5.35}$$

という DAQ モデルを用いて VaR を推定している．ただし，$\Phi^{-1}(\theta)$ は標準正規分布の $100\theta\%$ 点，$\tan[\pi(\theta - \frac{1}{2})]$ は標準コーシー分布の $100\theta\%$ 点，μ は $\{y_i : i = 1, \cdots, t-1\}$

のメディアンである．また $\boldsymbol{\alpha} = (m_0, m_1, \sigma_{0,0}, \sigma_{0,1}, \sigma_{1,0}, \sigma_{1,1})^\top$ である．

最尤法を用いて DAQ モデルのパラメータ $\boldsymbol{\alpha}$ を推定する場合，尤度を求めるごとに分布関数 $Q_t^{-1}(y_t; \boldsymbol{\alpha}), t = 1, \cdots, T$ の値を計算する必要がある．この膨大な計算を回避するため，Gourieroux and Jasiak (2008) ではカルバック–ライブラー情報量基準（KLIC）をパラメータ推定に活用している．KLIC は真の確率分布とモデルの確率分布の近さを表す指標であり，真の確率密度関数を f_0，モデルの確率密度関数を f とすると

$$I_1(f_0, f) = \int f_0(y) \log \frac{f_0(y)}{f(y)} \mathrm{d}y \tag{5.36}$$

$$I_{-1}(f_0, f) = \int f(y) \log \frac{f(y)}{f_0(y)} \mathrm{d}y \tag{5.37}$$

で表される．(5.36) を最小化するモデルを探すことは最尤法で対数尤度を最大化するパラメータ $\boldsymbol{\alpha}$ を求めることと同じであり，(5.37) を最小化するモデルを探すことは経験尤度法で経験対数尤度を最大化するパラメータ $\boldsymbol{\alpha}$ を求めることと同じである．いま，$Q(\theta)$ をパーセント点とし，$q(\theta) = \frac{\mathrm{d}Q(\theta)}{\mathrm{d}\theta}$ とすると，(5.37) は

$$I_{-1}(f_0, f) = \int \log \frac{f(y)}{f_0(y)} \mathrm{d}F(y) = \int_0^1 \log \frac{f[Q(\theta)]}{f_0[Q(\theta)]} \mathrm{d}\theta$$

と変形されるが，$f[Q(\theta)] = \frac{\mathrm{d}F[Q(\theta)]}{\mathrm{d}Q(\theta)} = \frac{\mathrm{d}\theta}{\mathrm{d}Q(\theta)} = \frac{1}{q(\theta)}$ より

$$I_{-1}(f_0, f) = -\int_0^1 \log q(\theta) \mathrm{d}\theta - \int_0^1 \log f_0[Q(\theta)] \mathrm{d}\theta \tag{5.38}$$

と表せる．ただし，$Q_t(\theta; \boldsymbol{\alpha}) = Q(\theta|x_t; \boldsymbol{\alpha})$ を x_t に関する条件付パーセント点とし，$q_t(\theta; \boldsymbol{\alpha}) = q(\theta|x_t; \boldsymbol{\alpha}) = \frac{\mathrm{d}Q(\theta|x_t; \boldsymbol{\alpha})}{\mathrm{d}\theta}$ とする．そして $\hat{f}_{0T}(y|x)$ を y の x に関する条件付密度関数とし，K, K^* をカーネル関数，h_T, h_T^* をバンド幅として

$$\hat{f}_{0T}(y|x) = \frac{1}{h_T} \frac{\sum_{\tau=1}^T K\left(\frac{y_\tau - y}{h_T}\right) K^*\left(\frac{x_\tau - x}{h_T^*}\right)}{\sum_{\tau=1}^T K^*\left(\frac{x_\tau - x}{h_T^*}\right)}$$

とカーネル推定する．すると (5.38) を用いて $I_{-1}(f_0, f)$ の最小化は

$$\hat{\boldsymbol{\alpha}}_T = \arg\max_{\boldsymbol{\alpha}} \sum_{t=1}^T \left\{ \int_0^1 \log q(\theta|x_t; \boldsymbol{\alpha}) \mathrm{d}\theta + \int_0^1 \log \hat{f}_{0T}[Q(\theta|x_t; \boldsymbol{\alpha})|x_t] \mathrm{d}\theta \right\} \tag{5.39}$$

と表現される．(5.35) で表される DAQ モデルにおいて，Gourieroux and Jasiak (2008) は (5.39) の x_t を y_{t-1} とし，K と K^* に標準ガウスカーネルを用いて推定を行っている．

5.4 モデルパラメータの仮説検定

仮説検定は,回帰モデルにおいて推定されたパラメータがどの程度意味をもつかを客観的に評価する方法である.本節では,分位点回帰によって推定されたモデルのパラメータ仮説検定として,Engle and Manganelli (2004) で用いられたワルド (Wald) 検定と Gourieroux and Jasiak (2008) で用いられたランクスコア検定について説明する.

5.4.1 ワルド検定

推定されたパラメータの漸近正規性が証明できるとワルド検定が可能になる.いま,$Y_t = \boldsymbol{x}_t^\top \boldsymbol{\beta} + U_t$ という線形モデルを考えて,U_t が i.i.d. でなく,分布関数 F_t と密度関数 f_t をもつとする.このとき適当な正則条件の下で,線形分位点回帰を用いたモデルのパラメータ推定値 $\hat{\boldsymbol{\beta}}$ は漸近正規性をもち

$$\sqrt{n}(\hat{\boldsymbol{\beta}}(\theta) - \boldsymbol{\beta}(\theta)) \sim N(0, \theta(1-\theta)\boldsymbol{H}_n^{-1}(\theta)\boldsymbol{J}_n\boldsymbol{H}_n^{-1}(\theta)) \tag{5.40}$$

となる.証明は Koenker (2005) を参照せよ.ただし,$\boldsymbol{J}_n = n^{-1}\sum_{i=1}^n \boldsymbol{x}_i\boldsymbol{x}_i^\top$, $\boldsymbol{H}_n(\theta) = n^{-1}\sum_{i=1}^n \boldsymbol{x}_i\boldsymbol{x}_i^\top f_i(F_i^{-1}(\theta))$ とする.次に,$\boldsymbol{R}, \boldsymbol{r}$ をそれぞれ任意の定数行列,定数ベクトルとして $H_0 : \boldsymbol{R}\boldsymbol{\beta}(\theta) = \boldsymbol{r}$ という帰無仮説を考える.この帰無仮説が正しい場合,$\boldsymbol{\beta}(\theta)$ は $\boldsymbol{R}\boldsymbol{\beta}(\theta) - \boldsymbol{r} = \boldsymbol{0}$ を少なくとも近似的には満たさなければならず,この帰無仮説が正しくない場合,標本ごとの変動では説明がつかないほど $\boldsymbol{R}\boldsymbol{\beta}(\theta) - \boldsymbol{r}$ が $\boldsymbol{0}$ から離れることになる.そしてワルド統計量

$$T_n = n(\boldsymbol{R}\hat{\boldsymbol{\beta}}(\theta) - \boldsymbol{r})^\top \left[\theta(1-\theta)\boldsymbol{R}\boldsymbol{H}_n^{-1}(\theta)\boldsymbol{J}_n\boldsymbol{H}_n^{-1}(\theta)\boldsymbol{R}^\top\right]^{-1}(\boldsymbol{R}\hat{\boldsymbol{\beta}}(\theta) - \boldsymbol{r}) \tag{5.41}$$

が帰無仮説 H_0 の下で自由度 q のカイ二乗分布に従うので,帰無仮説 H_0 の採択棄却を判定できる.ただし $\hat{\boldsymbol{\beta}}(\theta)$ は,$\boldsymbol{R}\boldsymbol{\beta}(\theta) = \boldsymbol{r}$ という線形制約を課さずに推定した $\boldsymbol{\beta}(\theta)$ の値である.また q は $\boldsymbol{R}$ の次元である.U_t が i.i.d. の場合は分布関数 $F_t = F$,密度関数 $f_t = f$ とすればよい.(5.41) を計算するためには,さらに $\boldsymbol{H}_n(\theta)$ を推定する必要がある.Powell (1991) では,一様連続な f_i に関して

$$\hat{\boldsymbol{H}}_n(\theta) = \frac{1}{nh_n}\sum_{i=1}^n K\left(\frac{\hat{u}_i}{h_n}\right)\boldsymbol{x}_i\boldsymbol{x}_i^\top \tag{5.42}$$

が $\boldsymbol{H}_n(\theta)$ に確率収束することを証明している.ただし,$\{y_i : i = 1, \cdots, n\}$ を Y_t の標本データとして $\hat{u}_i = y_i - \boldsymbol{x}_i^\top \hat{\boldsymbol{\beta}}(\theta)$ とし,K はカーネル関数,h_n は $n \to \infty$ で $h_n \to 0$ かつ $\sqrt{n}h_n \to \infty$ となるバンド幅である.そして $h_n = 2c_n$,カーネル関数 $K(\cdot) = 1_{\{|\cdot|<\frac{1}{2}\}}$ としてワルド統計量を求めている[*2].なお,Engle and Manganelli

---

[*2] Powell (1991) と異なり,Hendricks and Koenker (1991) では $f_i(F_i^{-1}(\theta))$ を推定することで $\boldsymbol{H}_n(\theta)$ を計算している.

(2004) は Powell (1991) の方法で CAViaR モデルのパラメータ推定値のワルド検定を行っている.

5.4.2 ランクスコア検定

(5.6) において $\boldsymbol{\beta} = (\boldsymbol{\delta}^\top, \boldsymbol{\zeta}^\top)^\top$, $\boldsymbol{x}_t = (\boldsymbol{v}_t^\top, \boldsymbol{z}_t^\top)^\top$ とし, $Y_t = \boldsymbol{x}_t^\top \boldsymbol{\beta} + U_t = \boldsymbol{v}_t^\top \boldsymbol{\delta} + \boldsymbol{z}_t^\top \boldsymbol{\zeta} + U_t$ とする. ただし, q を $\boldsymbol{\zeta}$ の次元, $\boldsymbol{v}_t = (v_{t1}, \cdots, v_{t(p-q)})^\top$, $\boldsymbol{\delta} = (\delta_1, \delta_2, \cdots, \delta_{p-q})^\top$ とする. 次に, $v_{t1} = 1$ と仮定して $\boldsymbol{v}_t^\top \boldsymbol{\delta}$ が定数項 $v_{t1}\delta_1 = \delta_1$ をもつようにする. そして $F_u^{-1}(\theta|\boldsymbol{v}_t, \boldsymbol{z}_t)$ を U_t の $\boldsymbol{v}_t$ と $\boldsymbol{z}_t$ に関する条件付 $100\theta\%$ 点として $\delta_1^*(\theta) = \delta_1 + F_u^{-1}(\theta|\boldsymbol{v}_t, \boldsymbol{z}_t)$, $\boldsymbol{\delta}^*(\theta) = (\delta_1^*(\theta), \delta_2, \cdots, \delta_{p-q})^\top$ とする. このとき, $Q_\theta(Y_t|\boldsymbol{v}_t, \boldsymbol{z}_t) = \boldsymbol{v}_t^\top \boldsymbol{\delta}^*(\theta) + \boldsymbol{z}_t^\top \boldsymbol{\zeta}$ となる. いま, $H_0 : \boldsymbol{\zeta} = \boldsymbol{0}$ という帰無仮説を考える. まず $\boldsymbol{X} = (\boldsymbol{x}_1, \cdots, \boldsymbol{x}_n)^\top$ とし, $\boldsymbol{1}_n$ をすべての成分が 1 の n 列ベクトル, $[0,1]^n$ を n 次元単位立方体として帰無仮説 H_0 の下で

$$\max\{\boldsymbol{y}^\top \boldsymbol{a} | \boldsymbol{X}^\top \boldsymbol{a} = (1-\theta)\boldsymbol{X}^\top \boldsymbol{1}_n, \boldsymbol{a} \in [0,1]^n\} \tag{5.43}$$

を用いて被説明変数の標本データ $\boldsymbol{y} = (y_1, \cdots, y_n)^\top$ におけるランク生成関数 $\hat{\boldsymbol{a}}_n(t) = (\hat{a}_{n1}(t), \cdots, \hat{a}_{nn}(t))^{\top *3)}$ を計算する. 次に, $\hat{\boldsymbol{a}}_n(t)$ と $\phi(t)$ を用いて (5.44) より $\hat{\boldsymbol{b}}_n = (\hat{b}_{n1}, \cdots, \hat{b}_{nn})^\top$ を計算する. また $\boldsymbol{V} = (\boldsymbol{v}_1, \cdots, \boldsymbol{v}_n)^\top$, $\boldsymbol{Z} = (\boldsymbol{z}_1, \cdots, \boldsymbol{z}_n)^\top$ として加重最小二乗法により $\boldsymbol{Z}$ を $\boldsymbol{V}$ で線形回帰すると $\hat{\boldsymbol{Z}} = \boldsymbol{V}(\boldsymbol{V}^\top \boldsymbol{\Psi} \boldsymbol{V})^{-1} \boldsymbol{V}^\top \boldsymbol{\Psi} \boldsymbol{Z}$ となる. ただし $\boldsymbol{\Psi}$ は $f_i(Q_\theta(Y_i|\boldsymbol{x}_i, \boldsymbol{z}_i)), i = 1, \cdots, n$ を成分とする対角行列である. そして

$$\boldsymbol{S}_n(\theta) = n^{-\frac{1}{2}}(\boldsymbol{Z} - \hat{\boldsymbol{Z}})^\top \hat{\boldsymbol{b}}_n \tag{5.45}$$

とする. ここに分位点回帰における $\hat{\boldsymbol{a}}_n(t)$ の漸近理論を活用することで $\boldsymbol{S}_n(\theta)$ の漸近正規性が証明できる. 詳細は Gutenbrunner and Jurečklocá (1992) を参照せよ. Koenker and Machado (1999) は $\boldsymbol{S}_n(\theta)$ の漸近正規性を活用してランクスコア統計量

$$T_n = \frac{\boldsymbol{S}_n^\top(\theta)\boldsymbol{S}_n(\theta)}{\boldsymbol{M}_n A^2(\phi)} \tag{5.46}$$

が帰無仮説 H_0 の下で自由度 q のカイ二乗分布に従うことを証明した. このことを用いて帰無仮説 H_0 の採択棄却の判定を行うのがランクスコア検定である. ただし, $\boldsymbol{M}_n = \frac{(\boldsymbol{Z}-\hat{\boldsymbol{Z}})(\boldsymbol{Z}-\hat{\boldsymbol{Z}})^\top}{n}$, $A^2(\phi) = \int_0^1 (\phi(t) - \bar{\phi})^2 \mathrm{d}t$, $\bar{\phi} = \int_0^1 \phi(t) \mathrm{d}t$ である. VaR 推定のように特定の θ 関するパラメータ推定の場合には, ランクスコア検定のスコア関数

---

*3) Hájek et al. (1999) によると確率変数 Y の標本データ $\{y_i : i = 1, \cdots, n\}$ における y_i のランクはランク生成関数 $\hat{a}_{ni}(t)$ を用いて

$$\hat{b}_{ni} = -\int_0^1 \phi(t) \mathrm{d}\hat{a}_{ni}(t) \tag{5.44}$$

と表される. ただし $\phi(t)$ はランクをどの区間上に基準化するかを決める関数で, スコア関数とよばれる.

$\phi(t)$ は

$$\phi_\theta(t) = \theta - 1_{\{t<\theta\}} \tag{5.47}$$

とできる．そして (5.43) (5.44) より

$$\hat{b}_{ni} = (\hat{a}_{ni}(\theta) - \hat{a}_{ni}(0)) - \theta(\hat{a}_{ni}(1) - \hat{a}_{ni}(0)) = \hat{a}_{ni}(\theta) - (1-\theta)$$

となる．また (5.47) より $\bar{\phi}_\theta = 0$, $A^2(\phi_\theta) = \theta(1-\theta)$ となるので，(5.46) は

$$T_n(\theta) = \frac{\boldsymbol{S}_n^\top(\theta)\boldsymbol{S}_n(\theta)}{\theta(1-\theta)\boldsymbol{M}_n}$$

となる．

5.5 CAViaR モデルの VaR 推定例

本節では，(5.20) の symmetric absolute value モデルと (5.22) の indirect GARCH(1,1) モデルについて，過去 2891 日分の TOPIX リターンデータから翌日の VaR を推定する．推定に用いたデータは YAHOO!JAPAN ファイナンスより取得したデータをもとに作成した 1997 年 3 月 19 日〜2013 年 2 月 15 日の TOPIX 日次リターンデータである．VaR 推定法の精度は検証期間を 1000 日とした保有期間 1 日のバックテストにより測定する．

表 5.1 にバックテスト結果を示す．$t = m, \cdots, m+n-1$ をバックテスト期間として，超過比率は

$$\frac{1}{n}\sum_{t=m}^{m+n-1} 1_{\{Y_t \leq -\mathrm{VaR}_t(1-\theta|\Omega_{t-1})\}}$$

により求められる．そして VaR の定義より，推定される VaR の精度が高いほど超過比率は θ に近くなる．この表によると両モデルともに超過比率が理想値 0.01 よりも低く，市場リスクを過大評価していることがわかる．

表 5.1　TOPIX99%-VaR の超過比率

symmetric absolute value モデル	0.006
indirect GARCH(1,1) モデル	0.007

図 5.1 に VaR の推定値と実際のリターンとの関係を示す．これは 2012 年 2 月 13 日〜2013 年 2 月 15 日における TOPIX のリターンと，符号を逆にした TOPIX の 99%-VaR を示したものである．この図より symmetric absolute value モデルの推定値の方が indirect GARCH(1,1) モデルの推定値よりもわずかにリターンに対する感応度が大きいことがわかる．

表 5.2 には 2013 年 2 月 15 日における TOPIX の VaR のパラメータ推定値ならびに

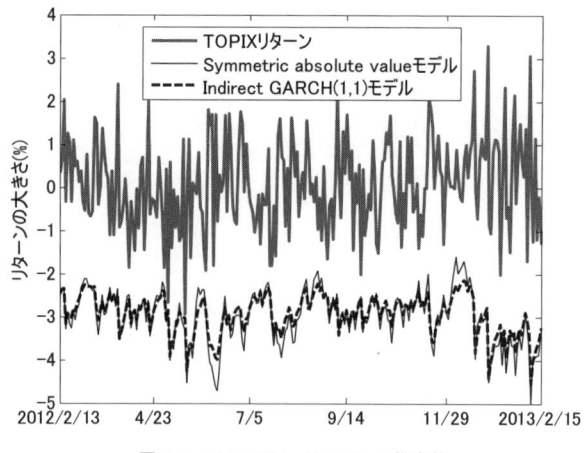

図 5.1 TOPIX 99%-VaR の推定値

表 5.2 TOPIX のパラメータ推定結果（2013 年 2 月 15 日）

	symmetric absolute value モデル	indirect GARCH(1,1) モデル
β_1	0.2181	0.6863
(p 値)	(0.0012)	(0.0072)
β_2	0.7396	0.7270
(p 値)	(0.0000)	(0.0000)
β_3	0.6576	1.4853
(p 値)	(0.0357)	(0.0052)

ワルド検定を用いて計算した p 値を示す．(5.41) の $\boldsymbol{H}_n(\theta)$ の推定には (5.42) を用いている．そして $k = 40$ とした k 近傍法を用いて $\sum_{t=1}^{n} 1_{\{|\hat{u}_t| < c_n\}}$ が 40 になる最小の c_n をバンド幅とした．最適な k の設定は推定に用いるデータの数や性質に依存するが，ここでは簡単化のため Engle and Manganelli (2004) で使われた値をそのまま用いている．そのため推定に用いるデータ数を Engle and Manganelli (2004) と同じにしてある．なお最適な k の設定方法として尤度交差確認法がある．この表によると symmetric absolute value モデルの β_3 の p 値が 1%で有意になっていないことから，前日のリターンが VaR に与える影響は正負対称であるとまではいえない．よって asymmetric slope モデルのように，前日のリターンによる VaR への影響が正負非対称になるようなモデルの方が望ましいことが示唆される．

6 レジームスイッチングモデル

　実際に市場で観測される株式などの資産価格過程は，Black–Scholes モデルなどが仮定する対数正規過程（収益率は定常な正規過程）とは異なり，1) クラスタリング：ボラティリティの高い時期や低い時期が断続的に生じる傾向，2) トレンド：収益率の平均的水準が断続的に変化する傾向，3) レバレッジ：下落時のボラティリティが上昇時よりも大きい傾向，など非定常特性を示すと指摘されている．

　資産の価格付けやヘッジ，リスク評価などを実践するにあたって，特に分析の対象期間が長期に及ぶ場合には，それら非定常特性に整合的なモデルの利用が望ましく，古くは ARCH モデルや GARCH モデルといった不均一分散時系列モデルの応用が試みられてきたが，Hamilton (1990) 以降はレジームスイッチングモデル（regime switching model，以下 RS モデル）が利用される機会が増えている．RS モデルは対象を 1 つの確率分布（1 つの局面）で捉えるのではなく，複数の確率分布が入れ替わることを許容し（多局面），その局面の出現過程がマルコフ連鎖によって決定するモデルである．各局面における確率分布や局面転換を支配するマルコフ連鎖の推移確率の与え方などによって複数の RS モデルが存在する．

　RS モデルを為替や金利予測に応用した研究は多い．例えば，Engel and Hamilton (1990) は，推移確率が一定の 2 局面・正規 RS モデルを為替レートに適用し，1 局面のランダムウォークモデルよりも優れた予測能力があることを検証した．また Engel and Hakkio (1996) は，欧州通貨統合前後の為替レート変動において，推移確率が欧州通貨バンド（ERM band）内の位置に依存するような RS モデルを構築し，バンド境界に近づくと異なる挙動を示すことを観察した．Bollen et al. (2000) は，4 局面で推移確率が一定の正規 RS モデルによる為替オプション評価を行い，実際のオプション取引戦略に応用した結果，複数の状態を仮定しないモデルに比べて高い収益率を上げられることを示した．さらに，Gray (1996) はタイプの異なる RS モデルを短期金利に適用し，アウトオブサンプルで優れた予測性を発揮することを実証した．

　一方，株式分析への応用例としては，株式ポートフォリオの VaR の推計に利用した Billio and Pelizzon (2000) や，超長期のオプション評価のための超長期の株式リターンモデルに応用した Hardy (2001)，松山 (2004) などがあり，実際に，変額年金保険などの長期の株式オプションを内在する保険商品のリスク管理実務に RS モデルが活用さ

れている．

本章では，わが国の株式を対象に，タイプの異なる複数の RS モデルを推定し，適切なモデル選択を行った実証研究について解説する．株式については，単純な 2 および 3 局面の RS モデル以外にも，局面転換の推移確率が外生変数（金利関連変数）に応じて変動するタイプのモデルや，各局面における正規分布の条件付分散が GARCH により決定するモデルなど，より複雑な RS モデルについても検証する．

6.1 RS モデルの概要

離散的時刻 t における収益率 y_t がある確率変数 Y からのランダムサンプリングであるとき，これを 1 局面モデルとみなすとすれば，RS モデルは，y_t が，状態変数 S_t に応じて現れる複数の確率変数 Y_i からのランダムサンプリングとするモデルである．

例えば，状態空間が 2 次元の RS モデルは，

$$y_t \sim \begin{cases} Y_1, & S_t = 1 \\ Y_2, & S_t = 2 \end{cases}$$

と書くことができる．ただし，状態変数 S_t は，2 次元の状態空間をもつマルコフ連鎖で，推移確率は

$$P\{S_t = 1 | S_{t-1} = 1\} = P_t,$$
$$P\{S_t = 2 | S_{t-1} = 1\} = 1 - P_t,$$
$$P\{S_t = 2 | S_{t-1} = 2\} = Q_t,$$
$$P\{S_t = 1 | S_{t-1} = 2\} = 1 - Q_t$$

であり，適当なリンク関数 $G(x)$（$G(-\infty) = 0$ かつ $G(\infty) = 1$ を満たす狭義単調増加関数）により，

$$P_t = G(a_1 + b_1 X_t), \quad Q_t = G(a_2 + b_2 X_t)$$

のように外生変数 X_t の関数で与えることができるが，最も単純な場合は，P_t，Q_t ともに定数として仮定される．

RS モデルの各局面における（対数）収益分布に正規分布を仮定すると，その価格分布は対数正規分布（log normal）に従うため，このような RS モデルを，RSLN モデルとよび，特に 2 局面の RSLN モデルを RSLN2 モデルとよぶことにする．

RS モデルにおける局面の数を増やすことは容易である．各局面における収益率をそれぞれ異なる正規分布として与え，n 次元状態変数に関するマルコフ連鎖の推移確率を n 次正方行列で定義すればよい．本章では，RSLN2 の他に，状態を 3 つに増やした RSLN3 についても推定する．

RS モデルでは収益率プロセスの分散の上限が一定値（最大分散状態における分散）で

抑えられてしまうため，経験的に知られているようなボラティリティの長期記憶性を表現できるような柔軟性はない（Pagan and Schwert, 1990）といった指摘がある．この点に関連して，後に長期記憶性を有するとされる GARCH モデルと比較分析を行う．

6.2 RS モデルの推定方法

RS モデルの推定方法はいくつかあるが，本章では基本的に Kim and Nelson (1999) の擬似最尤法に従うこととした．具体的な手続きを以下に示す．

y_t が RSLN2 モデルに従うとき，y_t の条件付密度関数は，

$$\begin{aligned}
f(y_t|\tilde{y}_{t-1}) &= \sum_{i=1}^{2} f(y_t, S_t = i|\tilde{y}_{t-1}) \\
&= \sum_{i=1}^{2} f(y_t|S_t = i, \tilde{y}_{t-1}) P\{S_t = i|\tilde{y}_{t-1}\} \\
&= \sum_{i=1}^{2} f(y_t|S_t = i) P\{S_t = i|\tilde{y}_{t-1}\}
\end{aligned} \tag{6.1}$$

と表すことができる．ただし，$\tilde{y}_{t-1} = \{y_0, y_1, \cdots, y_{t-2}, y_{t-1}\}$ で，これは収益率の履歴を表している．したがって，対数尤度関数は，

$$\mathcal{L} = \sum_{t=1}^{T} \log \left[\sum_{i=1}^{2} f(y_t|S_t = i) P\{S_t = i|\tilde{y}_{t-1}\} \right] \tag{6.2}$$

と書くことができるが，S_t は非観測量であることから，これを直接計算することができない．そこで，以下の手順で推定を行う．

1. まず推移確率に適当な初期値 $\bar{P}$ と $\bar{Q}$ を仮定し，初期の状態確率を

$$P\{S_0 = 1|\tilde{y}_0\} = \frac{1 - \bar{Q}}{2 - \bar{P} - \bar{Q}}, \quad P\{S_0 = 2|\tilde{y}_0\} = \frac{1 - \bar{P}}{2 - \bar{P} - \bar{Q}} \tag{6.3}$$

   の定常分布として与え，以下の 2 つのステップを繰り返し実行する．

2. a) (6.1) 右辺の $P\{S_t = i|\tilde{y}_{t-1}\}$ は時点 t における状態確率であるが，これは t の 1 期前の状態確率と推移確率により，

$$P\{S_t = 1|\tilde{y}_{t-1}\} = \bar{P} \times P\{S_{t-1} = 1|\tilde{y}_{t-1}\} + (1 - \bar{Q}) \times P\{S_{t-1} = 2|\tilde{y}_{t-1}\}$$
$$P\{S_t = 2|\tilde{y}_{t-1}\} = (1 - \bar{P}) \times P\{S_{t-1} = 1|\tilde{y}_{t-1}\} + \bar{Q} \times P\{S_{t-1} = 2|\tilde{y}_{t-1}\}$$

   と書くことができる．よって，(6.3) を代入することで，$P\{S_1 = i|\tilde{y}_0\}, i = 1, 2$ が計算できる．

   b) ベイズ則により，$P\{S_{t-1} = i|\tilde{y}_{t-1}\}, i = 1, 2$ は再帰的な関数として次のように書くことができる．

$$P\{S_{t-1}=i|\tilde{y}_{t-1}\} = P\{S_{t-1}=i|\tilde{y}_{t-1},\tilde{y}_{t-2}\}$$
$$= \frac{f(y_{t-1}|S_{t-1}=i,\tilde{y}_{t-2})P\{S_{t-1}=i|\tilde{y}_{t-2}\}}{\sum_{j=1}^{2} f(y_{t-1}|S_{t-1}=j,\tilde{y}_{t-2})P\{S_{t-1}=j|\tilde{y}_{t-2}\}}$$
$$= \frac{f(y_{t-1}|S_{t-1}=i)P\{S_{t-1}=i|\tilde{y}_{t-2}\}}{\sum_{j=1}^{2} f(y_{t-1}|S_{t-1}=j)P\{S_{t-1}=j|\tilde{y}_{t-2}\}}, \quad i=1,2$$

この式に 1. の結果を代入すると，$P\{S_1=i|\tilde{y}_1\}$ が得られる．

1., 2. を繰り返し実行することによって，すべての時点における状態確率 $P\{S_t=i|\tilde{y}_{t-1}\}, i=1,2, 1\leq t\leq T$ が得られる．

3. $S_t=1$ の状態確率と 2 局面における収益率分布の密度関数をそれぞれ

$$p_{i,t} = P\{S_t=i|\tilde{y}_{t-1}\}, \quad i=1,2$$
$$g_{1,t} = f(y_t|S_t=1) = \frac{1}{\sqrt{2\pi}\sigma_1}\exp\left\{-\frac{(y_t-\mu_1)^2}{2\sigma_1^2}\right\}$$
$$g_{2,t} = f(y_t|S_t=2) = \frac{1}{\sqrt{2\pi}\sigma_2}\exp\left\{-\frac{(y_t-\mu_2)^2}{2\sigma_2^2}\right\}$$

とすると，

$$P\{S_{t-1}=1|\tilde{y}_{t-1}\} = \frac{g_{1,t-1}p_{1,t-1}}{g_{1,t-1}p_{1,t-1}+g_{2,t-1}(1-p_{1,t-1})}$$
$$P\{S_{t-1}=2|\tilde{y}_{t-1}\} = \frac{g_{2,t-1}(1-p_{1,t-1})}{g_{1,t-1}p_{1,t-1}+g_{2,t-1}(1-p_{1,t-1})}$$

と表されるので，状態確率の逐次的関係式が得られる．

$$p_{1,t} = \bar{P}\frac{g_{1,t-1}p_{1,t-1}}{g_{1,t-1}p_{1,t-1}+g_{2,t-1}(1-p_{1,t-1})}$$
$$+(1-\bar{Q})\frac{g_{2,t-1}(1-p_{1,t-1})}{g_{1,t-1}p_{1,t-1}+g_{2,t-1}(1-p_{1,t-1})} \tag{6.4}$$

また，対数尤度関数は以下のとおりである．

$$\mathcal{L} = \sum_{t=1}^{T} \log\left[p_{1,t}g_{1,t}+(1-p_{1,t})g_{2,t}\right] \tag{6.5}$$

この結果は (6.2) そのものではないので，擬似最尤法という．

本章では，推移確率が以下のようにプロビット関数：

$$P_t = \Phi(a_1+b_1X_t), \quad Q_t = \Phi(a_2+b_2X_t) \tag{6.6}$$

で与えられている RSLN2 モデルを扱うが，これは推移確率が一定でないことから TV-RSLN2 モデルとよぶ（TV は time varying の略）．TV-RSLN2 の尤度関数は (6.4) における推移確率 $\bar{P}, \bar{Q}$ を (6.6) で置き換えることで，RSLN2 の自然な拡張として定

6.3 RS-GARCH モデル

GARCH(p,q) モデル (generalized ARCH model) は収益率 y_t の分散 σ_t 関する以下のような形式で与えられるモデルである.

$$y_t = E_{t-1}[y_t] + \sigma_t \epsilon_t,$$
$$\sigma_t^2 = \omega + \sum_{i=1}^{p} \beta_i \sigma_{t-i}^2 + \sum_{i=1}^{q} \alpha_i \epsilon_{t-i}^2$$

ただし, $E_t[\cdot]$ は時点 t における条件付期待値, $\omega, \alpha_i, \beta_i$ はモデルのパラメータ, $\epsilon_t = (y_t - E_{t-1}[y_t])/\sigma_t$ である. また, 一般的に ϵ_t が正規分布に従うとの仮定は必要ないが, 本節では推定を容易にするため便宜的に $\epsilon_t \sim N(0,1)$ を仮定する.

GARCH はボラティリティの時系列構造を記述するモデルであるため, クラスタリング現象を表現できるが, トレンドやレバレッジの表現力を得るためには別途拡張が必要となる. 例えば, レバレッジを表現できる拡張として EGARCH モデルが提案されているが, 本節では扱わない.

本節では, $E_{t-1}[y_t] = \mu$ (定数) とした GARCH(1,1) モデル

$$y_t = \mu + \sigma_t \epsilon_t,$$
$$\sigma_t^2 = \omega + \beta \sigma_{t-1}^2 + \alpha \epsilon_{t-1}^2$$

について最尤法推定を行い RS モデルと比較する.

また, RS モデルの自然な拡張の方向として RS モデルの各局面が複数の GARCH に従うモデルが提案されている (RS-GARCH モデル). K 次元の状態空間をもつマルコフ連鎖 $\{S_t\}$ による RS-GARCH モデル:

$$\sigma_t^2 = \omega(S_t) + \beta(S_t) \sigma_{t-1}^2 + \alpha(S_t) \epsilon_{t-1}^2 \tag{6.7}$$

は, 同式を繰り返し用いることによって,

$$\sigma_t^2 = \sum_{i=0}^{t-1} \left[\{\omega(S_{t-i}) + \alpha(S_{t-i}) \epsilon_{t-1-i}^2\} \prod_{j=0}^{i-1} \beta(S_{t-j}) \right] + \sigma_0^2 \prod_{i=0}^{t-1} \beta(S_{t-i})$$

となることから, (ただし $\prod_{j=0}^{-1} = 1$ としている) t 時点のボラティリティが過去のすべての状態履歴に依存してしまうために, RS-GARCH モデルは容易に推定できない.

Gray (1996) は, (6.7) で示される条件付分散を, 条件付状態確率による加重平均,

$$h_{t-1} = \sum_{j=1}^{K} p_{t-2}(S_{t-1} = j) \sigma_{j,t-1}^2$$

によって，

$$\sigma_{i,t}^2 = \omega_i + \beta_i h_{t-1} + \alpha_i \epsilon_{t-1}^2, \qquad i = 1, \cdots, K$$

と表すことで，従来の最尤推定の枠組みをそのまま利用できる推定方法を提案した．ただし，$p_{t-2}(S_{t-1} = j)$ は時点 $t-2$ における条件の下で推定した時点 $t-1$ で状態 j にいる確率であり，σ_{jt-1}^2 は $t-1$ 時点で状態 j である場合の条件付分散を表している．

Gray (1996) の方法は定常性の条件が与えられないなどの批判もあり，近年新しい方法が提案されている[*1)] ものの，本章では，Gray (1996) の方法により，状態空間の次元を $k=2$ とした場合の RS-GARCH(1,1) を推定する．

6.4 株式の RS モデル推定

ここでは，株式収益率を対象として GARCH(1,1)，2 状態の RSLN (RSLN2)，3 状態の RSLN (RSLN3)，2 状態の TV-RSLN (TV-RSLN) および 2 状態の RS-GARCH(1,1) の 5 つのモデルを推定し，尤度比検定によってモデルの相対的な有意性を比較し，さらにモンテカルロシミュレーションにより経験分布の再現性を確認した結果を報告する．

6.4.1 データ

データは以下のとおり月次と週次の 2 つを用意し，それぞれについてモデルを推定した．
1. TOPIX 月次収益率，1966 年 1 月〜2004 年 12 月（432 ヶ月）
2. TOPIX 週次収益率，1992 年 1 月第 1 週〜2004 年 12 月第 4 週（678 週）

TV-RSLN2 の推移確率については以下に示すような長短スプレッドを説明変数とするプロビットモデルを仮定した．

- 長期金利 (R_t^L)：10 年国債指標利回り（1977 年 7 月〜2004 年 12 月）と，利付電々債利回り（1966 年 1 月〜1977 年 6 月）から信用スプレッド相当として 0.156% を控除したものをつなげて作成．
- 短期金利 (R_t^S)：有担保翌日コールレート（1965 年 1 月〜2004 年 12 月）
- 長短金利差 ($SLP_t = R_t^L - R_t^S$) を求め，以下のルールで長短金利差の移動平均からの乖離を標準化したファクターを求める（$AVE[\cdot]$ は平均値，$STD[\cdot]$ は標準偏差を与える関数）．

$$DSLP_t = \frac{SLP_t - AVE[SLP_{t-i+1}; i=1, \cdots, 36]}{STD[SLP_{t-i+1}; i=1, \cdots, 36]}$$

- これによって TV-RSLN2 の推移確率を次のようにモデル化する．

$$P_t = \Phi(a_1 + b_1 DSLP_t), \qquad Q_t = \Phi(a_2 + b_2 DSLP_t)$$

[*1)] Hass et al. (2004) を参照．

ただし $\Phi(\cdot)$ は正規分布の分布関数である．なお，週次のモデルについては同様に週次の長期金利と短期金利により推移確率モデルを定義している．

6.4.2 推 定 結 果

各モデルの推定結果については，月次を表 6.1〜6.5 に，週次を表 6.7〜6.11 に示した．各パラメータの t 値を示したが，これらはすべて推定量が 0 であるとの帰無仮説に対する検定結果である．

推定結果を概観しその特徴を指摘すれば以下のとおりである．

- RSLN2 および RSLN3 の各局面における分布の平均値に関するパラメータは，月次では有意に推定されるものの，週次では有意にならないケースが多い．
- RSLN3 の推移確率については，月次では現在の状態にとどまる確率が高く有意な値として推定されているが，他状態へ推移する確率は小さな値で推定されることから有意性は低下してしまう．週次においては RSLN3 の第 3 状態に関する確率（P_{33}）の有意性も低下する．
- TV-RSLN2 においては，推移確率の説明変数である長短スプレッドのパラメータ（b_1, b_2）は月次，週次ともに統計的に有意な値とはなっていない．
- RS-GARCH モデルについては，月次の方が週次に比べてパラメータの有意性が全般的に高くなっている．

次に尤度比検定の結果（表 6.6 と表 6.12）からそれぞれの月次と週次のそれぞれにおいて最適なモデルを判定すると以下のとおりである．

- 月次では RS-GARCH を支持
  RSLN2 が GARCH を 1% 有意水準で棄却しているが，TV-RSLN2 は RSLN2 を棄却できない．一方，RS-GARCH は RSLN2 および TV-RSLN2 を 1% 有意水準で棄却している．また，RSLN3 は RSLN2 を 5% 有意水準では棄却できないが，10% 有意水準なら棄却できる結果となっている．しかし RSLN3 は RS-GARCH を棄却できない．以上から，RS-GARCH が最適なモデルであるが RSLN3 も次の候補として考えられるという結論を得る．
- 週次収益率では TV-RSLN2 を支持
  RSLN2 が GARCH を 1% 有意水準で，TV-RSLN2 が RSLN2 を 5% 有意水準で棄却する一方で，RS-GARCH および RSLN3 は TV-RSLN2 および RSLN2 を棄却できない．したがって最適なモデルは TV-RSLN2 という結論になるが RSLN2 が次の候補となるだろう．

以上のとおり，データセットの違いによって適切なモデルが異なるという結果になった．月次データは週次に比べてデータ期間が長く，高度成長期やバブル崩壊期を同時に含むデータであるために，より複雑な収益率分布を表現できる RS-GARCH や，状態空間の次数が高い RSLN3 が有意な結果となったと推察される．また週次データについては推移確率が金利変数に依存して変動する TV-RSLN2 が支持される結果となったが，

推定結果：**TOPIX** 収益率，月次（**1966/1–2004/12,468** ヶ月）

表 6.1 GARCH(1,1)

Parm.	Est.	SE	t-value
μ	0.561	0.203	2.761**
ω	0.370	0.203	1.824
α	0.081	0.019	4.282**
β	0.908	0.020	44.46**

Log likelihood -1395.70
*は 5%，**は 1%有意水準で帰無仮説を棄却．

表 6.2 RSLN2

Parm.	Est.	SE	t-value
μ_1	0.874	0.251	3.474**
σ_1	2.578	0.217	4.031**
μ_2	0.346	0.326	2.677**
σ_2	5.737	0.216	4.039**
$\bar{P}$	0.968	0.017	52.02**
$\bar{Q}$	0.984	0.010	89.17**

Log likelihood -1390.60
*は 5%，**は 1%有意水準で帰無仮説を棄却．

表 6.3 RSLN3

Parm.	Est.	SE	t-value
μ_1	2.637	0.658	4.006**
σ_1	4.092	0.547	7.482**
μ_2	0.715	0.267	2.677**
σ_2	2.489	0.202	12.34**
μ_3	-1.438	0.908	-1.583
σ_3	6.005	0.324	18.54**
$\bar{P}_{11}$	0.840	0.102	8.218**
$\bar{P}_{22}$	0.978	0.061	15.95**
$\bar{P}_{33}$	0.874	0.103	8.470**
$\bar{P}_{12}$	0.020	0.030	0.682
$\bar{P}_{23}$	0.005	0.016	0.326
$\bar{P}_{31}$	0.126	0.100	1.254
$\bar{P}_{13}$	0.140	0.089	1.567
$\bar{P}_{21}$	0.017	0.025	0.671
$\bar{P}_{32}$	0.000	0.022	0.000

Log likelihood -1382.79
*は 5%，**は 1%有意水準で帰無仮説を棄却．

表 6.4 TV-RSLN2

Param.	Est.	SE	t-value
μ_1	0.893	0.265	3.369**
σ_1	2.657	0.220	12.07**
μ_2	0.322	0.335	0.960**
σ_2	5.782	0.223	25.89**
a_1	1.890	0.251	7.536**
b_1	0.203	0.188	1.080
a_2	2.192	0.271	8.100**
b_2	-0.100	0.269	-0.372

Log likelihood -1389.20
*は 5%，**は 1%有意水準で帰無仮説を棄却．

表 6.5 RS-GARCH(1,1)

Parm.	Est.	SE	t-value
μ_1	0.765	0.297	2.573*
ω_1	0.308	0.801	0.385
α_1	0.518	0.183	2.827**
β_1	0.482	0.129	3.730**
μ_2	0.767	0.243	3.157**
ω_2	1.594	0.922	1.729
α_2	0.000	0.029	0.000
β_2	0.946	0.051	18.45**
$\bar{P}$	0.974	0.027	36.45**
$\bar{Q}$	0.995	0.005	210.2**

Log likelihood -1382.15
*は 5%，**は 1%有意水準で帰無仮説を棄却．

表 6.6 尤度比検定結果

Model	Log Likelihood	#Parameters	χ^2-test	vs Model
GARCH	-1395.70	4		
RSLN2	-1390.60	6	10.21**	GARCH
TV-RSLN2	-1389.20	8	2.80	RSLN2
RS-GARCH	-1382.15	10	16.89**	RSLN2
			14.09**	TVRSLN2
RSLN3	-1382.79	12	15.62	RSLN2
			-1.27	RS-GARCH

2 つのモデルの対数尤度の差の 2 倍が，パラメータ数の差を自由度とする．
カイ二乗分布に漸近的に従うとの仮定の下で検定．
*は 5%，**は 1%有意水準で帰無仮説を棄却．

6.4 株式の RS モデル推定

推定結果：**TOPIX** 収益率，週次（1992/1–2004/12,678 週）

表 6.7 GARCH(1,1)

Parm.	Est.	SE	t-value
μ	-0.081	0.101	-0.803
ω	5.991	2.023	2.962**
α	0.147	0.050	2.934**
β	0.000	0.297	0.000
Log likelihood	-1623.74		

*は 5%，**は 1%有意水準で帰無仮説を棄却．

表 6.8 RSLN2

Parm.	Est.	SE	t-value
μ_1	-0.105	0.178	-0.589
σ_1	1.645	0.175	9.384**
μ_2	-0.047	0.133	-0.353
σ_2	2.903	0.103	28.20**
$\bar{P}$	0.961	0.026	37.246**
$\bar{Q}$	0.987	0.009	104.44**
Log likelihood	-1617.56		

*は 5%，**は 1%有意水準で帰無仮説を棄却．

表 6.9 RSLN3

Parm.	Est.	SE	t-value
μ_1	-0.193	0.180	-1.072
σ_1	1.635	0.176	9.285**
μ_2	-0.021	0.144	-0.146
σ_2	2.756	0.149	18.52**
μ_3	0.068	4.570	0.015
σ_3	5.403	2.919	1.851
$\bar{P}_{11}$	0.967	0.079	12.18**
$\bar{P}_{22}$	0.980	0.049	19.86**
$\bar{P}_{33}$	0.550	0.663	0.868
$\bar{P}_{12}$	0.000	0.059	0.000
$\bar{P}_{23}$	0.008	0.018	0.434
$\bar{P}_{31}$	0.000	0.340	0.000
$\bar{P}_{13}$	0.033	0.077	0.430
$\bar{P}_{21}$	0.012	0.016	0.757
$\bar{P}_{32}$	0.457	0.661	0.681
Log likelihood	-1612.89		

*は 5%，**は 1%有意水準で帰無仮説を棄却．

表 6.10 TV-RSLN2

Param.	Est.	SE	t-value
μ_1	-0.167	0.160	-1.044
σ_1	1.679	0.151	11.15**
μ_2	-0.026	0.131	-0.195
σ_2	2.905	0.099	29.43**
a_1	2.346	0.900	2.606**
b_1	0.791	0.594	1.333
a_2	2.318	0.424	5.466**
b_2	-0.205	0.297	-0.670
Log likelihood	-1613.75		

*は 5%，**は 1%有意水準で帰無仮説を棄却．

表 6.11 RS-GARCH(1,1)

Parm.	Est.	SE	t-value
μ_1	0.033	0.145	0.228
ω_1	0.000	1.037	0.000
α_1	0.163	0.085	1.910
β_1	0.681	0.269	2.531*
μ_2	-0.349	0.310	-1.128
ω_2	9.334	9.228	1.011
α_2	0.000	0.108	0.000
β_2	0.000	1.070	0.000
$\bar{P}$	0.960	0.034	28.57**
$\bar{Q}$	0.935	0.063	14.83**
Log likelihood	-161420		

*は 5%，**は 1%有意水準で帰無仮説を棄却．

表 6.12 尤度比検定結果

Model	Log Likelihood	#Parameters	χ-test	vs Model
GARCH	-1623.74	4		
RSLN2	-1617.56	6	12.35**	GARCH
TV-RSLN2	-1613.75	8	7.62*	RSLN2
RS-GARCH	-1614.20	10	6.73	RSLN2
			-0.89	TVRSLN2
RSLN3	-1612.89	12	9.35	RSLN2
			2.62	RS-GARCH

2 つのモデルの対数尤度の差の 2 倍が，パラメータ数の差を自由度とする．
カイ二乗分布に漸近的に従うとの仮定の下で検定．
*は 5%，**は 1%有意水準で帰無仮説を棄却．

株価変動と金利の関連性のみならず，その他のマクロ経済変数との因果関係についても明示的に扱うモデルが構築できる可能性があるので，リスク評価だけではなく，株価の予想についての応用も含めた研究などの発展が期待される．

6.5 モンテカルロシミュレーションによる株式の VaR 推定精度の比較

推定した株価モデルのリスク推定精度を評価するために，以下のモンテカルロシミュレーションを行った．

シミュレーションに採用したモデルは，週次データ（1992年1月〜2004年12月の678週間）により推定した GARCH と RSLN2 に加え，新たに同一データで推定した単純な正規分布モデル（NORMAL）の3つである．なお，前節の尤度比検定結果によれば，週次については TV-RSLN2 が最適であるという結論であったが，同モデルをシミュレーションに用いるためには，推移確率を支配する金利シナリオを生成するモデルが別途必要となることから，ここではそれを必要としない RSLN2 を採用して分析することとした．

選択した3つのモデルで，モンテカルロ法により4週間（＝約1ヶ月）の株式収益率を 50,000 シナリオ生成し，得られた収益率分布を同一データ期間における月次収益率の経験分布と比較した．表 6.13 には，平均や標準偏差，歪度，尖度，さらに信頼水準 $\alpha = 99\%, 95\%, 90\%$ の VaR を示したが，これらの統計量を比較することによって，モデルが経験分布を正確に再現しているか否かを判断する．

結果（表 6.13）をみると，経験分布（EMPIRICAL）の歪度と尖度は正規分布の値と大きく異なるわけではなく，この期間の月次収益率分布が正規分布から大きく乖離していなかったことがわかる．そのため，GARCH，RSLN2 および NORMAL の VaR をみると，信頼水準が 90% においては大差はない．しかし，信頼水準が 99% の場合には，NORMAL が経験分布の推定値よりも過小評価となる一方で，GARCH と RSLN2 は

表 6.13 株式のモンテカルロシミュレーション結果:週次モデル，4週間後

	GARCH	RSLN2	NORMAL	EMPIRICAL
平均	-0.3188	-0.2383	-0.2427	-0.2644
標準偏差	5.3112	5.2947	5.0762	5.2979
歪度	-0.0097	0.0174	0.0000	0.0387
尖度	3.3426	3.3785	3.0000	3.1834
$VaR_{99\%}$	13.0760	13.0707	12.0516	13.3171
$VaR_{95\%}$	9.0161	8.9305	8.5923	8.3319
$VaR_{90\%}$	6.9947	6.9268	6.7481	6.8821

GARCH の推定に必要な初期値は推定期間の平均値とした．
RSLN2 の初期状態確率は定常分布とした．
NORMAL は月次収益率から平均・分散を求め4週間（28/30.5）に換算．
EMPIRICAL の VaR は月次収益率の経験分布から補完して求めた．

いずれも同程度に経験分布をうまく再現しているといえるだろう．GARCH モデルは左右非対称な分布を生成できないことに対して RSLN2 は非対称性を表現できるという違いがあるが，今回のように経験分布の非対称性が小さい場合（EMPIRICAL の歪度は 0.0387）には，その 2 つのモデルによる再現性に大差はない．

こうした分析結果を踏まえると，松山 (2004) においてわが国の株式収益率に関しては RSLN モデルよりも GARCH(1,1) モデルの適合性が高いと指摘されたのは，分析に用いたデータ期間における株式収益率の非対称性がそれほど顕著でなかった可能性が指摘できるだろう．

6.6 ま と め

本章では，株式に関する月次と週次の収益率に対して種類の異なる複数の RS モデルと GARCH モデルを適用し，尤度比検定により最適なモデル選択を行ったところ，データの種類・間隔によって異なるモデルが選択された．特に推移確率が金利関連変数に依存するモデルについては，月次で棄却されたものの週次では支持される結果になった．ただし推定された金利変数に関するパラメータについては，符号条件は満たすものの統計的に有意な結果にならなかった．

月次と週次で種類の異なる RS モデルが採用された理由として，1 つには採用したデータ期間が異なることが原因となった可能性を指摘した．月次ではより長期間のデータを使用したため，背後にある経済構造変化が複数生じる可能性が高く，状態空間の数が多いモデルが有利となると思われる．しかし，構造変化を捉える代理変数として金利関連変数が利用できる場合には，それらを説明変数とする可変推移確率モデルが支持される可能性が高くなるだろう．

分析に用いるデータの期間や計測頻度に応じて選択されるモデルが異なるため，資産クラスごとに最適なモデルを 1 つに決めることはできないが，週次データに RSLN2 を適用した場合と，正規分布および GARCH モデルによる 1 ヶ月収益率分布の予測実験を行ったところ，RS モデルは他のモデルよりも経験分布の再現性が高く，VaR や ES などのリスク推定の精緻化に有効なモデルであるとの示唆が得られた．

7 リスク量のバイアス

　VaR は金融機関で標準的に利用されているリスク尺度である．VaR は異なる種類の金融資産から構成されるポートフォリオであっても，リスクを統合的に表すことができる点で優れているが，（後述の）コヒーレントリスク尺度でないため，例えば分散投資によるリスク低減効果が必ずしも成立しないことや，VaR を超える損失可能性については無視されることなどについて批判されている．

　VaR に代わるリスク尺度として ES が提案されている．ES は VaR を超える損失に関する条件付期待値として計算される値であるが，Acerbi et al. (2001) や Acerbi and Tasche (2002) などで研究され，VaR よりも望ましい性質を満たすコヒーレントリスク尺度であることが示された．また，Rockafellar and Uryasev (2000) により，ES をリスク尺度とするポートフォリオの最適化法が線形計画法に帰着することが示され，さらに Ogryczak and Ruszczyński (2002) は ES をリスク尺度とする最適ポートフォリオ選択は，2 次の確率優越と一貫性があるという意味において期待効用最大化原理と整合的であることを示している．

　対象ポートフォリオの VaR や ES を推定する具体的方法は，分散共分散法，ヒストリカル法，モンテカルロ法に大別できる．

　分散共分散法は，通常，対象資産の収益率分布が正規分布に従うと仮定するため，経験的に知られている損益分布の裾の厚み（ファットテール）をうまく捉えられないという問題が指摘されている．事実，Platen and Stahl (2003) は世界中の代表的な株式や債券の指数収益率は正規分布よりも裾が厚い t 分布でよく近似できるという実証結果を示している．実務家の間では，1997 年のアジア通貨危機や 1998 年の LTCM 破綻において分散共分散法で推定した VaR によるリスク管理がうまく機能しなかったことの反省から，正規分布を仮定しないヒストリカル法やモンテカルロ法を採用する動きが加速した．

　モンテカルロ法は，損益の確率分布もしくは確率過程モデルを仮定したうえで，過去データからパラメータを推定し，モンテカルロシミュレーションにより将来の損益分布（シナリオ）を作成して VaR を求める方法である．Pant and Chang (2001) は収益率が t 分布に従う場合のみならず，混合正規分布と確率ボラティリティモデルに従う場合についても研究し，従来の正規分布の場合とは結果が大きくことなることを実証した．

モンテカルロ法は，モデルが正しければ漸近的に真の分布に収束するため，シナリオの数を十分多くすれば正しい VaR を安定的に計算できる．しかし，計算時間がかかる上に，モデルが複雑になるとパラメータ推定が難しいことに加えて推定誤差も拡大するなどの問題がある．

ヒストリカル法は，過去データが独立で同一な分布（i.i.d.）に従うサンプルとみなして求めた経験分布から VaR を求める方法である．この方法の優れている点は，分布に特定の仮定をしないことで，経験的に知られているファットテールの影響を直接反映できることである．しかし経験分布は離散的であるため，十分長期のサンプルを確保しないと良い推定量が得られない一方で，期間が長すぎると同一分布という仮定に反する可能性が高くなるというトレードオフの問題がある．そのため，ノンパラメトリックな分位点推定方法（経験分布の平滑化法）を適用して，少ないデータ数における推定量の安定性を高めようとする研究がある．例えば，Mausser (2001) は順序統計量の線形結合である L 統計量のなかで，Harrell–Davis 統計量が頑健な VaR 推定値を与えることを示した．なお，Sheather and Marron (1990) が指摘したとおり，Harrell–Davis 統計量はブートストラップ法の解析解に対応しているという関係がある．また，Inui et al. (2005) は，正規分布や t 分布のような裾が凸である損益分布において，ヒストリカル法やシミュレーション法で推定した VaR が，分布の裾が厚いほど，また計算のために利用するサンプル数が少ないほど過大評価される（正のバイアスが生じる）ことを示した．さらに，特にヒストリカル法のような限られたデータに対して Harrell–Davis 統計量により VaR を推定すると，条件によっては過大評価バイアスを拡大するリスクがあることも示した．このような指摘は，実際の資産収益率が t 分布でよく近似できるという実証研究と照らし合わせると，実務では VaR が過大評価されている可能性を示唆するものである[1]．

さらに Inui and Kijima (2005) では，ES がコヒーレントリスク尺度のなかでも最小値を与えるという意味で最適性を有することを示していると同時に，Richardson の外挿法 (Brezinski and Zaglia (1991) を参照) を応用することで，VaR や ES に内在する正のバイアスを修正し効率的な推定を行うためのアルゴリズムを提案している．

本章では，つづく節で議論に必要な準備を示した後，Inui et al. (2005) に沿ってヒストリカル法で推定した VaR に生じる正のバイアスに関する議論を示し，Inui and Kijima (2005) に沿って VaR および ES のバイアス修正方法とそのモンテカルロシミュレーションによる実験結果などを示す．

---

[1] Hendricks (1996) が為替ポートフォリオに関する研究で示したとおり，ヒストリカル法で推定した VaR は過小評価になる傾向があるという指摘もある．

7.1 議論の準備

7.1.1 経験分布と VaR, ES

ここでは確率空間を $(\Omega, \mathcal{F}, P)$ に固定し，実数値確率変数 X が所与の期間におけるポートフォリオの損益を表すこととする．

X の分布関数を $F_X(x), x \in \mathbb{R}$ とする．すなわち，$F_X(x) = P\{X \leq x\}$ は実数直線 $\mathbb{R}$ 上の関数である．今後の議論を簡単にするために，本節では $F_X(x)$ は連続で，密度関数は $f_X(x) > 0, x \in \mathbb{R}$ であるとする．すなわち，$F_X(x)$ は狭義の増加関数で，逆関数 $F_X^{-1}(x), 0 < x < 1$ が定義できることを仮定している．まずはじめに VaR の定義を示す．

定義 7.1 (α 分位点と VaR) 任意の $\alpha, 0 < \alpha < 1$ について，$F_X(x)$ の α 分位点を

$$F_X^{-1}(\alpha) = \inf\{x | F_X(x) \geq \alpha\} \tag{7.1}$$

とするとき，信頼水準が $100(1-\alpha)\%$ の VaR は以下のとおり定義することができる．

$$\mathrm{VaR}_{(1-\alpha)} = -F_X^{-1}(\alpha) = -\inf\{x | F_X(x) \geq \alpha\} \tag{7.2}$$

この定義から明らかなように，信頼水準 $100(1-\alpha)\%$ の VaR は，所与の期間において，与えられた信頼水準の範囲内で生じるであろう最大損失額を意味しており，それは，当該ポートフォリオの損益分布 $F_X(x)$ の α 分位点（$100\alpha\%$ 点）として与えられる．(7.2) にマイナスの符号がつけられているのは，VaR の信頼水準は，通常 99% や 95% といった水準で考えられるので，対応する分位点が負値（損失）で観測されるためである．

VaR に関する批判は，それがコヒーレントリスクの要件を満たしていないことだけでなく，信頼水準を超える巨大損失を考慮せずに決まる，という 2 点に集中している．一方で，Artzner et al. (1999) が示した ES はコヒーレントリスク尺度であり，VaR を超える損失を含めた条件付期待値として計算されるので，VaR に変わる優れたリスク尺度であるとする報告も多い（Acerbi et al., 2001; Acerbi and Tasche, 2002; Acerbi, 2002 など）．

定義 7.2 (ES) 信頼水準 $100(1-\alpha)\%$ の ES は以下のように定義される．

$$\mathrm{ES}_{(1-\alpha)} = -\frac{1}{\alpha} \int_0^\alpha F_X^{-1}(p) \mathrm{d}p \tag{7.3}$$

$F_X(x)$ の $100\alpha\%$ 点を x_α とする．すなわち，$x_\alpha = -\mathrm{VaR}_{(1-\alpha)}$ とすると，ES は次のように表すことができる．

$$\mathrm{ES}_{(1-\alpha)} = \mathrm{VaR}_{(1-\alpha)} + \frac{1}{\alpha} \int_{-\infty}^{x_\alpha} F_X(x) \mathrm{d}x$$

$$= -\frac{1}{\alpha} \int_{-\infty}^{x_\alpha} x f_X(x) \mathrm{d}x$$
$$= -E[X|X \leq x_\alpha]$$

定義より $P\{X \leq x_\alpha\} = \alpha$ なので，ES は VaR を超える損失に関する条件付期待値になっている．さらに，$\mathrm{ES}_{(1-\alpha)} > \mathrm{VaR}_{(1-\alpha)}$ であることから，ES は VaR よりも保守的なリスク尺度であるといえる．

さて，分布関数 $F_X(x)$ に従う X からの n 個の i.i.d.（independent, identically distributed）サンプル（無作為標本）を $X_1, X_2, \ldots, X_n$ とする．このサンプルを昇順に並べた順序統計量を $X_{i:n}, i = 1, 2, \cdots, n$ で表す．すなわち $X_{1:n} \leq X_{2:n} \leq \cdots \leq X_{n:n}$ である．

定義 7.3（経験分布） 経験分布とは，無作為標本 $(X_1, X_2, \cdots, X_n)$ により以下のとおり定義される．

$$F_n(x) = \frac{1}{n} \sum_{i=1}^{n} \mathbf{1}_{\{x \geq X_i\}}, \qquad x \in \mathbb{R} \tag{7.4}$$

ここで $\mathbf{1}_A$ は事象 A に関する定義関数で，A が真のときには $\mathbf{1}_A = 1$，A が偽のときには $\mathbf{1}_A = 0$ となる関数である．

順序統計量との関係を直観的にわかりやすく示せば，経験分布は以下のように書くことができる．

$$F_n(x) = \begin{cases} 0, & x < X_{1:n} \\ k/n, & X_{k:n} \leq x < X_{k+1:n}, \quad k = 1, \cdots, n-1 \\ 1, & X_{n:n} \leq x \end{cases} \tag{7.5}$$

経験分布関数 $F_n(x)$ は狭義の増加関数でないため，(7.1) のような逆関数を定義できないが，本節では，その代わりに以下のとおり LEDV と UEDV（lower/upper empirical distribution value）を定義して以降の議論で利用する．

定義 7.4（LEDV と UEDV） 与えられた α と無作為標本 $(X_1, X_2, \cdots, X_n)$ について，LEDV は以下のとおり定義される．

$$F_n^{\uparrow}(\alpha) = \inf\{x | F_n(x) \geq \alpha\} = X_{k:n}, \qquad \frac{k-1}{n} < \alpha \leq \frac{k}{n} \tag{7.6}$$

同様に，UEDV は，

$$F_n^{\downarrow}(\alpha) = \sup\{x | F_n(x) \geq \alpha\} = X_{k:n}, \qquad \frac{k-1}{n} \leq \alpha < \frac{k}{n} \tag{7.7}$$

$\frac{k-1}{n} < \alpha < \frac{k}{n}$ の場合，つまり $n\alpha$ が整数にならないときには LEDV と UEDV は $X_{k:n}$ に一致する．$n\alpha$ が整数のときには，LEDV は $X_{n\alpha:n}$ に，UEDV は $X_{n\alpha+1:n}$ になる．さらに $F_n(x)$ が連続な分布関数 $F_X(x)$ からの i.i.d. サンプルで定義されている

ので，$n \to \infty$ において $F_n(x)$ が $F_X(x)$ に弱収束する．したがって，$F_n^\uparrow(\alpha)$ と $F_n^\downarrow(\alpha)$ もまた $F_X^{-1}(\alpha)$ へ（下と上から）弱収束する．一般的には，VaR の推定量は保守性の観点から LEDV で定義される．

定義 7.5（VaR 推定量） α と無作為標本 $(X_1, X_2, \cdots, X_n)$ が与えられるとき，k が $\frac{k-1}{n} < \alpha \le \frac{k}{n}$ を満たすものとする．このとき，信頼水準 $100(1-\alpha)\%$ の VaR 推定量は次のとおり定義できる．

$$\mathrm{VaR}_{(1-\alpha)} = -F_n^\uparrow(\alpha) = -X_{k:n} \tag{7.8}$$

ここで $X_{k:n}$ は与えられたデータの k 番目の順序統計量である．特に $n\alpha$ が整数であるとき，VaR 推定量は $\mathrm{VaR}_{(1-\alpha)} = -X_{n\alpha:n}$ である．

$n\alpha$ が整数とすれば，(7.3) より，

$$\mathrm{ES}_{(1-\alpha)} = -\frac{1}{\alpha} \sum_{i=1}^{n\alpha} \int_{\frac{i-1}{n}}^{\frac{i}{n}} F_X^{-1}(p) \mathrm{d}p$$

ここで，非観測な $F_X^{-1}(p)$ を経験分布による推定量 $F_n^{-1}(p) = X_{i:n}$, $\frac{i-1}{n} < p \le \frac{i}{n}$ に置き換えると，

$$\mathrm{ES}_{(1-\alpha)} \approx -\frac{1}{n\alpha} \sum_{i=1}^{n\alpha} X_{i:n} \tag{7.9}$$

とすることができる．ここで，順序統計量の算術平均を

$$\bar{X}_{k:n} = \frac{X_{1:n} + X_{2:n} + \cdots + X_{k:n}}{k}, \qquad k = 1, 2, \cdots, n \tag{7.10}$$

のように定義すれば，ES 推定量を以下のとおり定義できる．

定義 7.6（ES 推定量） $k = [n\alpha]$ とする．ただし $[x]$ は x を超えない最大の整数である．さらに $p = n\alpha - k$ とするとき，信頼水準 $100(1-\alpha)\%$ の ES 量は次のとおり定義できる．

$$\mathrm{ES}_{(1-\alpha)} = \begin{cases} -\bar{X}_{k:n}, & n\alpha \text{ が整数の場合} \\ -(1-p)\bar{X}_{k:n} - p\bar{X}_{k+1:n}, & n\alpha \text{ が整数でない場合} \end{cases} \tag{7.11}$$

7.1.2 コヒーレントリスク尺度

Artzner et al. (1999) はポートフォリオの価格を表す確率変数 X, Y について，リスク尺度 ρ が満たすべき 4 つの条件として以下を示し，これらの条件を満たすリスク尺度をコヒーレントリスク尺度とよんだ．

1. 単調性：$Y \ge X$ ならば $\rho(Y) \le \rho(X)$
2. 劣加法性：$\rho(X + Y) \le \rho(X) + \rho(Y)$
3. 正の一次同次性：任意の $h > 0$ に対して $\rho(hX) = h\rho(X)$

4. 移動不変性：任意の a に対して $\rho(X+a) = \rho(X) - a$

VaR は計算が簡単で直観的に理解しやすいため広く実務で利用されているが，実はコヒーレントリスク尺度でないうえに，VaR を超える損失がどれだけ大きくても結果的に無視することになる点についても批判されている．

一方，ES は上の 4 つの条件を満たすコヒーレントリスク尺度であり，また大きな損失についても勘案されるリスク尺度であることから，VaR に変わるリスク尺度として利用される機会も増えている．詳細は室町 (2007) を参照．

7.1.3　Harrell–Davis 統計量

VaR が提案される以前から経験分布の分位点推定をより効率良く行うための方法が考察されていた．最も一般的な方法は順序統計量 $X_{i:n}$ の線形結合，$\sum_{i=1}^{n} w_i X_{i:n}$ で与えられる L 統計量である．ただし $w_i \geq 0$ はウェイトで $\sum_{i=1}^{n} w_i = 1$ を満たす．

Dielman et al. (1994) は，複数の L 統計量を VaR の推定に応用し，Harrell and Davis (1982) が提案した L 統計量が最も安定した推定結果を示すことを報告している．

経験分布の定義 (7.4) によれば，x を固定して与えられる $nF_n(x)$ はパラメータが $(n, F_X(x))$ である二項分布に従う．このとき $\{X_i \leq x\}$ は成功事象，$nF_n(x)$ は n 回のベルヌーイ試行結果における成功回数とみなすことができて，(7.6) より，

$$P\{X_{k:n} \leq x\} = P\{nF_n(x) \geq n\alpha\} = \sum_{i=k}^{n} \frac{n!}{(n-i)!i!} F_X^i(x)(1-F_X(x))^{n-i} \quad (7.12)$$

である．ここで，α は $\frac{k-1}{n} < \alpha \leq \frac{k}{n}$ を満たす実数である．この結果，k 番目の順序統計量 $X_{k:n}$ の確率関数は，

$$f_{k:n}(x) = \frac{1}{\beta(k, n-k+1)} F_X^{k-1}(x)(1-F_X(x))^{n-k} f_X(x)$$

となるので，その期待値は，変数変換の後に，

$$E[X_{k:n}] = \frac{1}{\beta(k, n-k+1)} \int_0^1 F_X^{-1}(y) y^{k-1}(1-y)^{n-k} \mathrm{d}y \quad (7.13)$$

となる．ここで $\beta(a, b)$ はパラメータ (a, b) を伴うベータ関数：

$$\beta(a, b) = \int_0^1 y^{a-1}(1-y)^{b-1} \mathrm{d}y, \quad a, b > 0 \quad (7.14)$$

である．(7.13) における非観測の $F_X^{-1}(x)$ を経験分布の $F_n^{-1}(x)$ で置き換えることによって，

$$E[X_{k:n}] \approx \frac{1}{\beta(k, n-k+1)} \int_0^1 F_n^{-1}(y) y^{k-1}(1-y)^{n-k} \mathrm{d}y \quad (7.15)$$

のとおり近似できる．この結果，経験分布を (7.6) により具体的な順序統計量に置き換えれば Harrell–Davis 統計量が得られる．

定義 7.7 (Harrell–Davis 統計量) 任意の $\alpha \in (0,1)$ について，k を $n\alpha$ を下回らない最小の整数とするとき，Harrell–Davis 統計量は次のように定義できる．

$$HD_\alpha = \sum_{i=1}^n w_{i:n}^\alpha X_{i:n}, \quad w_{i:n}^\alpha = \frac{1}{\beta(k, n-k+1)} \int_{\frac{i-1}{n}}^{\frac{i}{n}} y^{k-1}(1-y)^{n-k} dy \quad (7.16)$$

ここで $w_{i:n}^\alpha \geq 0$ で，$\sum_{i=1}^n w_{i:n}^\alpha = 1$ である．

Harrell–Davis 統計量のウェイト $w_{i:n}^\alpha$ は n と α だけに依存して決まる．つまり，データサンプル X_i が何であっても，ウェイト $w_{i:n}^\alpha$，$i = 1, 2, \ldots, n$ は確率 α とサンプルサイズ n が与えられれば計算可能である．このウェイト関数 ($w_{i:n}^\alpha$) は，$n\alpha$ を最頻値とする単峰形を示し，i が最頻値から遠く離れる場合には無視できるほど小さいという特徴がある．参考として，$\alpha = 0.01$，$n = 100, 200, 300, 500$ の場合について，ウェイト $w_{i:n}^\alpha$ のグラフを図 7.1〜7.4 に示す．

Sheather and Marron (1990) が指摘したとおり，Harrell–Davis 統計量はブートストラップ法の解析解に対応しているという関係がある．VaR の実際の推定においては，実装が簡単なうえにモデルリスクがなく，ブートストラップ法を応用したヒストリカルシミュレーション法を利用する傾向が強いようであるが，その理由は，金融市場で観測されるファットテールについて整合的な推定が可能だからであろう．

金融資産収益率分布のファットテール性に関連して，例えば Pant and Chang (2001)

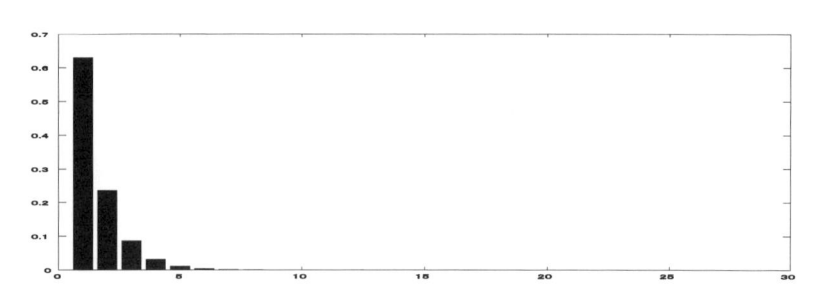

図 **7.1** Harrell–Davis 統計量のウェイト ($w_{i:n}^\alpha$): 1% quantile of 100 samples

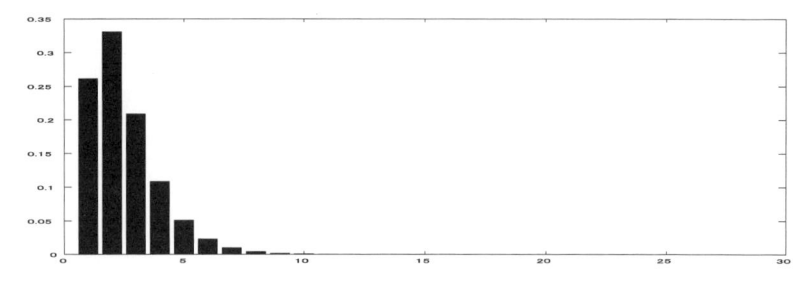

図 **7.2** Harrell–Davis 統計量のウェイト ($w_{i:n}^\alpha$): 1% quantile of 200 samples

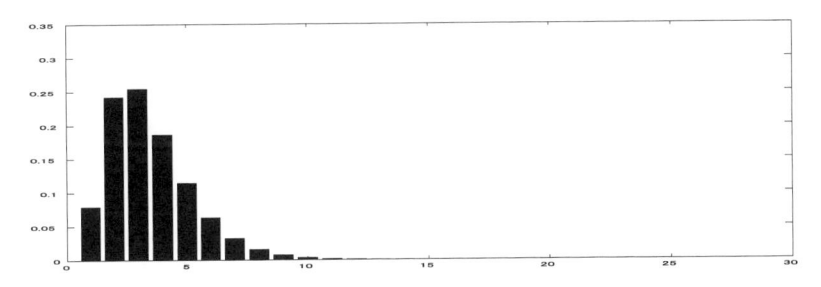

図 7.3 Harrell–Davis 統計量のウェイト ($w_{i:n}^{\alpha}$): 1% quantile of 300 samples

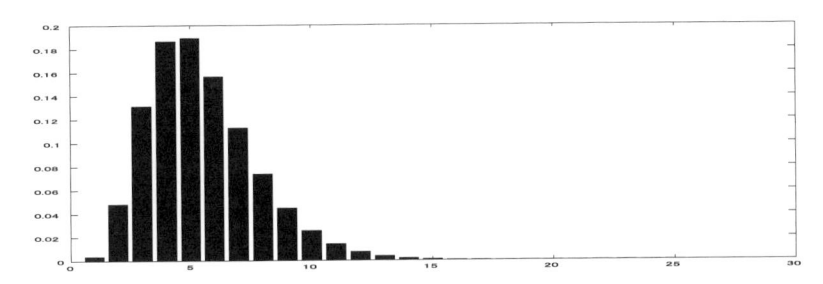

図 7.4 Harrell–Davis 統計量のウェイト ($w_{i:n}^{\alpha}$): 1% quantile of 500 samples

や Heikkinen and Kanto (2002) はポートフォリオの損失分布が t 分布に従うことを仮定して VaR を推定している．t 分布がファットテール性を示すことはよく知られた事実であり，正規分布を仮定するよりも実際の市場データによく適合するようであり，例えば，Platen and Stahl (2003) においてもグローバル株式の収益率は t 分布でよく捉えることができると報告している．

しかし，t 分布のように分布の裾の部分が下側に凸になっている場合に，VaR（分位点の推定値）は正のバイアスを示すという問題があり，さらに，ファットテール性がより強い分布に対して Harrell–Davis 統計量を使って VaR を推定すると（すなわちブートストラップ法によると）単純な推定の場合よりもより大きなバイアスが観測されるという問題があることを次節で明らかにする．

7.2　VaR のバイアス

Y を以下の密度関数をもつベータ分布に従う確率変数とする．

$$g(x) = \frac{1}{\beta(a,b)} x^{a-1}(1-x)^{b-1}, \qquad 0 < x < 1$$

ただし，

$$\beta(a,b) = \int_0^1 y^{a-1}(1-y)^{b-1} \mathrm{d}y, \qquad a, b > 0 \tag{7.17}$$

このとき，Y の期待値と分散は以下のようになることが知られている．

$$E[Y] = \frac{a}{a+b}, \qquad V[Y] = \frac{ab}{(a+b)^2(a+b+1)}$$

任意の $\alpha \in (0,1)$ について $k = (n+1)\alpha$ とする．ここで Z_n は β 分布 $\beta(k, n-k+1)$ に従う確率変数とすれば，$E[Z_n] = \alpha$ で，

$$V[Z_n] = \frac{\alpha(1-\alpha)}{(n+2)}$$

である．$V[Z_n]$ は $n \to \infty$ のとき 0 に収束するので，$\{Z_n\}$ は $n \to \infty$ のときに定数 α に弱収束する．

(7.13) は，Z_n の密度関数を $g_n(x)$ として書き直すと，

$$E[X_{k:n}] = \int_0^1 F_X^{-1}(y) g_n(y) \mathrm{d}y$$

となるので，

$$E[X_{k:n}] = E[F_X^{-1}(Z_n)], \qquad n = 1, 2, \ldots \tag{7.18}$$

となる．(7.18) の左辺は VaR 推定量の期待値（ただし符号は負）である．$n \to \infty$ のときに $E[X_{k:n}]$ が $F_X^{-1}(\alpha)$ へ下側から収束することは証明できるが，その結果，有限サンプルの経験分布においては，VaR 推定量には正のバイアスが生じることが証明できる．ここでは図表による直観的説明を試みる．

図 7.5 にはサンプル数が 100 個の場合の経験分布における裾部分の概念図を示した．経験分布は (7.4) で与えられているとおり，ある x を下回るサンプル数をサンプル総数 n で割った値で与えられるため，順序統計量 $X_{k:n}$ に関する階段関数になっている．前述のとおり，経験分布は i.i.d. サンプルで定義されているので，サンプル数を $n \to \infty$ とすると経験分布は真の分布へ収束（弱収束）することから，真の分布は図 7.5 中に点線で示したとおり，階段関数と重なりつつその中程に位置づけられるとみなすことができるだろ

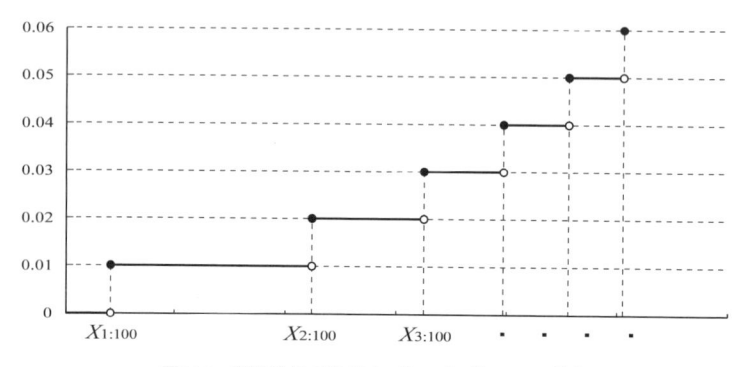

図 **7.5** 経験分布の概念図：サンプル数 100 の場合

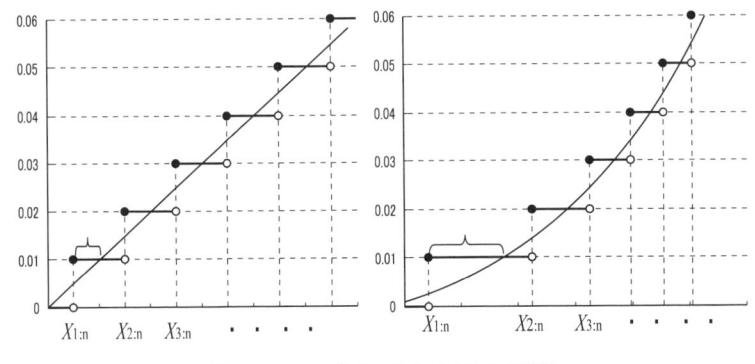

図 **7.6** ファットテールとバイアスの関係

う．このとき，経験分布に基づく VaR は保守性の観点から LEDV ($\alpha = 0.01$ のときに LEDV=$X_{1:100}$) で定義されているので，明らかに真の VaR (図中 VaR$^* = -F_x^{-1}(\alpha)$) に対して下方バイアスを示すのである．また，図 7.6 に示すとおり，下方バイアスはファットテール性が強いほど大きくなることが予想される．

次に VaR の Harrell–Davis 推定量のバイアスについて考える．(7.16) から

$$E[HD_\alpha] = \sum_{i=1}^{n} w_{i:n}^\alpha E[X_{i:n}] \tag{7.19}$$

とできるが，これについてもある緩やかな条件の下で $E[HD_\alpha] < E[X_{k:n}]$, $k = (n+1)\alpha$ であることを示すことができる．すなわち，Harrell–Davis 統計量は分位点で与えられる VaR よりもより大きなバイアスを示す可能性があることを証明できる（証明は Inui et al. (2005) を参照せよ）．

7.3 バイアスの評価

ここではシミュレーション実験によりバイアスの大きさを調べる．具体的には，自由度の異なる t 分布と正規分布を生成して，その経験分布から分位点を推定する実験を行う．t 分布の自由度としては，4, 5, 6 の場合を扱うが，自由度が小さいほど裾が厚くなる傾向が高まることが知られている．

シミュレーションの手順は以下のとおりである．

1. n 個の乱数を生成し，経験分布を作成する．
2. 信頼水準が $\alpha = 0.01$ と $\alpha = 0.05$ の場合について VaR$_{(1-\alpha)}$ を $[n\alpha]$ 番目の順序統計量として決定する[*2]（これを VaR とする）．さらに，対応する分位点の Harrell–Davis 推定量を求める（これを VaR^{HD} とする）．

[*2] $[x]$ は x を下回らない最小の整数の意味．

3. 上の1と2を5000回繰り返し，VaRとVaR^{HD}の平均と標準偏差を求める．
4. この手続きを $n = 100, 200, 300, 500, 700, 1000$ の場合について繰り返す．

図7.7と図7.8にVaRとVaR^{HD}のバイアスの様子を，99% (a) と95% (b) の場合についてそれぞれ示した．ここでバイアスは次式により求めている．

$$\text{Bias} = \frac{\text{mean of VaR} - \text{VaR}^*}{\text{VaR}^*}$$

ここでVaR*は厳密な分布で推定したVaRの理論値である．つまり，推定値が理論値に対してどれだけ大きなバイアスを示しているかを求めている．

図をみて明らかなとおり，VaRおよびそのHarrell–Davis推定量のいずれにおいても正のバイアスを示している．特に，信頼水準が99%で，t分布の自由度が $DF = 4$

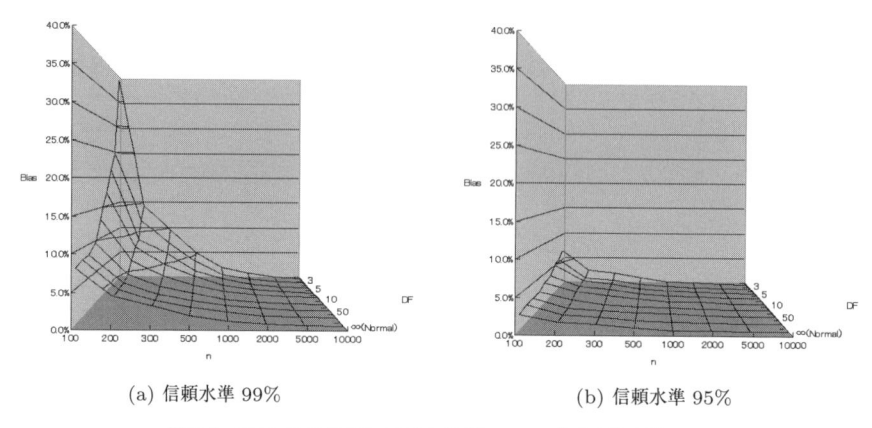

(a) 信頼水準99%　　　　　　　　(b) 信頼水準95%

図 **7.7** VaRのバイアス：サンプル数 n vs t 分布の自由度 DF

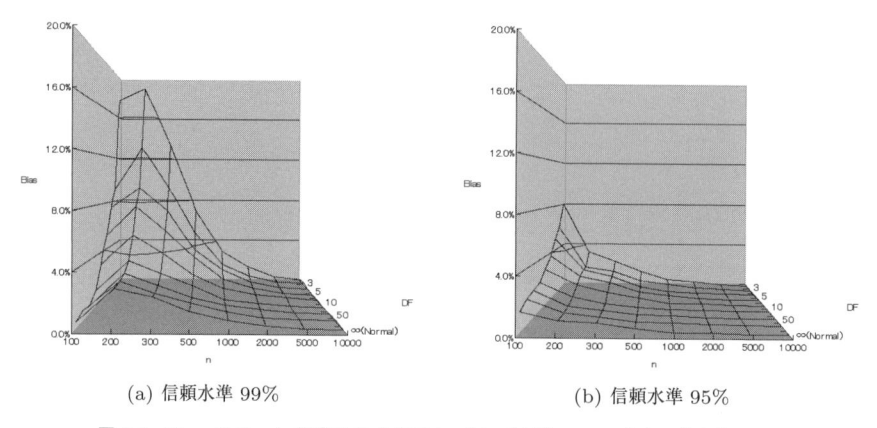

(a) 信頼水準99%　　　　　　　　(b) 信頼水準95%

図 **7.8** Harrell–Davis推定量のバイアス：サンプル数 n vs t 分布の自由度 DF

以下，サンプル数が $n = 200$ 以下の場合にはバイアスは 10% を超える水準に達している．バイアスは，信頼水準が高いほど，分布の裾が厚いほど（t 分布の自由度が小さいほど），サンプル数が小さいほど大きくなる傾向がある．

サンプル数の影響をより詳細にみるために，自由度が $DF = 4$ の t 分布と正規分布の場合について，信頼水準が 99% の場合のバイアスとサンプル数 n の関係を表すグラフを図 7.9 と図 7.10 にそれぞれ示した．n を大きくするとバイアスが 0 に近づくことは予想通りであるが，$DF = 4$ の t 分布でサンプル数が $n = 100$ における Harrell–Davis 統計量は予想されるよりも大きなバイアスを示していることは興味深い（図 7.9）[3]．正規分布の場合については，前節で議論したとおり，Harrell–Davis 統計量は推定値を改善する結果を示している（図 7.10）．

次に，信頼水準 99%，サンプル数 $n = 200$ の場合について，t 分布の自由度の違い

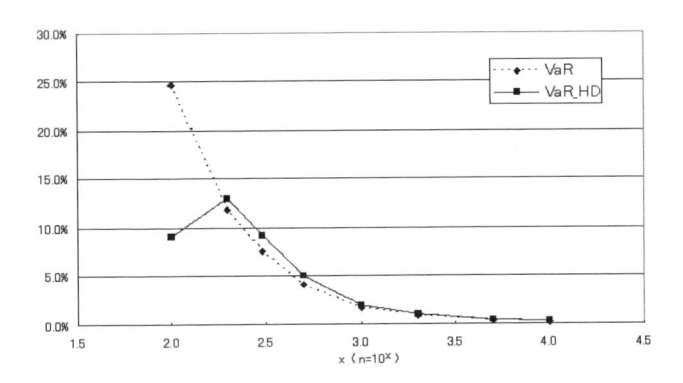

図 7.9 サンプル数と VaR および Harrell–Davis 推定量のバイアス：t 分布，$DF = 4$

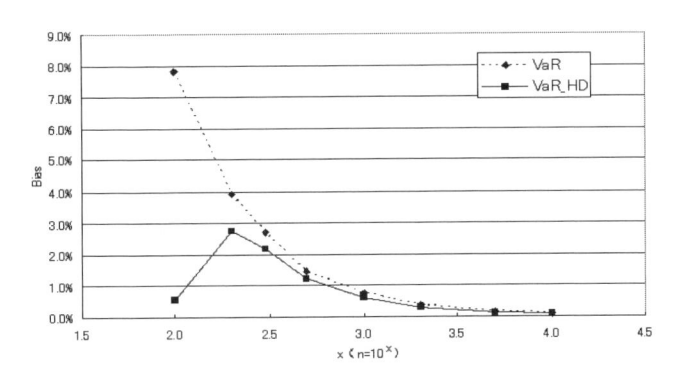

図 7.10 サンプル数と VaR および Harrell–Davis 推定量のバイアス：正規分布

---

[3] Inui et al. (2005) によれば，理論的な検討の結果として，VaR の Harrell–Davis 推定量のバイアスは $n = 100$ の場合が $n = 200$ の場合よりもつねに小さくなることが示されている．

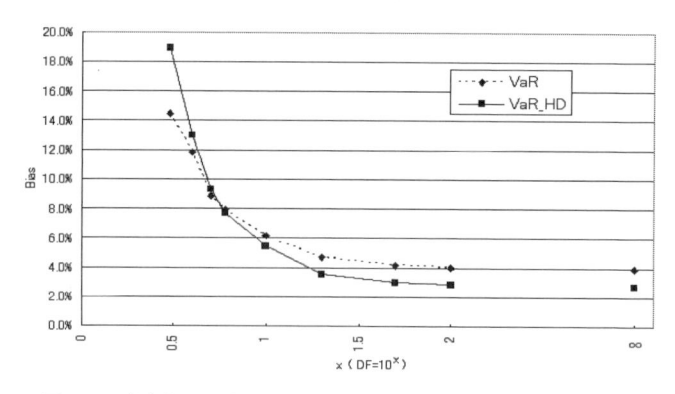

図 7.11 自由度 DF と VaR および Harrell–Davis 推定量のバイアス

とバイアスの関係について図 7.11 に示した．自由度が大きくなるほど t 分布の裾の厚みは薄くなり，$DF = \infty$ では正規分布に一致する．VaR およびその Harrell–Davis 統計量のいずれにおいても，自由度 DF が大きくなるとバイアスは小さくなる．ファットテールの傾向が強いほど VaR よりも Harrell–Davis 統計量のバイアスが大きくなるが，およそ $DF = 6$ を境にして，その関係が逆転している．

最後に，Harrell–Davis 統計量の通常の VaR に対する安定性を検証するために，次の Efficiency を計測した．

$$\text{Efficiency} = \frac{\text{MSE of VaR}}{\text{MSE of VaR}^{HD}}$$

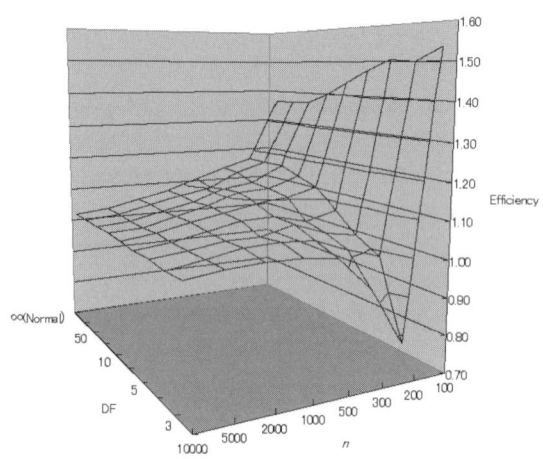

図 7.12 自由度 DF，サンプル数 n と Harrell–Davis 推定量の安定性：信頼水準 99% の場合

ここで "MSE" は標準誤差（mean squared error）である．この Efficiency が大きい
ほど Harrell–Davis 統計量が安定的である．図 7.12 は信頼水準 99% の場合について，
t 分布の自由度（$DF > 3$）とサンプル数（$n = 100, 200, \cdots$）を変化させた場合の結果
を示している．いくつかの先行研究において，t 分布を仮定して VaR を推定する場合に
は自由度が小さくなると不安定になる結果が示されているが，ここでも自由度が 4 以下
において Efficiency が急激に低下する様子が確認できる．さらに，Harrell–Davis 統計
量の効率性はサンプル数が $n = 200$ 付近で低くなっていることから，実務における次
のような懸念が浮かび上がる．すなわち，過去 1 年分（約 250 営業日）のデータ使う場
合には，精度を高める目的でヒストリカルデータにブートストラップ法を適用して VaR
を推定すると，意図に反して推定値の正確性や安定性を大きく損っている可能性が高い
のである．

7.4 外挿法による推定精度の改善

一般に外挿法とは，ある値に収束する列 $\{s_n\}$ を，それよりも早く同じ値に収束する
列 $\{t_n\}$ へ変換する方法である．金融分野では Geske and Johnson (1984) がアメリカ
ンプットオプションの評価に Richardson の外挿法を適用し，良い推定結果を得たとい
う報告がある．

Richardson の外挿法とは次のようなものである．$\{s_n\}$ を s に収束する列とする．あ
る条件を満たすように決められた $\{x_n\}$ と，t と a_i に関する $(k + 1)$ 連立方程式，

$$s_{n+i} = t + a_1 x_{n+i} + a_2 x_{n+i}^2 + \cdots + a_k x_{n+i}^k, \qquad i = 0, 1, \cdots, k \tag{7.20}$$

について，クラーメルの公式を適用することによって次式が得られる．

$$t = t_n^{(k)} = \frac{\begin{vmatrix} s_n & s_{n+1} & \cdots & s_{n+k} \\ x_n & x_{n+1} & \cdots & x_{n+k} \\ \vdots & \vdots & \ddots & \vdots \\ x_n^k & x_{n+1}^k & \cdots & x_{n+k}^k \end{vmatrix}}{\begin{vmatrix} 1 & 1 & \cdots & 1 \\ x_n & x_{n+1} & \cdots & x_{n+k} \\ \vdots & \vdots & \ddots & \vdots \\ x_n^k & x_{n+1}^k & \cdots & x_{n+k}^k \end{vmatrix}}, \qquad n = 1, 2, \cdots. \tag{7.21}$$

この式により新しく得られた数列 $\{t_n^{(k)}\}$ は $\{t_n^{(0)}\} = \{s_n\}$ を満たし，$\{t_n^{(k+1)}\}$ は $\{t_n^{(k)}\}$
よりも速く s に収束する．ただし，$\{x_n\}$ はある種の条件を満たす必要がある[*4]．例え

[*4] 例えば，$1 > x_1 > x_2 > \cdots$ かつ $\lim_{n \to \infty} x_n = 0$ を満たす $\{x_n\}$ であればよい．詳細につい
ては Brezinski and Zaglia (1991) を参照．

ば, (7.21) において $x_n = \frac{1}{n}$, $k = 2$ とすれば,

$$t_1^{(2)} = \frac{\begin{vmatrix} s_1 & s_2 & s_3 \\ 1 & 1/2 & 1/3 \\ 1 & 1/4 & 1/9 \end{vmatrix}}{\begin{vmatrix} 1 & 1 & 1 \\ 1 & 1/2 & 1/3 \\ 1 & 1/4 & 1/9 \end{vmatrix}} = \frac{1}{2}s_1 - 4s_2 + \frac{9}{2}s_3 \tag{7.22}$$

となる. 同様に $x_n = \frac{1}{n}$, $k = 1$ の場合について計算すると,

$$\begin{cases} t_1^{(1)} = -s_1 + 2s_2 & \text{(a)} \\ t_2^{(1)} = -2s_2 + 3s_3 & \text{(b)} \end{cases} \tag{7.23}$$

となる. また, より高次の $\{t_n^{(k)}\}$ についても同様に得られる.

さて, VaR 推定量の列を $s_n = \text{VaR}_{1-\alpha}^{(n)}$ として表すとき, それが真の値 ($\text{VaR}_{1-\alpha}^*$) に収束するものとする. このとき, Richardson の外挿法に従い (7.22) で求めた $\{t_n^{(2)}\}$ は, s_n よりも速く $\text{VaR}_{1-\alpha}^*$ へ収束するので, 適当な n についての VaR の近似値を $t_n^{(2)}$ とすることができる. 同様のことが ES についても考えられる. すなわち, ES 推定量の列を $s_n = \text{ES}_{1-\alpha}^{(n)}$ として表すとき, それが真の $\text{ES}_{1-\alpha}^*$ に収束するものとすれば, Richardson の外挿法で求めた $\{t_n^{(2)}\}$ は ES のより良い近似値になるはずである. 次節で $n = 1$ の場合についてシミュレーション実験を行い外挿法の精度を確認しよう.

7.5 外挿法による改善効果の評価例

Pant and Chang (2001), Heikkinen and Kanto (2002) はポートフォリオの損益分布が t 分布に従う場合の VaR の研究を行っているが, これらは先行研究を参考にして t 分布の自由度を 4~6 としている. 本節では, 損益分布が t 分布と正規分布に従う場合についてシミュレーションを行うが, より裾が厚い場合についても調べたいという動機から, t 分布の自由度 (DF) は 3, 4 および 5 を仮定する (t 分布は自由度が小さいほど分布の裾野が厚くなる傾向がある). また, VaR の信頼水準は 99% とする. シミュレーションの手順は次のとおりである.

1. 300 サンプルの乱数を発生させて経験分布を 1 つ定める.
2. そのオリジナルデータから N 個の重複しないサンプルを抽出し, (7.8) 式に基づいて VaR を推定する. ただし, サンプル数については $N = 100, 200, 300$ の場合について行う.
3. 2. の手続きを 1000 回繰り返し行い, 得られた VaR の平均値を求める ($N = 300$ については繰り返す必要がない). こうして得た $N = 100, 200$ および 300 における VaR の平均値は, Richardson の外挿法の (7.22) における s_1, s_2 および s_3

に対応する．

4. Richardson の外挿法を適用し (7.22) の $t_1^{(2)}$ を得て，これを $\text{VaR}^*_{0.99}$ の推定値 $\widehat{\text{VaR}}_{0.99}$ とする．

5. 上の 1.～4. の手続きを 1000 回繰り返し，外挿による推定値に関する統計量を得る．

結果は通常の方法で求めた分位点としての VaR と比較する．なお，以上の手続きは ES についても同様に行うことができるが，そうして得られる ES の推定量は $\widehat{\text{ES}}_{0.99}$ で表すこととする．

表 7.1 に信頼水準が 99% ($\alpha = 0.01$) における VaR の推定結果を示した．ここでは，VaR の推定については，定義 7.4 で示した 2 つの方法，LEDV と UEDV を採用しており，それぞれ $\widehat{\text{VaR}}^L$, $\widehat{\text{VaR}}^U$ として示している．また，各表記の添え字については，外挿法の違いを表しており，(7.22) で推定した $\widehat{\text{VaR}}^L$ は $\widehat{\text{VaR}}_1^{L,(2)}$ として，(7.23)-(b) で推定した場合は $\widehat{\text{VaR}}_2^{L,(1)}$ として示した．結果を比較するために示した統計量は "MSE" "Bias" および "Efficiency" であるが，これらは前節と同様で，それぞれ標準誤差，真の VaR（VaR^*）に対するバイアス，「通常の VaR の標準誤差/シミュレーションで求めた VaR の標準誤差」の値（大きいほど安定している）を表している．表 7.1 をみて明らかなとおり，通常の VaR（表中で VaR として表記）は，前節のシミュレーション結果と同様に，t 分布の自由度が小さいほど大きくなる正のバイアスを示している．

VaR 推定に Richardson の外挿法を適用した結果をみると，全般的にバイアスが減少しているが，特に UEDV による VaR に外挿を適用したケース $\widehat{\text{VaR}}^U$ において，その傾向が強く表れることが確認できる．また，推定値の安定性（Efficiency）については，

表 7.1 VaR の推定結果：サンプル数 300，信頼水準 99%

		VaR^*	VaR	$\widehat{\text{VaR}}_2^{L,(1)}$	$\widehat{\text{VaR}}_1^{L,(2)}$	$\widehat{\text{VaR}}_2^{U,(1)}$	$\widehat{\text{VaR}}_1^{U,(2)}$
Normal	Mean	2.326	2.381	2.301	2.308	2.321	2.316
	MSE		0.233	0.421	0.321	0.319	0.267
	Bias		2.06%	-0.96%	-0.68%	-0.22%	-0.41%
	Effiency		1.00	0.55	0.73	0.73	0.87
$t(DF=3)$	Mean	4.541	4.950	4.618	4.456	4.524	4.510
	MSE		1.331	2.677	1.884	1.629	1.327
	Bias		5.85%	1.11%	-1.20%	-0.24%	-0.44%
	Effiency		1.00	0.50	0.71	0.82	1.00
$t(DF=4)$	Mean	3.747	4.017	3.762	3.705	3.759	3.748
	MSE		0.846	1.590	1.173	1.028	0.842
	Bias		5.18%	0.29%	-0.80%	0.23%	0.01%
	Effiency		1.00	0.53	0.72	0.82	1.00
$t(DF=5)$	Mean	3.365	3.574	3.330	3.323	3.411	3.391
	MSE		0.650	1.190	0.868	0.829	0.684
	Bias		4.70%	-0.79%	-0.95%	1.04%	0.59%
	Effiency		1.00	0.55	0.75	0.78	0.950

全般的に通常の VaR よりも劣るものの，LEDV よりも UEDV による方が，また，3 項の (7.22) よりも 2 項の (7.23)-(b) の方が安定した結果を与えるようである．以上から，安定性が若干低下する場合もあるが，より正確な VaR を推定するために Richardson の外挿法は有効であり，外挿法を適用するにあたっては，UEDV を対象としてよりシンプルな (7.23)-(b) などの方法を適用すべきという結論が得られる．

外挿方法は ES の推定においても VaR と同様の方法で実行できる．表 7.2 は信頼水準が 99%（$\alpha = 0.01$）の場合について ES を外挿法で推定した結果を示している．(7.11) に従い通常の方法で推定した ES は ES として，外挿法で求めた ES は，(7.22) による場合は $\widehat{ES}_1^{(2)}$，(7.23)-(b) による場合は $\widehat{ES}_2^{(1)}$ として示した．また ES の理論値は ES* としている[*5]．

表 7.2　ES の推定結果：サンプル数 300，信頼水準 99%

		ES*	ES	$\widehat{ES}_1^{(2)}$	$\widehat{ES}_2^{(1)}$
Normal	Mean	2.665	2.609	2.670	2.664
	MSE		0.270	0.296	0.287
	Bias		-2.12%	0.17%	-0.03%
	Efficiency		1.00	0.91	0.94
$t(DF=3)$	Mean	7.002	6.786	7.048	7.033
	MSE		2.638	2.745	2.734
	Bias		-3.08%	0.65%	0.44%
	Efficiency		1.00	0.96	0.96
$t(DF=4)$	Mean	5.220	5.002	5.178	5.166
	MSE		1.274	1.339	1.327
	Bias		-4.18%	-0.81%	-1.03%
	Efficiency		1.00	0.95	0.96
$t(DF=5)$	Mean	4.452	4.320	4.459	4.451
	MSE		0.982	1.033	1.026
	Bias		-2.97%	0.15%	-0.03%
	Efficiency		1.00	0.95	0.96

外挿法のバイアスは，VaR における場合と同様に全般的に従来の方法よりもバイアスが少なく，この結果をみる限り推定精度を高めるために有効な方法であるといえる．

7.6　実証分析例

これまでの議論を踏まえ，理論モデルが実際の市場データにどれだけ有効であるかを検証するために，円ドルレート（1987 年 3 月 22 日～2003 年 1 月 8 日，3406 個）および日経平均株価（1975 年 1 月 4 日～2003 年 1 月 8 日，7403 個）の日次収益率データ

[*5] ES の理論値は数値積分による方法で求めているため，計算誤差が含まれており厳密な値とは若干異なる．

を使って通常の VaR と外挿法で推定した VaR の比較を行った．

具体的には，前日までの 300 日のデータを使って，信頼水準 99% の VaR を，通常の分位点（表中で VaR として表記）および UEDV についての (7.23)-(b) による外挿法で求め（$\widehat{\mathrm{VaR}}_2^{U,(1)}$ として表記），当日の実績収益率がそれを超過する頻度を計測した．VaR が正しく推計されていれば，超過数の相対頻度は 1% に近い水準として観測されるはずである．

結果は表 7.3 に示したとおりである．円ドルレート，日経平均のいずれにおいても，実際の収益率が 1% 以上の頻度で推定した VaR の比較を超過している．つまり，どちらの VaR 推定量も過小評価の傾向がある結果となった．一般に円ドルレートや日経平均などの日次収益率に関しては，いわゆるファットテールが観測されることから，これまでの主張に基づいて判断すれば，VaR の推定値には正のバイアスが確認されることが期待された．しかし結果が示すのは逆の過小評価の傾向である．

表 7.3 円ドルおよび日経平均の VaR 推定：信頼水準 99%

		VaR	$\widehat{\mathrm{VaR}}_2^{U,(1)}$
円ドル	サンプル数	3105	3105
	VaR を超過した日	32	41
	超過率	1.03%	1.32%
日経平均	サンプル数	7122	7122
	VaR を超過した日	87	113
	超過率	1.22%	1.59%

こうした矛盾が生じた理由としては，実際の収益率分布の裾部分が凸性を満たしていない，日次の収益率データが i.i.d. の条件を満たしていない，といった可能性を指摘できる．実際に，株式市場にはストップ安などの値幅制限が導入されているため，価格分布の上下限は実質的に有限区間に制限されており，その結果，経験分布の裾部分が凸性を満たさない可能性は十分にある．また，いわゆるオーバーリアクションといわれるような投資家心理で説明される価格変動も観察されており，従来の合理的な投資家を前提とする理論モデルでは説明が困難な価格変動の影響が，特に経験分布の裾部分に集約されて現れる可能性もある．したがって外挿法を応用する場合には，対象データが前提条件を満たしているか，また，裾として考察する信頼水準の条件が厳しすぎないか，といった条件について配慮することが重要と思われる．

8 実務環境の進歩を反映した新しい内部格付手法

いまや日本の銀行，生損保，リース会社，総合商社等，事業法人向けの信用リスクをとることを生業とする企業にとって内部格付制度の運営は，与信審査業務の中核をなすに至っている．本章では上記のプロセスの一端をお手伝いしてきた立場から，現在の実務における一般的なプラクティス，良い内部格付モデルの評価基準，そしてそれの具体的な実現方法などについて記述を行う．

8.1 典型的な内部格付手法

ここで一般的な内部格付手法のワークフローを整理する．事業法人与信先に対する内部格付の付与は以下のように行われる（図 8.1 参照）．

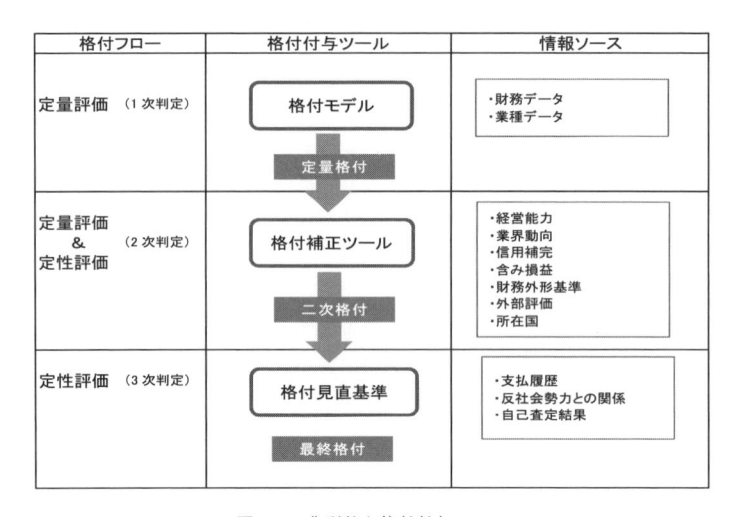

格付フロー	格付付与ツール	情報ソース
定量評価　（1次判定）	格付モデル　↓定量格付	・財務データ ・業種データ
定量評価 & 定性評価　（2次判定）	格付補正ツール　↓二次格付	・経営能力 ・業界動向 ・信用補完 ・含み損益 ・財務外形基準 ・外部評価 ・所在国
定性評価　（3次判定）	格付見直基準　↓最終格付	・支払履歴 ・反社会勢力との関係 ・自己査定結果

図 8.1 典型的な格付付与フロー

8.1.1 定量的情報による 1 次評価

与信先について得られる情報のうち財務諸表等の数値化された情報に基づいて，定められたアルゴリズムによる評価を実施し，1 次的な格付を付与する．この段階で得られる格付は定量格付とよばれる．定量格付付与のためのアルゴリズムを統計モデルを利用して構築しようという試みはこの 15 年ほどの間に大きく進捗し，いまや一般的な方法となっている．

8.1.2 定性的情報による 2 次評価

1 次評価で考慮されない要因について評価を追加し定量格付の補正を行う．具体的には以下のような項目を考慮した補正が実施される．
1. 経営のガバナンス，経営者の能力といった評価対象企業の経営能力
2. 属する業界の動向，業界内地位といった競争条件
3. 親会社等の外部からの信用補完状況
4. 金融機関が独自に調査して得られる実態財務情報に基づく含み損益状況
5. 赤字，債務超過等に代表される財務外形的な基準
6. 格付機関による格付，株価等の外部評価
7. 海外企業に対する評価の場合は所在国の信用リスク状況（ソブリンリスク）

これらの項目については通常，定められた幅の格付の上げ下げ，もしくは上限の設定といった形で考慮される．

8.1.3 3 次 評 価

与信についての返済遅延の発生，反社会的勢力とのつながりの発覚等，確定的に特定の格付を与えるべき事項についての補正を最後に実施する．銀行等における自己査定結果の格付への反映もこのステップで実施される．

上記プロセスを経て得られる内部格付のイメージを表 8.1 に示す．ここでは大企業から中小企業まで広範なエクスポージャを保有する商業銀行における国内のポートフォリオを想定している．

まず上位格付層（ランク 1～3）には外部格付機関の格付との平仄（ひょうそく）を意識したランクが設定される．この部分はいわゆる low default portfolio とよばれる領域であり，規模が大きく財務体質の良好な日本を代表する大企業群がここに位置づけられる．外部格付機関の評価における投資適格級格付におおむね対応する形で設定されている．

一方，中位層（ランク 4～7）については業績の悪化した大企業や中堅中小企業が混在する領域となり，外部格付機関の評価における投機級格付に対応する．ただし，外部格付機関が投機級格付を付与している企業群はもともと投資適格級格付を付与されていて信用力悪化によって格下げされた企業が大半を占めるが，内部格付におけるこの層は外部格付を取得する必要がない中堅以下の企業群を包含するため，その裾の広がりは圧倒

表 8.1 典型的な内部格付

債務者区分	リスクプロファイル	ランク	外部評価等との対応
正常先	当面信用リスクを考慮しなくてよい優良巨大企業群	1	外部格付 AAA, AA, A 相当
	上記企業に準ずる資本市場にアクセス可能な大企業	2	外部格付 BBB 上位相当
		3	外部格付 BBB 下位相当
	業績に一定の問題のある大企業群と業績に問題のない中小企業群	4	外部格付 BB 相当
		5	
要注意先	赤字等業績に明確な問題があり，貸出条件の履行に懸念のある企業群	6	外部格付 B 相当
		7	
要管理先	貸出条件の緩和等がなされた企業群	8	外部格付 CCC 以下 ・デフォルト先
破綻懸念先	経営再建が難航しており破綻に至る可能性の高い企業群	9	
実質破綻先	実質的には経営破綻している企業群	10	
破綻先	法的倒産に至った企業群	11	

的に広い．このため中位層の格付においては特定の格付への過度の集中を避けるため，同様の属性をもつ企業群をさらに細分するといったことも行う．そして下位層（ランク8 以下，デフォルト先）については発生しているクレジットイベント（延滞，法的倒産等）の事実認定によって各格付に振り分けられる[*1]．

8.2 定量格付付与アルゴリズム構築における考え方

8.2.1 定量格付の目的

本質的に与信判断という業務は人間の洞察に依存するものであるが，ときとして人間は錯覚，牽強付会，針小棒大に陥りやすい．無軌道な与信行動を抑制するためには，与信判断における一貫性を担保する信頼性の高い仕組みが必要であり，その具体的な回答が財務諸表等の客観的な数字に基づいて定量格付を算出するアルゴリズムということになる．

ただし定量格付の仕組み自体は今日のように統計モデルの利用が一般化する前から存在していた．図 8.2 はクラシカルな定量格付算出の仕組みを模式的に示したものである[*2]．

与信審査上経験的に重要と考えられる財務指標をピックアップし，これに閾値を与えて段階化し，各段階ごとに点数を与える．それらにウェイトを乗じたうえで評価対象企業についての各財務指標得点の総和で定量格付を判定するという仕組みである．ウェイ

[*1] 金融庁告示「銀行法第十四条の二の規定に基づき，銀行がその保有する資産等に照らし自己資本の充実が適当であるかどうかを判断するための基準」第百八十二条 2 においては，デフォルトしていないエクスポージャに対して 7 段階以上，デフォルトしたエクスポージャに対しては 1 段階以上の格付を設けることが求められている．デフォルトしたエクスポージャに対する格付は実務上の要請から債務者区分と一致させるケースが大半である．

[*2] 内部格付制度に関する具体的なロジックは金融機関業務上の重要な秘密であり通常は表に出ることはない．王子信用金庫審査部 (1997) を参照のこと．

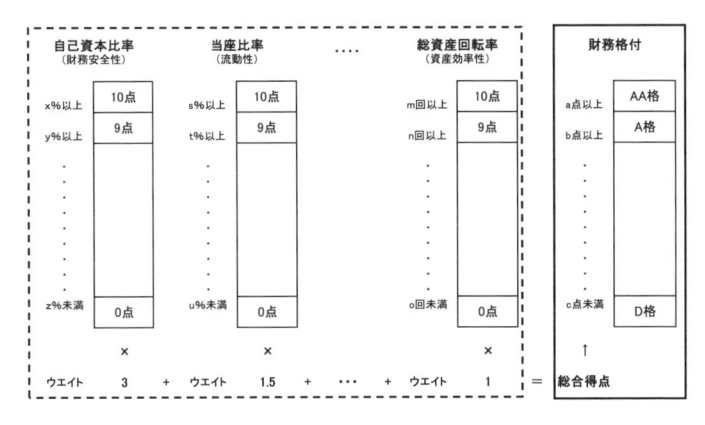

図 8.2 クラシカルな定量格付算出の仕組み

トの総和は多くの場合，100 となるように設定されており，各財務指標の寄与度が直観的に理解しやすいような体系となっている．また自己資本比率等の財務指標が計算できれば特に数学に明るくなくても簡単に定量格付を導けるため，アカウンタビリティ的にも優れた仕組みである．

しかし財務指標に関する段階間の幅，各財務指標に与えられるウェイト，そしてそもそもの財務指標の選択の根拠はもっぱら経験則に依っており，明示的な根拠は薄弱であった．根拠の薄弱さは取りも直さず与信判断の一貫性を担保する力の弱さにつながっており，恣意的な与信判断を抑制する防波堤としては十分でなかったといえる．

8.2.2 良い内部格付モデルとは何か

統計的手法によって構築した定量格付算出のためのアルゴリズムのことを内部格付モデルとよぶことにする．

内部格付モデルの実務での運用が一般的になって数年が経とうとしているが，この間，実務における運用を通じて良い内部格付モデルは何かという問いについて議論がなされてきた．モデル推定時における統計的諸前提の充足やデフォルトの判別力といった定量的なパフォーマンスが重要なのは当然であるが，内部格付モデルはあくまで与信審査のための道具であるので，実用的な観点での機能性も同様に重要になってくる．多くの論点があるが，われわれが考える良い内部格付モデルの要件とは以下のようなものである．

1. デフォルトについて適切な時間間隔の因果関係を表現できていること．
2. モデル構造が一般ユーザーに対してわかりやすいものであること．
3. モデル構築用データとモデル適用データの性質についての理解の下に構築されていること．

以下ではこれらの論点について論述していく．

8.3 ハザードモデルによるTTC的モデリング

8.3.1 企業の態様とデフォルトの因果関係

与信審査における結果の評価は企業がデフォルトしたかどうかという事後的に判明する事実との対比で行われる．それでは原因とは何であろうか．その問いに答えるためには原因と結果の間の時間的距離を定める必要があるだろう．

例えば時間距離が1年といった短いスパンであれば銀行が融資を引き揚げ，現預金が枯渇するといった現象が原因ということになるだろう．また例えば5年といった中期的なスパンを想定するならば，本業の競争力とその具現化した姿としての収益性の高低，ショック吸収力の代理変数としての企業規模の大小といったものが原因ということになるだろう．また例えば10年といった長期的なスパンとなると当該企業のガバナンスであるとか，経営哲学，技術開発力といった，より内在的な業績の維持可能性を支配する定性的要因が重要になってくるだろう．実際の与信審査においては上記のポイントはすべてチェックすることになるわけだが，内部格付モデルとして具現化すべき視点はどれかという話になると別の視点が必要になってくる．まず1年といった短いスパンにおける原因と結果の関係は，巨視的にみると原因も結果の一部，もしくはきわめて近い予兆現象と考えた方がよいケースが多い．上例に則していうと資金の枯渇というのはこれを観測してなんらかの予測を行うというよりは，それ自体が審査において予測されるべき現象なのではないかということである．一方，ガバナンスや経営哲学の良否というものは一般的に数値化が非常に難しい[3]．

内部格付モデルが表現するべき因果関係とは定量的に安定して観測できる財務指標に表れる企業の収益力やショック吸収力といったデフォルトとある程度の時間間隔のある因果関係，より具体的にいうと与信政策を変更することにより与信残高の調整ができる程度の時間間隔の因果関係を表現するものであることが望ましい．

8.3.2 適切な時間距離の因果関係をモデル化するための方法論

内部格付モデルは理想的には中長期的なデフォルトの発生状況に対して最適化されるのが本来望ましい．しかし数年前の内部格付モデル黎明期においてデータアベイラビリティの問題から1年以内という超短期のタイムスパンにおけるデフォルトを被説明変数とせざるをえなかったのは実務に携わっていた人間としてよく理解できるし，サンプルを増やすためにはそれしか選択肢がなかった．しかしデータの蓄積が当時より圧倒的に進んだ現在，内部格付モデルに求められる機能性を実現するためのデータセッティングを改めて考える必要があるように思える．具体的には多期間にわたるデフォルトの発生状況（つまり財務データ等説明変数生成のための情報観測時点からの生存時間）に対し

---

[3] これは統計モデルの問題というよりは経営の良否といった定性要因の評価を複数の人間が同一目線で実施することができるかというデータ収集における品質管理の難しさに起因する．

て最適化したモデルを構築するのが審査思想との整合性の点からも自然であると考えられる．しかもこのアプローチは，ともすれば観念的な掛け声だけに終わっている感のあるTTC（through the cycle）型の内部格付モデル構築のための具体的な解となるとも考えられる．

多期間にわたるデフォルトの発生のモデリングを行うのに適した枠組みとして生存解析とよばれるモデル群があり，なかでもCoxの比例ハザードモデルは最もポピュラーなものである．日本銀行金融機構局 (2011) にも記述されているようにCoxの比例ハザードモデルは住宅ローンの多期間にわたるPD（probability of default, デフォルト確率），期限前償還率を推定するのに利用されている手法である．事業法人向けモデルへの応用例としては山下・安道 (2006) がある．一般的に普及しているとは言い難いが，上記の理由から今後積極的な利用が見込まれる．また，パラメトリック型ハザードモデルを含む解説は木島・小守林 (1999) を参照のこと．日本の金融工学問題に対する生存解析の最初の適用例としては木島・青沼 (1998) があげられる．

8.3.3 Coxの比例ハザードモデルの概要

生存解析においては生物の死亡するまでの時間や機械が故障するまでの時間，もしくは債務者がデフォルトするまでの時間（以下，これらを総称して生存時間という）を確率変数 τ として表現する．信用リスク管理において生存時間 τ が任意の時間 t よりも小さい確率は時点 t までの累積デフォルト確率に相当し，これを分布関数 $F(t)$ で表すと，$F(t) = P\{\tau \leq t\}$ となる．そして同じ表記を用いて生存関数 $S(t)$ は，$S(t) = P\{\tau > t\} = 1 - F(t)$ と表すことができる．また，多期間デフォルト確率は密度関数 $f(t)$

$$f(t) = \frac{\mathrm{d}F(t)}{\mathrm{d}t} = -\frac{\mathrm{d}S(t)}{\mathrm{d}t} \tag{8.1}$$

を使って表現することができる．一方，生存解析においては密度関数の代わりに，以下で定義されるハザード関数

$$h(t) = \lim_{\Delta t \to 0} \frac{P\{t < \tau \leq t + \Delta t | \tau > t\}}{\Delta t} \tag{8.2}$$

が用いられる．ハザード関数は，特定の時間 t まで生存したという条件の下で，次の瞬間における累積デフォルト確率の単位時間変化を表現した抽象的な量である．これは保険数理の世界では死力とよばれるものである．

いま仮に，3年目のデフォルト確率というものを考えたとき，この債務者が2年後までは正常であり，その条件の下で，次の1年間にデフォルトを起こす確率と定義することにし，これを3年目の限界デフォルト確率とよぶ．この3年目の1年間という期間を短くして，瞬間的な極限値としたものがハザード関数の概念である．

一方，密度関数を同様の表現で表すと，その定義から以下の式になる．

$$f(t) = \lim_{\Delta t \to 0} \frac{P\{t < \tau \leq t + \Delta t\}}{\Delta t} \tag{8.3}$$

したがって，条件付確率の定義からハザード関数は以下の式で表現できる．

$$h(t) = \frac{f(t)}{S(t)} \tag{8.4}$$

また，(8.1) と (8.4) から以下の式が導ける．

$$h(t) = -\frac{\mathrm{d}\log S(t)}{\mathrm{d}t} \tag{8.5}$$

両辺を積分することにより，生存関数をハザード関数で表現することができる．

$$S(t) = \exp\left\{-\int_0^t h(u)\mathrm{d}u\right\} \tag{8.6}$$

いま，j 番目の債務者について $\boldsymbol{x}_j$ を時点 $t=0$ における説明変数からなる列ベクトル，$\boldsymbol{\beta}$ をそれに対するパラメータからなる列ベクトルとすると，債務者 j のハザード関数 $h(t)$ は比例ハザードモデルにおいて

$$h(t; \boldsymbol{x}_j) = h_0(t)\exp\left\{\boldsymbol{x}_j^\top \boldsymbol{\beta}\right\} \tag{8.7}$$

のように定義される．ここで，$h_0(t)$ は，$\boldsymbol{x}_j$ がゼロベクトル $\boldsymbol{0}$ となった場合のハザード関数で，ベースラインハザード関数とよばれ，分析対象のイベントの時間軸方向での基本的な生起パターンを表す．$h_0(t)$ に特定の関数を想定するのはパラメトリック型ハザードモデルとよばれるものである．これに対して Cox の比例ハザードモデルは $h_0(t)$ に特定の関数形を想定しない（t ごとに特定の値をとる）．また，(8.6) よりこのモデルによる生存関数は以下の形で表される．

$$S(t) = \exp\left\{\boldsymbol{x}_j^\top \boldsymbol{\beta}\right\}\exp\left\{-\int_0^t h_0(u)\mathrm{d}u\right\} \tag{8.8}$$

モデルのパラメータ $\boldsymbol{\beta}$ および $h_0(t)$ は最尤法で推定される．その推定法の詳細については大橋・浜田 (1995) を参照されたい．

8.3.4 分 析 例

本項では実際のデータによる分析事例を紹介する．具体的には同じデータを使用して 1 年以内の倒産発生をモデル化するロジスティック回帰モデルと，5 年までの企業の生存時間をモデル化する Cox の比例ハザードモデルを構築し，両者の性質の違いを確認する．

モデル構築に使用したデータは東洋経済新報社および東京商工リサーチの提供する企業データのうち，2005 年度に決算期が到来してかつ，2006 年 5 月末時点では倒産していない製造業に属する企業群のデータである．データ数は 14,839 件であり，1～5 年目の倒産企業群が含まれている（表 8.2 参照）．

このデータに対して一般的な財務指標を 12 個計算し，それらの 3 年平均指標を合わせた計 24 個の財務指標を説明変数候補とする．なおこれらはすべて平均 0，標準偏差 1

8.3 ハザードモデルによる TTC 的モデリング

表 8.2 モデル構築用データ

1 年目倒産	97
2 年目倒産	121
3 年目倒産	176
4 年目倒産	100
5 年目倒産	78
5 年目生存	14,267
合計	14,839

に基準化して使用する．またそれぞれの財務指標には財務分析的観点からの属性を与えている．

これらの説明変数の係数についてカイ二乗検定（p 値 < 0.05 で棄却）の下でのステップワイズ法による説明変数選択を行いモデルを構築した．ステップワイズ法の詳細は丹後ら (2013) を参照のこと．また被説明変数はロジスティック回帰モデルにおいて現状の一般的なプラクティスに合わせて 1 年以内倒産を表すダミー変数を使用した．ハザードモデルに関しては 2006 年 5 月末[*4)] を 0 ヶ月とした生存月数を使用している．

その結果推定されたロジスティック回帰モデルの係数は表 8.3 のとおりである．また，Cox の比例ハザードモデルの係数の推定値は表 8.4 のとおりである．当期利益については単年度指標と 3 年平均指標両方が採用されている．このような冗長なモデルは実務で使うことはないが，両モデル推定の手続きに恣意的な差を生じさせないためにそのまま

表 8.3 ロジスティック回帰モデル推定結果

変数	属性	推定値	標準誤差	Wald χ^2	$p > \chi^2$
切片項		6.566	0.230	817.527	< 0.0001
当期利益 3 年平均（対数）	規模	0.456	0.124	13.617	0.0000
自己資本比率 3 年平均	財務構成	0.942	0.126	55.824	< 0.0001
総資産当期利益率	収益性	0.225	0.092	5.968	0.015
総資産現預金比率	流動性	1.080	0.226	22.897	< 0.0001
有利子負債平均金利	調達コスト	-0.374	0.075	24.695	< 0.0001
総資産運転資本比率	運転資金負担	-0.193	0.085	5.210	0.023

表 8.4 Cox の比例ハザードモデル推定結果

変数	属性	推定値	標準誤差	Wald χ^2	$p > \chi^2$	ハザード比
当期利益（対数）	規模	-0.279	0.055	25.390	< 0.0001	0.757
当期利益 3 年平均（対数）	財務構成	-0.240	0.058	17.142	< 0.0001	0.787
自己資本比率 3 年平均	財務構成	-0.869	0.049	310.958	< 0.0001	0.419
総資産売上総利益率	収益性	-0.725	0.270	7.222	0.007	0.4884
総資産現預金比率	流動性	-0.305	0.063	23.457	< 0.0001	0.737
有利子負債平均金利	調達コスト	0.239	0.033	52.619	< 0.0001	1.270
総資産運転資本比率	運転資金負担	0.221	0.035	40.194	< 0.0001	1.248

[*4)] 決算書開示のラグを考慮している．

使用している.

これらの説明変数群は上述のとおり,平均 0,標準偏差 1 に基準化されているので,推定された上記の係数の絶対値は各説明変数が 1 標準偏差変動したときの共変量の変動幅であり,モデル内における相対的な重要度と解釈できる.これを使って以下のように定義されるウェイト w_i を計算する.

$$w_i = \frac{\hat{\beta}_i}{\sum_{i=1}^{p}|\hat{\beta}_i|} \tag{8.9}$$

$\hat{\beta}_i$ はすべての説明変数が基準化されている前提で推定された i 番目の説明変数の係数である.

ロジスティック回帰モデル,Cox の比例ハザードモデルそれぞれのウェイトを計算し,財務指標の属性毎にまとめた結果は表 8.5 のとおりである.

表 8.5 変数属性ごとのウェイトの比較

	ロジスティック回帰 (1)	比例ハザード (2)	(2)-(1)
規模	14%	18%	4%
財務構成	29%	30%	1%
収益性	7%	25%	18%
流動性	33%	11%	−22%
調達コスト	11%	8%	−3%
運転資金負担	6%	8%	2%

被説明変数の違いによりモデルのウェイトに大きな差が生じていることがわかる.ロジスティック回帰モデルは流動性や調達コストといった属性のウェイトが高いモデルである.一方ハザードモデルは収益性,規模といった属性のウェイトが高いモデルである.また同じ収益性でもロジスティック回帰モデルは総資産当期利益率という損益計算書のボトムラインの収益性を表す指標が採用されているのに対し,比例ハザードモデルは総資産売上総利益率という事業の本質的な収益性を表す指標が採用されている.企業の経営悪化の過程において流動性や調達コストの悪化,すなわち現預金の枯渇や取引金融機関の貸出態度の厳格化は最終局面において発生する現象と考えられる.これに対して本業の収益性は評価対象企業の手掛ける事業のポテンシャルを表象しているという意味でより先行的な審査ポイントであり,比例ハザードモデルは中長期的な企業審査思想に近い説明変数構成になっていると考えられる.

またそれぞれのモデルの 1〜5 年以内倒産に対する AUC(area under the curve,定義は 8.7 節を参照されたい)を計算したところ,表 8.6 のような結果を得た.

1 年以内倒産に対する AUC はロジスティック回帰モデルが優越するが,2 年以内倒産〜5 年以内倒産については比例ハザードモデルが優越する.長いタイムホライズンでの倒産に対する説明力の相対的優位は議論を要しない明らかなメリットである.

表 8.6 多年限での AUC 比較

	ロジスティック回帰 (1)	比例ハザード (2)	(2)-(1)
1 年以内倒産	0.902	0.897	-0.005
2 年以内倒産	0.867	0.870	0.003
3 年以内倒産	0.834	0.849	0.015
4 年以内倒産	0.830	0.844	0.014
5 年以内倒産	0.821	0.836	0.015

8.4 内部格付モデルのアカウンタビリティの向上

内部格付モデルはそれを採用する金融機関の与信審査哲学を具現化した姿とみなすことができる．与信審査プロセスの組織としての共有を考えた場合，内部格付モデルの構造と評価ロジックについての理解の容易さは重要なポイントとなってくる．

内部格付モデル構築の手法として，最も代表的なロジスティック回帰モデルは指数関数さえ理解できればその計算は容易であるが，そのような計算過程になじみがなく，計算作業に負担感を感じるユーザーが存在するのもまた事実である．かつて実務に定着していた図 8.2 のようなクラシカルな定量格付算出の仕組みを維持したままで，説明変数選択，説明変数の点数換算，説明変数間のウェイトについて統計的な最適化が図れるならばきわめて魅力的な手法となる．

8.5 林の数量化理論

クラシカルな定量格付アルゴリズムのスタイルを維持したまま統計的な最適性を追求しようとした場合，適した方法論として林の数量化理論がある．

林の数量化理論とは，例えば男女の別といった質的データや層化された年齢のようなカテゴリー化された量的データを利用して，ある特定の反応の予測，分類等を実施するために考え出されたものである．数量化理論は量的データにおける重回帰分析に相当する数量化 I 類，判別分析に相当する II 類，主成分分析・因子分析に相当する III 類がある．数量化理論の詳細については林 (1979)，駒澤 (1982) など，応用事例については柳井ら (2002) を参照されたい[*5]．

[*5] 駒澤 (1982) によると，最初の数量化理論の適用例は 1947 年に実施された仮釈放された受刑者本人の経歴，パソーナリティ，受刑中の行動等の個々の特性項目を利用した仮釈放後の再犯の有無の判別問題（すなわち数量化 II 類）であったという．当時，米国でも同様の研究があったが，その手法は例えば 5 つの選択肢がある項目に対して 1, 2, 3, 4, 5 といった序数を与えて数値化し，これにウェイトを掛けて再犯群と仮釈放成功群の判別を行うというものであった．これに対して，林は選択肢に与えられた序数間の「1」という差に根拠がないことに得心がいかず，選択肢にその意味づけの強弱に応じた基数を与えうる枠組みとして数量化理論を考案したという逸話が伝えられている．

ここで，改めて 8.2.1 項で紹介した金融機関における定量格付算出アルゴリズムの典型的なスタイルを思い出してみると，モデルに使用されているランク化された財務指標についてランクごとに序数を与えているが，ランク上のデフォルト事象の分布は線形的に増減することは稀で，ランクごとの代表値が等間隔で増減するという仮定は現実のデータにほとんどの場合適合しない．このような状況は，林が数量化理論を考案する際に直面した状況ときわめてよく似ているといえる．

これに加えて，クラシカルな定量格付算出アルゴリズムは，必ずしも統計モデルに精通していない一般の営業・審査担当者に対する格付付与プロセスの透明性の確保という観点から定量データたる財務指標をカテゴリー化していたが，カテゴリー化された財務指標を統計解析の枠組みで利用できるならば，審査実務においてモデルのわかりやすさを引き続き確保することができる．また，数値そのものに意味をもたせられる基数的数値をカテゴリーごとに推定することができれば，例えばカテゴリー化自己資本比率の低い層に属する企業と高い層に属する企業の信用リスクの差異に関する情報を得ることが可能となり，格付プロセスの透明性が一層高まることも期待される．

以上のように，数量化理論は金融機関の内部格付モデルを構築する際に望ましい特性をもっていることがわかる．そして林の数量化理論のうち，デフォルト，正常といった 2 値で表現される状態を推定対象とするのは数量化 II 類である．以下ではその概要について説明する．

8.5.1 数量化理論の概要

本項では，数量化理論の概要を簡単に整理する．まず，数量化理論においては慣用的に使われている独特の用語がある．脚注 5 における仮釈放者が再犯を犯したかどうかといった，分析者が最終的に予測したいデータの特性のことを外的基準とよぶ．外的基準が再犯を犯したかどうかのような質的情報である場合には数量化 II 類，量的情報である場合には数量化 I 類が適用され，それぞれ異なる推定手法による分析が行われる．外的基準を説明できる要因のことをアイテムとよび，アイテム中の分類区分をカテゴリーという．

次に，数量化理論を適用するための典型的な分析データのデザインを図 8.3 を用いて説明する．いま，予測等を行いたい外的基準ベクトル（量的データもしくは質的データ）と，これに関連が強いと思われるアイテムベクトルがあるとする．アイテムベクトルの要素はあらかじめカテゴリーに与えられた番号であるとする．なお，図 8.3 においては，簡単化のため，アイテムにおけるカテゴリー数を一律 3 としている．

数量化理論を適用するためには，アイテムベクトル $X_1, \cdots, X_m$ をそれぞれカテゴリー数と等しい列数をもつダミー変数行列 $G_1, \cdots, G_m$ に変換する．図 8.3 の 1 行目のデータを例にとると，このデータはアイテム X_1 においてはカテゴリー 3 に，アイテム X_2 においてはカテゴリー 1 に属しているが，これをダミー変数行列上に変換する場合には G_1 のカテゴリー 3 に該当する 3 列目の要素と G_2 のカテゴリー 1 に該当する

8.5 林の数量化理論

原データ			ダミー変数行列			
外的基準		アイテム	アイテム1	アイテム2		アイテムm
Y（I類の場合）	Δ（II類の場合）	$(X_1, X_2, \cdots, X_m)$	カテゴリ ① ② ③	カテゴリ ① ② ③		カテゴリ ① ② ③
$\begin{pmatrix} 3.5 \\ 4.1 \\ \vdots \\ 0.9 \end{pmatrix}$	$\begin{pmatrix} 0 \\ 1 \\ \vdots \\ 0 \end{pmatrix}$	$\begin{pmatrix} 3 & 1 & \cdots & 3 \\ 2 & 3 & & 1 \\ \vdots & & & \vdots \\ 1 & 1 & \cdots & 2 \end{pmatrix}$	$G_1 = \begin{pmatrix} 0 & 0 & 1 \\ 0 & 1 & 0 \\ \vdots & & \vdots \\ 1 & 0 & 0 \end{pmatrix}$	$G_2 = \begin{pmatrix} 1 & 0 & 0 \\ 0 & 0 & 1 \\ \vdots & & \vdots \\ 1 & 0 & 0 \end{pmatrix}$	$\cdots$	$G_m = \begin{pmatrix} 0 & 0 & 1 \\ 1 & 0 & 0 \\ \vdots & & \vdots \\ 0 & 1 & 0 \end{pmatrix}$

図 8.3 数量化モデル適用のためのデータ整備例のイメージ

1列目の要素を「1」として，他の行の要素にはすべて「0」をセットする．この手続きをすべてのアイテムについて繰り返すことでダミー変数行列が完成する．ダミー変数行列を横に並べたものを結合ダミー変数行列 $\boldsymbol{G} = (g_{i(j,k)})$ とよぶ．$g_{i(j,k)}$ はダミー変数行列 $\boldsymbol{G}$ における第 i 行・第 j アイテム・第 k カテゴリーの要素を表す．結合ダミー変数行列 $\boldsymbol{G}$ は図 8.3 の表現に則ると，

$$\boldsymbol{G} = (\boldsymbol{G}_1 \, \boldsymbol{G}_2 \, \cdots \, \boldsymbol{G}_j \, \cdots \, \boldsymbol{G}_m)$$

である．

数量化 I 類では，外的基準ベクトル $\boldsymbol{Y}$ を被説明変数，結合ダミー変数行列 $\boldsymbol{G}$ を説明変数とする重回帰分析を行えばよい．ただし，各アイテムは必ずいずれかのカテゴリーに分類されるため，結合ダミー変数行列はランク落ちしており，このままでは解は一意に定まらない．通常は，それぞれのアイテムの任意の1つのカテゴリー数量を0とおいたうえで，それに対応するダミー変数列を $\boldsymbol{G}$ から除いた修正結合ダミー変数行列 $\hat{\boldsymbol{G}}$ を用いて重回帰分析を行う．連続変数をもとにカテゴリーを定義した場合，もとの変数の最上位層もしくは最下位層のカテゴリー数量を0とおくと結果の解釈が容易になる．一方，数量化 II 類における数量の推定においては正準判別分析の解法を援用する．正準判別分析は2群以上の複数の群の判別に対応する枠組みであるが，以下では簡単のために2群の場合における推定方法を記述する．

いま，群を識別するための外的基準 $\Delta = (\delta_1 \, \delta_2 \, \cdots \, \delta_n)^\top$ を以下のように導入する．

$$\delta_i = \begin{cases} 1, & i \text{ 番目の個体が } A \text{ 群に属する} \\ 0, & i \text{ 番目の個体が } B \text{ 群に属する} \end{cases} \tag{8.10}$$

ただし，

$$\sum_{i=1}^n \delta_i = n_A, \qquad \sum_{i=1}^n (1 - \delta_i) = n_B, \qquad n = n_A + n_B$$

である．また，アイテム $j\,(=1, \cdots, m)$ のカテゴリー $k\,(=1, \cdots, p_j)$ に与えられる数量を $a_{(j,k)}$ とし，モデルから得られる推定値 $\hat{y}_i$ が次のように表されるとする．

$$\hat{y}_i = \sum_{j=1}^m \sum_{k=1}^{p_j} a_{(j,k)} g_{i(j,k)} \tag{8.11}$$

数量化 II 類における数量の推定においては，以下で定義される相関比 η^2 を最大化するように数量を推定する．

$$\eta^2 = \frac{SS_E}{SS_T} \to \max$$

ただし，SS_E は分散分析における群間平方和，SS_T は全平方和であり，以下のように計算する．

$$\text{全平方和}: SS_T = \sum_{i=1}^{n} (\hat{y}_i - \bar{y})^2 \tag{8.12}$$

$$\text{群間平方和}: SS_E = n_A (\bar{y}_A - \bar{y})^2 + n_B (\bar{y}_B - \bar{y})^2 \tag{8.13}$$

なお，

$$\bar{y} = \frac{1}{n} \sum_{i=1}^{n} \hat{y}_i, \qquad \bar{y}_A = \frac{1}{n_A} \sum_{i=1}^{n} \delta_i \hat{y}_i, \qquad \bar{y}_B = \frac{1}{n_B} \sum_{i=1}^{n} (1 - \delta_i) \hat{y}_i$$

である．

8.6 分析例

本節では，(株)クレジット・プライス・コーポレーションが過去に実施した数量化 II 類を用いた倒産判別モデル構築の実例を示す．

8.6.1 数量化 II 類による分析

モデル推定用データとして，東京商工リサーチから財務データの入手可能な未上場企業および東洋経済新報社から入手可能な上場企業に対して，下記の条件

1. 財務年度で 2002 年度から 2004 年度の 3 年間において 3 期連続で決算が観測できる．
2. 売上が 3 億円以上 50 億円以下である．
3. 金融業およびその他金融業（ノンバンク，リース等）は除外する．

に従って絞り込んだ企業を対象としてモデル推定用データを作成した．データ数は 75,012 社である．

外的基準は，3 期連続決算の終期から 1 年以内に倒産事象が発生した場合に「1」，しない場合に「0」をとる 2 値変数とした．アイテムの候補は，自己資本比率など一般に用いられる財務指標 184 変数を第 1 次候補とした．

次に，第 1 次候補の変数についてそれぞれ変数をただ 1 つの説明変数とし，1 年以内倒産発生の有無を目的変数とした単変量ロジスティック回帰分析を実施し，AUC が 0.6 以下の変数，係数の符号が一般的コンセンサスと一致しない変数を除外した．さらに変数間の相関係数を計算して絶対値が 0.85 以上の組合せがある場合，AUC 値の最も大きなものを残し，残りの変数を除外した．こうして最終的に残った 43 の変数を第 2 次候

補とした．ここから最終的な変数を選択していく．

数量化 II 類の適用にあたり，連続変数については最初に 10 段階のカテゴリー変数への変換を行い，隣接するカテゴリー間の数量の差に関する検定などの検証をもとに段階を統合した．

そして第 2 次候補として残った 43 の変数から以下の過程

1. 各変数を，規模，収益性，財務構成，返済能力，流動性，資産効率，資本効率，安全性の 8 つの属性に分類する[*6]．
2. 各分類の代表として AUC の値が最も大きいものを 1 つ選択し，変数増加法により変数選択を行う．投入の順序としては，単変量での AUC の値が高く，モデルの骨格となる「安全性」「流動性」「返済能力」に加えて，実務上無視することができない「規模」の 4 変数からスタートして順次追加していく．

を経て最終的に採択された説明変数は表 8.7 のとおりである．

表 8.7 採択された説明変数（アイテム）

変数名	定義
自己資本比率（％）	純資産 ÷ 総資産
純資産現預金比率（％）	現預金 ÷ 総資産
有利子負債平均金利（％）	（支払利息 ＋ 割引料）÷ 有利子負債
剰余金（百万円）	純資産 －（資本金 ＋ 資本準備金）
税引前当期利益（百万円）	損益計算書より
その他流動資産回転期間	その他流動資産 ÷ 総資産
総資産売上総利益率（％）	売上総利益 ÷ 総資産

上記説明変数に対して数量化 II 類により推定された数量は表 8.8 のとおりである．推定された数量とダミー変数の線形結合から得られるスコアを用いた AUC は 0.846 となった．

そして数量化 II 類により得られた出力をさらに整理することにより，典型的な金融機関の内部格付付与のアルゴリズムに使用されるスコアリング表と同一の形態へ変換することができる．以下手順を説明する．

1. 各アイテムについて表 8.8 において，「以上，未満」といった閾値で特定される「段階」をもとにカテゴリーを設定する．
2. 数量化 II 類の推定によってカテゴリーごとの数量を推定する．これは表 8.8 において「推定された数量」で示されている．これは以下のように表現できる．

$$A_j = \begin{pmatrix} a_{(j,1)} & a_{(j,2)} & \cdots & a_{(j,k)} \end{pmatrix}^\top \tag{8.14}$$

3. 数量化 I 類，および II 類においてはすべてのアイテムの数量の定数倍，および各アイテムの数量への任意の定数の加減を行っても推定値の順序は保存される（逆

[*6] 最終的に選択された変数の組合せのバランスを確認するため．

表 8.8 数量化 II 類における推定結果

変数名	段階	以上	未満	推定された数量	変換後の得点 A	ウェイト (%)	変換後の得点 B
自己資本比率	1		-67.61%	1.790	21.0	20	1.048
	2	-67.61%	-33.93%	0.960	104.0		5.201
	3	-33.93%	2.96%	0.891	110.9		5.545
	4	2.96%	5.99%	0.612	138.8		6.938
	5	5.99%	8.51%	0.482	151.8		7.589
	6	8.51%	13.34%	0.426	157.4		7.871
	7	13.34%	18.43%	0.318	168.2		8.408
	8	18.43%	24.23%	0.215	178.5		8.926
	9	24.23%	31.23%	0.088	191.2		9.562
	10	31.23%		0.000	200.0		10.000
総資産現預金比率	1		0.32%	2.110	39.0	25	1.561
	2	0.32%	0.70%	1.533	96.7		3.870
	3	0.70%	1.75%	1.183	131.7		5.266
	4	1.75%	2.58%	1.093	140.7		5.628
	5	2.58%	3.38%	0.740	176.0		7.042
	6	3.38%	6.42%	0.397	210.3		8.411
	7	6.42%	9.32%	0.361	213.9		8.556
	8	9.32%	12.35%	0.146	235.4		9.416
	9	12.35%		0.000	250.0		10.000
有利子負債平均金利	1	4.07%		1.231	26.9	15	1.795
	2	3.58%	4.07%	0.866	63.4		4.229
	3	3.27%	3.58%	0.560	94.0		6.266
	4	2.85%	3.27%	0.491	100.9		6.729
	5	2.53%	2.85%	0.264	123.6		8.240
	6		2.53%	0.000	150.0		10.000
剰余金	1		-62.78	0.736	26.4	10	2.642
	2	-62.78	-43.21	0.733	26.7		2.667
	3	-43.21	95.91	0.300	70.0		7.001
	4	95.91	481.64	0.184	81.6		8.158
	5	481.64	671.41	0.154	84.6		8.462
	6	671.41	1,102.55	0.118	88.2		8.823
	7	1,102.55		0.000	100.0		10.000
税引前当期利益	1		-48.39	0.696	30.4	10	3.035
	2	-48.39	-37.00	0.427	57.3		5.732
	3	-37.00	2.92	0.349	65.1		6.513
	4	2.92	5.75	0.172	82.8		8.279
	5	574.90		0.000	100.0		10.000
その他流動資産回転期間	1	281.96%		0.875	12.5	10	1.252
	2	69.73%	281.96%	0.601	39.9		3.987
	3	25.49%	69.73%	0.209	79.1		7.911
	4	16.17%	25.49%	0.071	92.9		9.290
	5		16.17%	0.000	100.0		10.000
総資産売上総利益率	1		9.04%	0.784	21.6	10	2.158
	2	9.04%	10.99%	0.707	29.3		2.932
	3	10.99%	12.66%	0.687	31.3		3.128
	4	12.66%	15.71%	0.518	48.2		4.819
	5	15.71%	25.99%	0.368	63.2		6.324
	6	25.99%	31.08%	0.261	73.9		7.392
	7	31.08%	38.70%	0.239	76.1		7.609
	8	38.70%	44.65%	0.205	79.5		7.946
	9	44.65%	73.76%	0.114	88.6		8.859
	10	73.76%		0.000	100.0		10.000

順になることはある）ことを利用して，

$$\hat{A}_j = uA_j + v_j \tag{8.15}$$

という 1 次変換を行う．なお，u はすべてのアイテムに共通して乗じられる定数，v_j はアイテムごとに定められる定数ベクトルである．表 8.8 においては「推定された数量」を全アイテムを -100 倍したうえで，それぞれのアイテムの数量に v_j を加算して「変換後の得点 A」，すなわち (8.15) の $\hat{A}_j$ を生成している．加算する v_j は，各アイテムにおいて「推定された数量」$= 0$ のカテゴリーにおける「変換後の得点 A」の値（自己資本比率ならば 200）である．v_j の和は 1000 になり，かつ各アイテムの「変換後の得点 A」の最小値が正の値になるように決定されている．

4. 「変換後の得点 A」をウェイト[7] w_j と「変換後の得点 B」，すなわち B_j に分解する．

$$\hat{A}_j = w_j B_j \tag{8.16}$$

なお，B_j は以下のようなカテゴリーごとの数量ベクトルであり，成分 $b_{(j,k)}$ の最大値が一律 10 になるように決定する．

$$B_j = \begin{pmatrix} b_{(j,1)} & b_{(j,2)} & \cdots & b_{(j,k)} \end{pmatrix}^\top \tag{8.17}$$

これにより w_j の和は 100 となる．

以上のような操作を通じて，最終的な結果の表（特にウェイトと変換された得点 B）を，典型的な既存の内部格付モデルの使用者からみて親和性の高いものにすることが可能であることを示した．重要な点は，ランク数，閾値および配点がすべてデータから得られるエビデンスに基づいて与えられていることであり，長年親しまれた審査フローの枠組みを保持しながら，そこへ科学的な根拠を付与することが可能になったことである．

8.6.2 ロジスティック回帰モデルとの比較

数量化 II 類による倒産判別モデルの精度について比較のために，同じデータで推定されたロジスティック回帰モデルの結果を以下に示す[8]．ただし，モデルへのデータの適用にあたっては，規模を表す変数については適宜対数処理を施し，尖度と歪度が 10 を超える変数については上下限値を 1〜99%から 5〜95%へ変更している．変数選択は前項

---

[7] このウェイトは実務における慣用的な呼称としてのウェイトであって，厳密なモデルにおける各アイテムの寄与度ではないことに注意が必要である．数量化モデルの場合，厳密には各アイテムの最小カテゴリーの数量と最大カテゴリーの数量の差（レンジ）の大小からモデルの中における寄与度を求める．

[8] 比較の対象にロジスティック回帰モデルを選んだのは，同モデルが実務で広く使用されているモデルの代表と想定したからである．

表 8.9 ロジスティック回帰モデルの推定結果

共変量	係数推定値	標準誤差	自由度	Wald χ^2 統計量	p 値
切片項	4.518	0.106	1	1,802.2	< 0.0001
自己資本比率	0.887	0.150	1	35.1	< 0.0001
手元現金比率	4.324	0.295	1	214.4	< 0.0001
有利子負債利子率	-16.999	0.921	1	340.5	< 0.0001
剰余金(対数)	0.045	0.010	1	19.1	< 0.0001
税引前利益(対数)	0.123	0.011	1	118.2	< 0.0001
その他流動資産回転期間	-0.089	0.016	1	32.8	< 0.0001
資産総利益率	1.096	0.154	1	50.7	< 0.0001
棚卸資産回転期間	-0.085	0.010	1	66.0	< 0.0001
資産流動負債比率	-0.575	0.120	1	22.9	< 0.0001
売上高利子率	-7.098	1.719	1	17.0	< 0.0001

表 8.10 追加された説明変数の定義

変数名	定義
棚卸資産回転期間	棚卸資産 ÷ 月商
資産流動負債比率 (%)	(流動負債 + 割引手形 + 譲渡手形) ÷ 資産
売上高利子率 (%)	支払利息・割引料 ÷ 売上高

で絞り込んだ第 2 次候補変数からステップワイズ法を用いて変数選択し,ロジスティック回帰モデルとしての最良パフォーマンスが出せるようにした.

共変量,p 値などの統計量および追加された変数の定義は表 8.9, 表 8.10 のとおりである.また,下記のロジットモデルの AUC は 0.837 であった.

数量化 II 類による倒産判別モデルとロジスティック回帰モデルによる結果を比較すると,以下のようにまとめることができる.

1. **倒産判別能力**:AUC の値を比較した場合,数量化 II 類では 0.846 であったのに対して,ロジットモデルでは 0.837 にとどまった.また,ロジットモデルで得られた AUC の水準と数量化 II 類で得られた AUC およびその 95%信頼区間から判断すると,帰無仮説『数量化 II 類で得られた AUC =ロジットモデルで得られた AUC』は 5%水準で棄却される(表 8.11, 8.12).逆に,ロジットモデルで得られた AUC とその 95%信頼区間をもとに数量化 II 類で得られた AUC を評価する場合には,同様の帰無仮説は棄却できない.少なくともロジットモデル対比で精度が大幅に劣後するといった致命的な問題は生じていないと考えられる.

2. **結果のみやすさ,従来方式との親和性**:数量化モデルでは,推定された数量に,1) 一律の定数を乗除する,2) 各アイテムのカテゴリー数量に任意の値を加減する,

表 8.11 数量化 II 類で得られた AUC

面積	標準誤差	漸近 95% 信頼区間	
		下限	上限
0.846	0.004	0.839	0.854

表 8.12 ロジットモデルで得られた AUC

面積	標準誤差	漸近 95% 信頼区間	
		下限	上限
0.837	0.005	0.828	0.846

といった操作を行っても最終的に得られるスコアの順序性は保存されるので，表 8.8 における得点 A のように，各アイテムの最良と考えられるカテゴリーの得点を最大にするといった操作や，これをウェイトと，すべてのアイテムにおける最大カテゴリー得点を 10 にそろえた得点 B に分解するといった操作が結果に影響を与えることなく実施することができる．特に，得点 B とウェイトからなるモデルの姿は，8.2.1 項で示した金融機関のクラシカルな内部格付アルゴリズムの枠組みに類似した形となっていることを確認されたい．

8.7 参考：AUC のいくつかの表現とサンプリングバイアスから受ける影響

当然のことではあるが，統計モデルというものは推定に使用するデータ（インサンプルデータ）に依存する．データの量の確保という観点でいうと内部格付モデル推定を取り巻く環境は近時劇的に向上しているが，ただ大量のデータを使えばそれでよいといったモデル構築者の姿勢も散見される．合目的なモデリングを行うためには，モデルが完成した後適用するデータ（アウトサンプルデータ）の性質に対する理解が必要である．インサンプルデータとアウトサンプルデータの分布の違いはモデル検証時に端的に問題として現れる．本節ではモデル検証時に最も重要な統計量となる AUC の性質について概観したうえで，インサンプルデータとアウトサンプルデータの分布の違いによって発生するミスリーディングなケースについて問題提起する．

8.7.1 AUC の概要

AUC（area under the curve）とは ROC 解析（receiver operating characteristic analysis）によって得られる統計量であり，内部格付モデルのデフォルトに対する判別力（予測精度）を判定する際に AR（accuracy ratio）値と並んで実務で最もよく利用される統計量である．

内部格付モデル評価のための統計量としての AUC については BIS (2004) と山下ら (2003) が詳しいがこれを簡単にまとめると以下のようになる．ある評価時点ですべて生存していた N 件の債務者（うち一定期間後にデフォルトした件数を N_D，引き続き生存していた件数を N_{ND} とする）に対して信用力を表すスコア S が与えられており，S が大きいほど信用リスクが低いものとする．これらに任意の閾値 C を与えて $S \leq C$ の場合にデフォルトと判定し，デフォルトと判定されたデフォルト債務者件数 $H(C)$，デフォルトと判定された生存債務者件数 $F(C)$ を用いて，

$$\text{FAR}(C) = \frac{F(C)}{N_{ND}} \tag{8.18}$$

$$\text{HR}(C) = \frac{H(C)}{N_D} \tag{8.19}$$

としたとき，C を $-\infty < C < \infty$ の範囲で動かして得られる $(\text{FAR}(C), \text{HR}(C))$ の軌

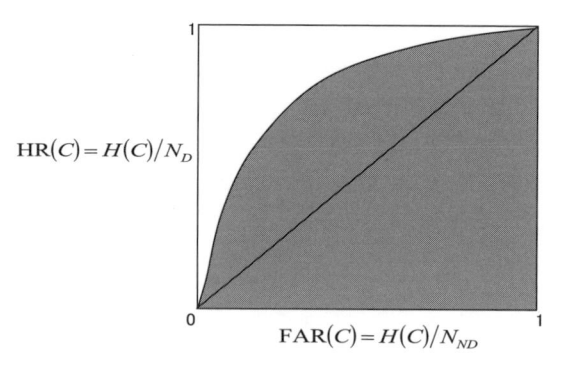

図 8.4 ROC 曲線

跡が ROC 曲線である（図 8.4 を参照）．また，AUC は ROC 曲線の下部（図 8.4 で黒く塗られた部分）の面積であり，

$$\mathrm{AUC} = \int_0^1 \mathrm{HR}(\mathrm{FAR}^{-1}(\alpha))\mathrm{d}\alpha \tag{8.20}$$

として計算される．モデルに説明力がなく，デフォルトがランダムに発生する場合のROC 曲線は $\mathrm{HR}(C) = \mathrm{FAR}(C)$ となり，その場合の AUC は 0.5 となる．また，完全にデフォルトが予測できた場合は AUC は 1 となる．つまり AUC は 0.5〜1 の間を値をとり，1 に近いほどスコアの正常・デフォルトに対する判別能力は高いと評価する．

また AUC と AR 値[*9)] には以下の関係が成り立つ．

$$\mathrm{AR} = 2\mathrm{AUC} - 1 \tag{8.21}$$

三浦ら (2009) は AUC について以下のような別表現を与えている．すなわち確率変動するデフォルト債務者に関するスコア S_D，正常債務者に関するスコア S_{ND} を考えた場合，AUC は

$$\mathrm{AUC} = P\{S_{ND} - S_D > 0\} \tag{8.22}$$

のように表現できる．そして実際のサンプルにおいて推定される $\widehat{\mathrm{AUC}}$ は，

$$\widehat{\mathrm{AUC}} = \frac{1}{N_D N_{ND}} \sum_{i \in D, j \in ND} 1_{\{s_j - s_i > 0\}} \tag{8.23}$$

のように表現できる．ここで，$N_{D'}$，N_{ND} はそれぞれサンプルにおけるデフォルト債務者数と正常債務者数．s_i は i 番目のデフォルト企業のスコア，s_j は j 番目の正常企業の

[*9)] AUC と AR 値は 1 対 1 対応するのでどちらを使ってもよいのであるが信用リスク評価の黎明期に外部格付機関が AR 値を使用していたため AR 値の方が実務に定着してしまっているという歴史的経緯がある．筆者は後述するようなノンパラメトリック統計量との関係性から AUC を利用するのが自然だと考えている．

スコア．1_A は定義関数で，事象 A が真ならば 1，偽ならば 0 となる関数である．

(8.22) において，$N_D N_{ND}$ はデフォルト債務者群と正常債務者群の間で形成される 1 対 1 のペアの数と解することができる．また定義関数の和の部分は，そのペアのなかで「正常債務者のスコアがデフォルト債務者のスコアよりも大きい」という正しい評価をできていたペアの数ということになる．そして，(8.23) は BIS (2004) でも記述されているマン–ホイットニーの U 統計量であり，AUC を利用してノンパラメトリック検定を構成することができる．

8.7.2 格付データ[*10)] における AUC

前項では，あるスコア S に対する AUC について説明したが，内部格付モデルの AUC を計算する場合，内部格付モデルのアウトプットをもとに十数段階に格付化された尺度について計算することが多いので，その場合の簡便な計算方法を紹介する．まずモデルで与えられた信用力尺度に複数の閾値を与えて n 層の格付を定義し，層ごとのデフォルト債務者数 p_i，生存債務者数 q_i を集計した $n \times 2$ のクロス集計表を考える（表 8.13）．なお格付においては「1」が最も信用リスクが大きいと評価されているものとする．

表 8.13　信用格付とデフォルト・生存を基準に定義された $n \times 2$ 分割表

層（格付）	デフォルト絶対度数	生存絶対度数	正しいペアの数
1	p_1	q_1	$p_1 \sum_{i=2}^{n} q_i$
2	p_2	q_2	$p_2 \sum_{i=3}^{n} q_i$
$\vdots$	$\vdots$	$\vdots$	$\vdots$
n	p_n	q_n	0
合計	$P = \sum_{i=1}^{n} p_i$	$Q = \sum_{i=1}^{n} q_i$	$\sum_{i=1}^{n-1} p_i \sum_{j=i+1}^{n} q_j$

表 8.13 のようなクロス集計表における AUC は，

$$\widehat{\mathrm{AUC}} = \frac{\sum_{i=1}^{n-1} p_i \sum_{j=i+1}^{n} q_j + 0.5 \sum_{i=1}^{n} p_i q_i}{PQ} \quad (8.24)$$

のように計算できる．(8.23) は，(8.22) のデフォルト債務者と正常債務者のペアの格付の大小判定から導いているが，(8.23) の右辺分子の第 2 項はデフォルト債務者と生存債務者に同水準の評価が与えられているタイデータの処理である．タイデータは 50% 正しい組合せであったとみなして計算していることになる．

8.7.3 ランクデータにおける AUC

実務においては格付のような高々十数段階の層化データだけではなく，モデルスコアそのものや個々の説明変数についての有効性を調べるために連続変数に対する AUC を

[*10)] ここでいう格付データとは信用リスク実務上一般的に想定されている十数段階に離散化されたデータのことを指している．

計算することも多い．ここでは連続変数のランク変数に変換したうえで簡便に計算する方法を紹介する．

まず，債務者データについてデフォルトフラグ y_i，説明変数 $x_{i,1}, \cdots, x_{i,p}$ が確定的であるとし，このデータに複数のモデルを当てはめるものとする．この場合，モデルにより与えられる推定デフォルト確率ベクトル $\boldsymbol{P}$ は異なるモデルを当てはめるごとに変動するパラメータベクトル $\boldsymbol{B}$ の関数である．また，デフォルトした個体に対応する推定デフォルト確率 P_N は分布関数 $F(\boldsymbol{B})$ に，デフォルトしていない個体に対応する推定デフォルト確率 P_D は分布関数 $G(\boldsymbol{B})$ に従って確率的に変動するものとする．さらに，推定デフォルト確率についての全データ内ランク R_i^A はデフォルト・生存データを結合した全データについて昇順に振られており，デフォルトデータ内ランク R_i^D はデフォルトしたデータの推定デフォルト確率について昇順に振られているものとする（表 8.14）．ここで $y_i(R_i^A - R_i^D)$ はあるデフォルト債務者に与えられた推定デフォルト確率より低い推定デフォルト確率をもつ生存債務者の数を意味している．

表 8.14 推定デフォルト確率をもとに与えられたランクデータ

全データ内ランク R_i^A	デフォルトフラグ y_i	デフォルトデータ内ランク R_i^D	$y_i(R_i^A - R_i^D)$
1	0		0
2	1	1	1
⋮	⋮	⋮	⋮
$n-2$	1	$m-1$	$n-m-1$
$n-1$	0		0
n	1	m	$n-m$

この状況の下で AUC は以下のように計算できる．

$$\widehat{\mathrm{AUC}} = \frac{\sum_{i=1}^n y_i(R_i^A - R_i^D)}{m(n-m)} = \frac{\sum_{i=1}^n y_i R_i^A - \sum_{j=1}^m R_j^D}{m(n-m)} \quad (8.25)$$

ここで $W = \sum_{i=1}^n y_i R_i^A$ がウィルコクソン二標本検定統計量であることと，$\sum_{j=1}^m R_j^D = \frac{m(m+1)}{2}$ であることから，$\widehat{\mathrm{AUC}}$ は以下のように書き直すことができる．

$$\widehat{\mathrm{AUC}} = \frac{W}{m(n-m)} - \frac{m+1}{2(n-m)} \quad (8.26)$$

デフォルト先の推定デフォルト確率が従う分布関数 F と生存先の推定デフォルト確率が従う分布関数 G について帰無仮説 $H_0 : F = G$ の下での W の期待値および分散は，

$$\begin{aligned} E[W] &= \frac{m(n+1)}{2} \\ V[W] &= \frac{m(n-m)(n+1)}{12} \end{aligned} \quad (8.27)$$

であることがわかっており，かつ m と $n-m$ が 7 より大きい場合，W は正規分布で

近似できることから，AUC についての Z 検定を構成することができる．その際の期待値および分散は，

$$E[\text{AUC}] = \frac{1}{2}$$
$$V[\text{AUC}] = \frac{n+1}{12m(n-m)} \tag{8.28}$$

となる．ただし，AUC の検定においては帰無仮説：AUC $= 0.5$ の下での検定のニーズはあまりなく，$0.5 \sim 1$ の間の任意の AUC の水準の帰無仮説の下での検定に拡張する必要がある．この問題は相応に複雑なので本章では省略する．詳細は BIS (2004)，Pencina and D'Agostino (2004) を参照されたい．

8.7.4 AUC の解釈について

本節では AUC 以外のモデル評価のための統計量については紙幅を割かなかったが，AUC もしくはそれから派生する AR 値が内部格付モデルの判別性能を最も適切に表す統計量であることは，いまや実務においてはコンセンサスが得られているといってよいだろう．しかし，AUC の水準低下が起こった場合に原因をどこに求めるかについてはミスリーディングな議論が散見されるので，1 つの例を示して注意喚起しておきたい．

いま，表 8.15 のような 10 段階の格付が付与された 10,000 件のデータ（インサンプルデータ）があり，格付が設計されたときにこのデータをもとに格付ごとの 1 年以内デフォルト確率が推定されていたとする．

表 8.15 インサンプルとアウトサンプルの分布の変化によるモデル精度の劣化

信用ランク	1 年間のデフォルト確率	インサンプルデータ			アウトサンプルデータ		
		データ数	構成比	デフォルト数	データ数	構成比	デフォルト数
1	0.0%	1000	10%	0	5000	5%	0
2	0.5%	1000	10%	5	6000	6%	30
3	1.0%	1000	10%	10	7000	7%	70
4	1.5%	1000	10%	15	8000	8%	120
5	2.0%	1000	10%	20	9000	9%	180
6	2.5%	1000	10%	25	10,000	11%	250
7	3.0%	1000	10%	30	11,000	12%	330
8	3.5%	1000	10%	35	12,000	13%	420
9	4.0%	1000	10%	40	13,000	14%	520
10	4.5%	1000	10%	45	14,000	15%	630
計		10,000	100%	225	95,000	100%	2550
		AUC	0.683		AUC	0.645	

この格付モデルを別のデータ（アウトサンプルデータ）に適用したとする．このデータにおいて格付ごとのデフォルト数は設計どおりのデフォルト確率に従って発生しているが，格付の構成比が変化しているため，AUC は低下している．この AUC の低下は

モデルの劣化を表すものだろうか．

この現象は内部格付モデルを構築したデータと適用するデータの分布の不一致が原因と考えるのが自然だろう．このような現象は実務では意外に多く発生している．以下に典型的なパターンを例示する．

1. 自行にとって実質的に融資営業先となりえないような優良先，無借金先を含む大規模なデータベースで構築したモデルを，自行のローカルなポートフォリオデータに当てはめたとき．
2. ビジネスローンのような逆選択が働きがちなビジネスモデルにおける高リスク層に偏った債務者を評価しようとしたとき．

つまり，AUCを評価するときは，モデルを構築するときのデータにおける本質的な信用力，もしくはその代理変数である業種，企業規模，レバレッジ等の周辺分布についての情報をあわせ考慮，比較しなければ正しい評価ができないということなる．例えば外部からモデルを購入するといった場合において，おのずから限界があるのは事実であるがモデルを提供するベンダーからモデル構築時に使用したデータについての可能な限りの情報の開示を受けるのはモデル評価上きわめて重要であることがわかる．またモデルを構築するときもしかりで，モデル適用が想定されるデータのイメージを具体的に形成し，これに適合したモデル構築用データベースの作成をモデル構築に先立って行わなくてはならない．

8.8 ま と め

これまで述べてきたように信用リスク管理，なかでも内部格付モデル構築をめぐる物理的・技術的環境は業務の黎明期と比べると劇的に向上したため，かつてのプラクティスが陳腐化しているケースは非常に多い．8.1, 8.2節で述べたような内部格付は与信を生業とする企業にとっての最重要インフラであり，持続的な改善を行っていくことは与信業務の効率化に直結する．モデル構築者は絶えざる技術研鑽に励み，つねに最新・最良のプラクティスを求めていくことが必要である．

9 コア預金モデル

銀行などの預金受入金融機関のバランスシートの負債部分に占める流動性預金の割合はかなり大きい．このため，流動性預金の金利リスクを正確に評価することが，資産・負債のバランス運用の観点から銀行経営の重要な課題の1つとなってきている．流動性預金は顧客要求による随時引き出しが可能なため，保守的にはオーバーナイト預金として満期と金利リスクを計量すればよい．しかし，これは流動性預金のある一定額は口座から引き出されずにとどまり続けるという事実とは乖離した評価法である．この一定額とどまり続ける残高（コア預金）の実質的な満期と金利リスク量を適切に評価できれば，リスク量に見合った運用を行える可能性が拓け，より効率的な銀行経営が可能となる．

また，BIS (2004) および金融庁 (2012) の監督指針は銀行勘定の金利リスクが高い金融機関を特定する手段として，アウトライヤー基準を設けている．コア預金のマチュリティラダーの設定の仕方の違いにより，アウトライヤー比率を算出する際の銀行勘定の金利リスク量が大きく変動する．このことからもコア預金の正確な評価が重要な課題となる．

本章では，コア預金残高を評価するためのモデルとコア預金がもつ金利リスクを計量する手法を解説する．コア預金モデルには未だ業界標準モデルが存在しないため，複数のモデルを取り上げて説明し，数値例でモデルの違いも検討する[1]．

9.1 コア預金の定義

預金には預入期間の定めがなく預金者の要求によっていつでも払い出し可能な要求払預金（流動性預金ともいう）と，あらかじめ定められた一定期日払出しができない定期性預金がある．前者には普通預金，決済用普通預金，当座預金，通知預金，貯蓄預金，別段預金，納税準備預金などがある．後者には固定金利定期預金，変動金利定期預金，期日指定定期預金などがある．金融庁 (2012) は主要行等向けの総合的な監督指針のなかでコア預金を次のように定義している．

コア預金： 明確な金利改定間隔がなく，預金者の要求によって随時払い出される預

---

[1] 本章の内容や意見は，筆者個人に属するもので，筆者が所属する個々の組織の公式見解を示すものではない．

金のうち，引き出されることなく長期間金融機関に滞留する預金

コア預金量の評価では，a) **標準的手法**と b) **内部モデル手法**のどちらか一方で，継続的に評価することを求めている．いったん選択した手法は合理的な理由がない限り変更することはできないので，どちらの手法を採用するかは事前の十分な検討が必要である．

a) 標準的手法

i) 過去 5 年の最低残高，ii) 過去 5 年の最大年間流出量を現残高から差し引いた残高，または iii) 現残高の 50% 相当額のうち，最小の額を上限とし，満期は 5 年以内（平均 2.5 年以内）として銀行が独自に定める．

b) 内部モデル手法

銀行の内部管理上，合理的に預金者行動をモデル化し，コア預金額の認定と期日への振り分けを適切に実施している場合は，その定義に従う．

標準的手法を選択した場合，多くの金融機関では iii) が選択されることになるが，マチュリティラダーの構築には任意性が残されている．

9.2 コア預金の金利リスク評価手法

コア預金の金利リスク算出は以下の手順で行われる．
1. コア預金残高の時間推移算出
2. マチュリティラダーの構築
3. 流動性預金金利の市場金利追随率の算出
4. 金利リスク（デュレーション）算出[*2]

9.2.1 コア預金残高の時間推移算出

コア預金モデルを用いてコア預金残高の時系列変化を求める．多くのコア預金モデルでは，まず流動性預金残高分布の時間推移を算出して，各時点における信頼水準 99% で残存する流動性預金残高を，各時点におけるコア預金残高に採用することが行われている．この際，ある時点の 99% 信頼残高が一時点前の残高より増大する場合は，一時点前の残高をそのままコア預金残高とすることも多い．

流動性預金残高の推定では預金者属性の違いを考慮することが重要である．図 9.1 に全国銀行流動性預金残高の時間推移を示すが，残高増加率は明らかに法人，個人，全体（法人＋個人＋その他セクション）で異なる．したがって，流動性預金全体を預金者属性が同じ 1 つのプールとして扱うのではなく，いくつかのプールに分けてそれぞれのコア預金残高を算出する方が精緻な評価が可能になる．プール分割の属性として個人では性別，年齢，年収，預金残高，給与振込有無などが，法人では資本金，売上高，業種，メ

[*2] 金利リスク算出に関しては，構築されたマチュリティラダーを ALM システムに読み込ませて行う方法もある．この方法のメリットは銀行勘定リスクの他の科目との一体管理が可能となることである．

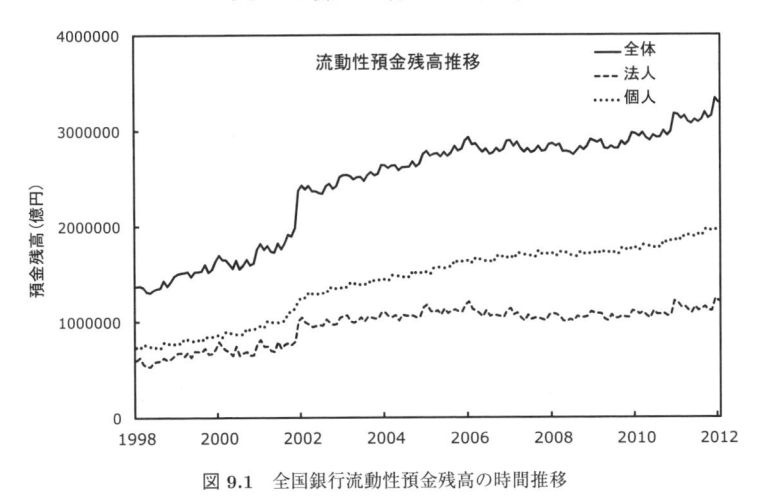

9.2 コア預金の金利リスク評価手法　　115

図 9.1　全国銀行流動性預金残高の時間推移

インバンクか否かなどが考えられる．しかし，あまり細かく分割しすぎると標本数が少なくなり，統計的に有意な残高増加率分布が得られなくなるので，注意が必要である．

以下，本章のコア預金評価においては日本銀行の統計検索サイト*3) から取得可能な，全国銀行の要求払預金残高を総計した個人預金残高と法人預金残高のうち，1998年4月から2012年4月までの月次データを使用する．コア預金モデルによっては定期性預金残高も用いるが，このデータも同サイトより取得した値を使用する．

9.2.2　マチュリティラダーの構築

まず，預金残高に関する Volume at Risk を定義する．

定義 9.1　時点 t における $100\alpha\%$ Volume at Risk（$100\alpha\%$信頼残高）$\text{VaR}_\alpha(t)$ とは，時点 t における預金残高 V_t が $\text{VaR}_\alpha(t)$ を下回る確率が $100(1-\alpha)\%$ である残高水準，すなわち，

$$\text{VaR}_\alpha(t) \equiv \inf\{x \in \mathbb{R} | P\{V_t \leq x\} \geq 1-\alpha\}$$

を満たす残高水準 x として定義される．

コア預金残高の時間推移が得られたら，次に預金残高を評価した時点間における預金流出量を算出してマチュリティラダーを構築する．その際，設定した最長満期のコア預金残高は，すべて最長満期時点で流出するものと設定する．

具体的には，$t_0 = 0, t_1, \cdots, t_N = T$ の各満期時点を設定し，期間 $[t_n, t_{n+1}]$ に流出する預金額はすべて期初時点 t_n で流出するとして，各時点での流出量 X_{t_n} を

---

*3)　日本銀行時系列統計データ検索サイト：http://www.stat-search.boj.or.jp/index.html

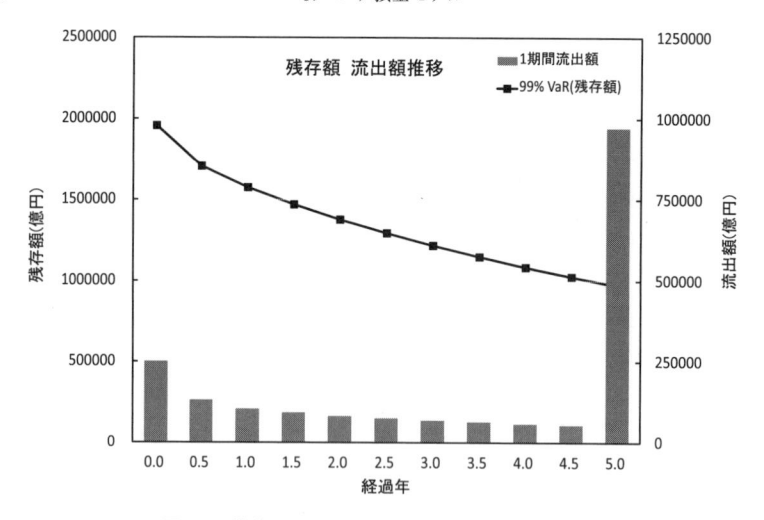

図 9.2 構築されたコア預金マチュリティラダーの例

$$
\begin{aligned}
X_{t_0} &= V_0 - \text{VaR}_\alpha(t_1) \\
X_{t_1} &= \text{VaR}_\alpha(t_1) - \text{VaR}_\alpha(t_2) \\
&\vdots \\
X_{t_N} &= \text{VaR}_\alpha(t_N)
\end{aligned}
\tag{9.1}
$$

に従って算出する．構築されたマチュリティラダーの例を図 9.2 に示す．

9.2.3 市場預金金利追随率の算出

コア預金の金利リスクを算出するためには，市場金利の変化がどの程度の割合で流動性預金金利に反映されるかを表す追随率を計測しておく必要がある．追随率の計測は多くの場合，評価対象預金（普通預金，通知預金，貯蓄預金など）の金利を被説明変数にとり，短期市場金利を説明変数とした回帰分析で行われる．

本章の分析ではコア預金額算出対象に全国銀行の要求払預金残高総計を用いるので，被説明変数には要求払預金残高の大部分を占める普通預金金利を，説明変数には無担保オーバーナイトコール（O/N）金利を，回帰式には以下の線形回帰式を採用する[*4)]．

$$i_t = \alpha + \beta r_t$$

ここで，i_t は時点 t における普通預金金利，r_t は O/N 金利，β は市場預金金利に対する追随率，α は普通預金金利の固定スプレッドを表す．1998 年 1 月〜2012 年 6 月の月平

[*4)] 本来なら市場金利変化に対する時間遅れと付利の最小単位を考慮したモデルを採用するのが望ましい．

9.3 コア預金モデルの分類　　　　　　　　　　　117

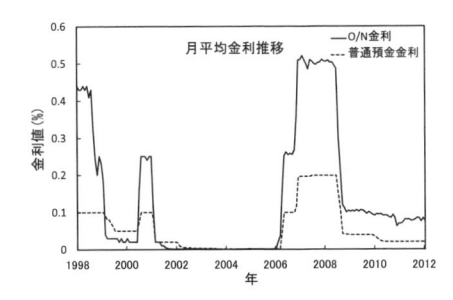

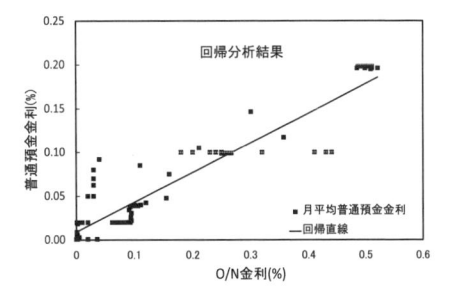

図 9.3　普通預金金利と O/N 金利の推移　　図 9.4　普通預金金利と O/N 金利

均金利データ（図 9.3）から得た回帰結果を図 9.4 に示す．追随率は $\beta = 0.339 \pm 0.0245$ （99%信頼区間）であったが，この値は 2004 年の金利自由化後のデータのみを用いて別途推定した追随率 $\beta = 0.131$ とは大きく異なる．金利リスクの評価の際には適切な値を選択することが重要になる．なお，本章では一貫して前者の値を用いる．

9.2.4　金利リスク（デュレーション）算出

市場金利に完全追随する流動性預金残高の金利リスクはゼロであるので，9.2.2 項で構築したマチュリティラダー (X_{t_n}) の金利エクスポージャ (Y_{t_n}) は

$$Y_{t_0} = X_{t_0} + \sum_{n=1}^{N} \beta X_{t_n}, \quad Y_{t_n} = (1-\beta) X_{t_n}, \quad n = 1, 2, \cdots, N \tag{9.2}$$

で算出できる．時点 t_n での割引率を DF_{t_n} と書くと，平均満期としての意味のコア預金デュレーションは，

$$Dur = \frac{\sum_{n=1}^{N} t_n Y_{t_n} DF_{t_n}}{\sum_{n=0}^{N} Y_{t_n} DF_{t_n}} \tag{9.3}$$

で与えられる．なお，コア預金デュレーションには金利追随率を考慮しない定義や，割引率をすべて 1 とする定義もある．しかし，コア預金部分の市場での運用を考えるなら，ここで示したように金利追随率を考慮した割引現在価値を用いる定義が望ましい．

9.3　コア預金モデルの分類

以下の節ではコア預金の具体的なモデルを紹介するが，その前に各モデルがどのような特徴をもつかを解説する．モデルのタイプを分類するための特性としては，

 a) 流動性預金残高の増減率が定常分布か非定常分布か
 b) 流動性預金残高の増減に金利の影響（預金者行動）を考慮するか否か
 c) 流動性預金と固定性預金の間の資金移動を考慮するか否か
 d) 流動性預金残高の増減において口座数の増減や口座数当たりの残高増減などの具体的要因を考慮するか否か

表 9.1 各コア預金モデルの特徴

	a) 定常／非定常	b) 金利依存性	c) 預金間資金移動	d) 増減要因（除金利）
残高比混合正規分布モデル	定常	無	無	無
残高比レジームスイッチングモデル	非定常	無	無	無
固定性預金残高比変動モデル	非定常	有	有	無
固定性預金残高比自己回帰モデル	非定常	有	有	無
預金流出流入モデル	非定常	有	有	有
預金寿命モデル	非定常	有	無	無

が考えられる．表 9.1 に本章で紹介するモデルとその特性をまとめる．ただし，参考文献で紹介されたモデルそのものではなく，多少の変更を加えている場合もある．

9.4 混合正規分布モデル

本節では，預金残高の増減率が混合正規分布に従うモデルを紹介する．混合正規分布モデルは正規分布の重ね合せとして表現される定常モデルであり，後述する EM アルゴリズムによりモデルパラメータを機械的に推定できる[*5)]．

K 局面混合正規分布モデルは，局面 i が確率（混合率という）π_i で実現し，局面 i で増減率が正規分布 $N(\mu_i, \sigma_i^2)$ に従うとするモデルであり，パラメータ (π_i, μ_i, σ_i)，$i = 1, \cdots, K$ で表現される．ただし混合率は以下の関係式（確率保存則ともいう）

$$\sum_{i=1}^{K} \pi_i = 1 \tag{9.4}$$

を満たす．以下に本モデルによる将来残高の生成手順を示す．

手順 9.1 将来残高生成および VaR 推定手順

1. 現時点を t とし，この時点での残高を D_t とする．
2. 混合率 π_i, $i = 1, 2, \cdots, K$ に従い，どの i 局面にいるかを確率的に決定する（ここでは，第 i_t 局面が確率的に選ばれたとする）[*6)]．
3. $t + \Delta t$ 時点での将来残高を生成する（ε は標準正規分布に従う確率変数．以下同様の意味で記号 ε を用いる）．

$$D_{t+\Delta t} = D_t \exp\left[\left(\mu_{i_t} - \frac{1}{2}\sigma_{i_t}^2\right)\Delta t + \sigma_{i_t}\sqrt{\Delta t}\varepsilon\right]$$

[*5)] このモデルをコア預金に利用する妥当性として「異なる預金者行動の重ね合せの結果，混合正規分布が実現している」という考え方がある．東京三菱銀行資金証券部 (2001) は本モデルを預貸金の分析に利用している．

[*6)] 本モデルでは一時点前の状態に依存せず混合率だけで現時点での局面を確率的に決定する定常モデルであるが，次節で紹介するレジームスイッチングモデルは非定常で，このような特徴はみられない．

4. $t + \Delta t \to t$ として,2. に戻る.これを 5 年(60 ヶ月)もしくは 10 年(120 ヶ月)など,あらかじめ定められた時点に達するまで行う.
5. 1.〜4. を複数回実行し,預金残高のサンプルパスを多数生成する.
6. 多数のサンプルパスから各時点 t における $100\alpha\%$ 信頼残高 $\mathrm{VaR}_\alpha(t)$ を算出する.特に,$\mathrm{VaR}_\alpha(t_i) > \mathrm{VaR}_\alpha(t_{i-1})$ となる場合は $\mathrm{VaR}_\alpha(t_i) = \mathrm{VaR}_\alpha(t_{i-1})$ とする.

混合正規分布のパラメータは EM アルゴリズムにより推定が可能である.特に,混合正規分布ではパラメータの推定式が解析的に与えられるので,初期値さえ与えれば解は一意に定まる.EM アルゴリズムについては 9.A 節で一般的に説明し,ここでは EM アルゴリズムによるパラメータの具体的な推定手順を示す.

手順 9.2 混合正規分布モデルのパラメータ推計手順

1. 過去残高データを $D_1, \cdots, D_{T+1}$ とし,対数比 $x_t = \log(D_{t+1}/D_t)$ の時系列 $\{x_1, x_2, \cdots, x_T\}$ を考える.
2. パラメータの初期セット $\pi_k^{(1)}$, $\mu_k^{(1)}$, $\sigma_k^{(1)}$, $k=1,2,\cdots,K$ を与え,便宜的にこれを 1 巡目とよぶ[*7].
3. $m-1$ 巡目で得られた $\{\pi_k^{(m-1)}, \mu_k^{(m-1)}, \sigma_k^{(m-1)}\}$ をもとに,

$$z_{tk}^{(m-1)} = \frac{\pi_k^{(m-1)} \eta(x_t, \mu_k^{(m-1)}, \sigma_k^{(m-1)})}{\sum_{k=1}^{K} \pi_k^{(m-1)} \eta(x_t, \mu_k^{(m-1)}, \sigma_k^{(m-1)})}, \quad t=1,\cdots,T; \quad k=1,\cdots,K$$

$$\eta(x, \mu, \sigma) = \frac{1}{\sqrt{2\pi}\sigma} e^{-\frac{(x-\mu)^2}{2\sigma^2}}$$

を算出する(**E ステップ**).

4. m 巡目のパラメータ(混合率,ドリフト,ボラティリティ)を

$$\pi_k^{(m)} = \sum_{t=1}^{T} z_{tk}^{(m-1)}, \qquad \mu_k^{(m)} = \frac{\sum_{t=1}^{T} z_{tk}^{(m-1)} x_t}{\sum_{\tau=1}^{T} z_{\tau k}^{(m-1)}},$$

$$\sigma_k^{(m)} = \left(\frac{\sum_{t=1}^{T} z_{tk}^{(m-1)} (x_t - \mu_k^{(m)})^2}{\sum_{\tau=1}^{T} z_{\tau k}^{(m-1)}} \right)^{1/2} \tag{9.5}$$

により更新する(**M ステップ**).

5. 対数尤度関数

$$F = \sum_{t=1}^{T} \sum_{k=1}^{K} z_{tk}^{(m)} \left[\log(\pi_k^{(m)}) - \log \sqrt{2\pi}\sigma_k^{(m)} - \frac{1}{2} \frac{(x_t - \mu_k^{(m)})^2}{(\sigma_k^{(m)})^2} \right]$$

を算出し,その値が最大値に収束するまで 3.〜5. を繰り返す(最尤化判定).

[*7] 初期値の与え方は自明ではない.k-Means クラスタリングアルゴリズムによる推定値はその候補となろう(宮本,2010).

このアルゴリズムだけでは最適な局面数 K を推定していないことに注意されたい．最適な K を探索する場合には，$K = 1, 2, 3 \cdots$ について個々にパラメータ推定を行い，そこから算出される AIC（赤池情報量規準）や BIC（ベイズ情報量規準）などから判断する．この点は次節のレジームスイッチングモデルでも同様である．

9.5 レジームスイッチングモデル

前節で取り上げた混合正規分布モデルは局面の確率分布が定常的で，例えば 2 局面モデルの場合，混合率で指定される確率に従って残高上昇局面と残高減少局面がランダムに現れる．しかし実際には，景気・金利情勢により残高上昇（下降）局面が一定期間続き，その後異なる局面に移行するということが多く，このようなケースを表現できるのがレジームスイッチングモデルである．レジームは景気・金利などの性質の異なる局面を指し，スイッチングはこのレジームが（確率的に）遷移していくことを指す．レジームの遷移確率は非定常的なため，混合正規分布モデルとは振る舞いが異なる．

9.5.1 モデルの概要と将来残高生成手順

ここではレジーム数が R で，レジーム $i(= 1, \cdots, R)$ で残高の増減率が正規分布 $N(\mu_i, \sigma_i^2)$ に従い，レジーム j から i への遷移確率が定常的で

$$p_{ij} = P\{i_{t+\Delta t} = i | i_t = j\}, \qquad i, j = 1, \cdots, R$$

そして初期滞留確率（初期時点においてレジーム i に属する確率）ρ_i により表現される R レジームスイッチングモデルを考える．ただし，

$$\sum_{i=1}^{R} \rho_i = 1, \quad \sum_{i=1}^{R} p_{ij} = 1, \qquad j = 1, \cdots, R \tag{9.6}$$

である．

前節のモデルと同様に，$R = 1$ では増減率が正規分布に従うモデルになる．また，K 局面混合正規分布と R レジームスイッチングモデルでは共通するパラメータが多く，非常に似ている．実際に $K = R$ の場合，レジームスイッチングモデルの遷移確率が $p_{ij} = \pi_i, i, j = 1, \cdots, R$ と表現できれば K 局面混合正規分布モデルとなる．すなわち，レジームスイッチングモデルは混合正規分布モデルを内包している．

本モデルによる将来残高の生成手順は以下である．

手順 9.3 将来残高生成および VaR 推定手順

1. 現時点を t とし，この時点での残高を D_t とする．また一時点前におけるレジームを $i_{t-\Delta t}$ とする．
2. レジーム間の遷移確率 $p_{i, i_{t-\Delta t}}, i = 1, 2, \cdots, R$ に従い，t 時点でどのレジームに遷移するかを確率的に決定する．ここでは，レジーム i_t に遷移したとする．

3. $t+\Delta t$ 時点での将来残高を

$$D_{t+\Delta t} = D_t \exp\left[\left(\mu_{i_t} - \frac{1}{2}\sigma_{i_t}^2\right)\Delta t + \sigma_{i_t}\sqrt{\Delta t}\varepsilon\right]$$

により生成する.

4. $t+\Delta t \to t$ として, 2. に戻る. これを5年 (60ヶ月) もしくは10年 (120ヶ月) など, あらかじめ定められた時点に達するまで行う.

5. これ以降は, 手順 9.1 の 5., 6. と同一.

9.5.2 パラメータ推計 (EM アルゴリズム)

レジームスイッチングモデルも EM アルゴリズムによるパラメータ推定が可能である.

手順 9.4 R レジームスイッチングモデルのパラメータ推計手順

1. 過去残高データを $D_1,\cdots,D_{T+1}$ とし, 対数比 $x_t = \log(D_{t+1}/D_t)$ の時系列 $\mathcal{X}_T = \{x_1, x_2, \cdots, x_T\}$ を考える.

2. パラメータの初期セット $(\mu_i^{(1)}, \sigma_i^{(1)}, \rho_i^{(1)}, p_{ij}^{(1)}, i,j = 1,2,\cdots,R)$ を与え, これを 1 巡目とよぶ[*8)].

3. $m-1$ 巡目で得られた $(\mu_i^{(m-1)}, \sigma_i^{(m-1)}, \rho_i^{(m-1)}, p_{ij}^{(m-1)}, i,j = 1,2,\cdots,R)$ をもとに, 3 種類の条件付滞留確率 predictor : $\xi_{i,t|t-1}^{(m-1)} = P\{i_t = i|\mathcal{X}_{t-1}\}$, filter : $\xi_{i,t|t}^{(m-1)} = P\{i_t = i|\mathcal{X}_t\}$, smoother : $\xi_{i,t|T}^{(m-1)} = P\{i_t = i|\mathcal{X}_T\}$ を更新する (**E** ステップ). まず, predictor $\xi_{i,1|0}^{(m-1)}$ を

$$\xi_{i,1|0}^{(m-1)} = \rho_i^{(m-1)}, \qquad i = 1,2\cdots,R$$

により更新する. 次に, filter $\xi_{i,t|t}^{(m-1)}$, predictor $\xi_{i,t+1|t}^{(m-1)}$ を

$$\xi_{i,t|t}^{(m-1)} = \frac{\eta_{i,t}^{(m-1)}\xi_{i,t|t-1}^{(m-1)}}{\sum_{j=1}^R \eta_{j,t}^{(m-1)}\xi_{j,t|t-1}^{(m-1)}}, \qquad \xi_{i,t+1|t}^{(m-1)} = \sum_{j=1}^R p_{ij}^{(m-1)}\xi_{j,t|t}^{(m-1)}$$

$$\eta_{i,t}^{(m-1)} = \frac{1}{\sqrt{2\pi}\sigma_i^{(m-1)}}\exp\left[-\frac{(x_t - \mu_i^{(m-1)})^2}{2(\sigma_i^{(m-1)})^2}\right]$$

により $t = 1,\cdots,T$ の順に更新する. 最後に, filter, predictor を利用して smoother $\xi_{i,t|T}^{(m-1)}$ を

$$\xi_{i,t|T}^{(m-1)} = \xi_{i,t|t}^{(m-1)}\sum_{j=1}^R \frac{p_{ji}^{(m-1)}\xi_{j,t+1|T}^{(m-1)}}{\xi_{j,t+1|t}^{(m-1)}}$$

により $t = T-1, T-2, \cdots, 1$ の順に更新する.

[*8)] 初期値の与え方は自明ではない. 混合正規分布モデルによる推定値はその候補となろう.

4. m 巡目のパラメータ $(\mu_i^{(m)}, \sigma_i^{(m)}, \rho_i^{(m)}, p_{ij}^{(m)}, i, j = 1, 2, \cdots, R)$ を

$$\mu_i^{(m)} = \frac{\sum_{t=1}^{T} x_t \xi_{i,t|T}^{(m-1)}}{\sum_{\tau=1}^{T} \xi_{i,\tau|T}^{(m-1)}}, \quad \sigma_i^{(m)} = \sqrt{\frac{\sum_{t=1}^{T} \xi_{i,t|T}^{(m-1)} (x_t - \mu_i^{(m)})^2}{\sum_{\tau=1}^{T} \xi_{i,\tau|T}^{(m-1)}}}$$

$$\rho_i^{(m)} = \frac{\xi_{i,1|T}^{(m-1)}}{\sum_{j=1}^{R} \xi_{j,1|T}^{(m-1)}}, \quad p_{ij}^{(m)} = \frac{\sum_{t=2}^{T} \xi_{i,t|T}^{(m-1)} \xi_{j,t-1|t-1}^{(m-1)} / \xi_{i,t-1|t-1}^{(m-1)}}{\sum_{\tau=2}^{T} \xi_{j,\tau-1|T}^{(m-1)}} p_{ij}^{(m-1)}$$

(9.7)

により更新する(**M** ステップ).

5. 対数尤度関数

$$F = \sum_{t=1}^{T} \log \left[\sum_{j=1}^{R} \eta_{j,t}^{(m)} \xi_{j,t|t-1}^{(m)} \right]$$

を算出し,その値が最大値に収束するまで 3.~5. を繰り返す(最尤化判定).

9.5.3 AA-Kijima モデル

ここ十数年間の全国銀行流動性預金残高は安定的または増加傾向で推移することが多く,レジームスイッチイングモデルでパラメータを推計し将来残高を求めたとしても,大きな預金減少を伴う残高プロファイルとならないため,リスク管理上意味のあるコア預金残高算定にならない可能性がある.このような状況を背景に,伊藤・木島 (2007) は過去データに 2 つの局面(残高上昇局面と残高安定局面)のみ想定してパラメータ推定を行い,そこにストレステスト的要素の強い仮定を追加して,残高減少局面を考慮した将来預金残高分布と VaR を解析的に求める方法を示した.さらに彼らは信用事由による預金流出の影響を各銀行の要求払預金残高データから推定して取込む方法も示した.

彼らのモデル(AA-Kijima モデルともいう)による将来残高推定手順を以下に示す.

手順 9.5 将来残高生成および VaR 推定手順

1. 2つのレジームを遷移する場合を考える(2 レジームスイッチングモデル).

$$\text{レジーム 1}: \{\mu_1, \hat{\sigma}, \rho_1\}$$

$$\text{レジーム 2}: \{\mu_2, \hat{\sigma}, \rho_2\}$$

$$\text{遷移確率行列}: p_{ij}, \quad i, j = 1, 2$$

ここで,2つのレジームのボラティリティは共通で $\hat{\sigma}$ とした[*9].(9.6) を考慮すると,推定すべきパラメータは $(\mu_1, \mu_2, \hat{\sigma}, p_{11}, p_{22}, \rho_1)$ の 6 個である.

2. 前述のパラメータを手順 9.4 に従って推定する.ただし,$\mu_1 > \mu_2$ とする.

[*9] 原論文では,AIC(赤池情報量規準)と BIC(ベイズ情報量規準)の双方からレジームに依存したボラティリティよりもレジーム共通なボラティリティの方が優位であるという結論をもとにこのようにおいたが,実務上はデフォルトでレジーム共通なボラティリティが採用されることが多い.

3. 残高減少トレンドをつくり出す金利上昇レジームのドリフトを

$$\hat{\mu} = \mu_2 - (\mu_1 - \mu_2) = 2\mu_2 - \mu_1 \tag{9.8}$$

で与える[*10].

4. 銀行の信用力の著しい低下に伴う預金流出を考慮した，時点 t での預金残高を

$$D_t = D_0 \delta^{N_t} \exp\left[\left(\hat{\mu} - \frac{1}{2}\hat{\sigma}^2\right)t + \hat{\sigma}\sqrt{t}\varepsilon\right] \tag{9.9}$$

で与える．ここで δ は預金流出後の残存率，N_t は t 年目（n を整数として，$n \leq t < n+1$）までに信用リスク要因による預金減少が発生する回数である．

5. (9.9) より，このモデルにおける $\text{VaR}_\alpha(t)$ は

$$1 - \alpha = \sum_{k=0}^{n} P\{N_t = k\}\Phi_k\left\{\log\left(\frac{\text{VaR}_\alpha(t)}{D_0}\right)\right\} \tag{9.10}$$

を数値的に解いて得られる．ここで，$\Phi_k(\cdot)$ は平均 $(\hat{\mu} - \frac{\hat{\sigma}^2}{2})t + k\log\delta$，分散 $\hat{\sigma}^2 t$ の正規分布の分布関数である．信用事由を考えない場合は $n = 0$ なので残高は対数正規分布となり，$\Phi_0(\cdot)$ を使って

$$\text{VaR}_\alpha(t) = D_0 \exp\left\{\Phi_0^{-1}(1-\alpha)\right\}$$

で与えられる[*11]．

(9.8) と (9.9) の意味を簡単に説明する．ここ 10 年程度の流動性預金残高推移データからは金利上昇レジーム（このとき残高減少トレンドになると考えられている）を直接推計することはできない．また仮に金利上昇レジームでのドリフトを推定できたとしても，レジーム間の遷移確率を合理的に推定することは困難である．そこで，ストレステスト的要素の強い 2 つの仮定
- 預金者グループは金利の上下変動に対して対称的な反応を示す．
- 将来のレジームは金利上昇レジーム（残高減少レジーム）にとどまり続ける．

を設定して得られるドリフト $\hat{\mu}$ を残高減少時の値とし，そのトレンド時の残高を与える式が (9.9) である．また，(9.10) は分布関数 $F(\log(\frac{D_t}{D_0}))$ が全確率の公式より

$$F\left(\log\left(\frac{D_t}{D_0}\right)\right) = \sum_{k=0}^{n} P\{N_t = k\}\Phi_k\left\{\log\left(\frac{D_t}{D_0}\right)\right\}$$

で与えられることから導かれる．なお，信用事由による預金減少は高々年 1 回の事象で，

[*10] μ_1 と μ_2 の値によっては残高減少トレンドを生成できるとは限らない．しかし筆者の経験ではそのようなケースはまれであったが，9.11.3 項の分析例はその珍しい例になっている．

[*11] 後述の 9.11 節の数値例では過去残高データに基づくモデルの特性の把握を主眼としたため，信用事由による預金流出を考慮した評価は行っていない．

その年発生率を λ とすると, $P\{N_t = k\}$, $k = 0, \cdots, n$ は以下の式で表される.

$$P\{N_t = 0\} = \{1 - \lambda(t-n)\}(1-\lambda)^n, \qquad P\{N_t = n+1\} = \lambda(t-n)\lambda^n,$$
$$P\{N_t = k\} = \lambda(t-n){}_nC_{k-1}\lambda^{k-1}(1-\lambda)^{n-k+1} + \{1-\lambda(t-n)\}{}_nC_k\lambda^k(1-\lambda)^{n-k}$$

以上のように,ストレステスト的要素の強い仮定の下,2つのレジームのドリフトを組み合わせて残高減少トレンドでのドリフト $\hat{\mu}$ をつくり出す処方および信用事由による預金流出の考慮がこのモデルの特徴である.

9.6 固定性預金残高比変動モデル

一般に,普通預金などの流動性預金がある程度口座に溜まれば,預金者は定期預金などの固定性預金に移してより高い金利で運用を行い,その移動量はそのときの経済環境に依存する.上武・枇々木 (2011) は流動性・固定性預金の残高と市場金利の関係を分析した.本節では彼らのモデルを固定性預金残高比変動(固定性預金比)モデルとよぶ.

時刻 t における固定性預金比 ρ_t を

$$\rho_t = \frac{\text{固定性預金残高}}{\text{流動性預金残高}} \tag{9.11}$$

で定義する.図 9.5 をみると,国内の短期金利は 1%を超えない極低水準であるが,固定性預金比が金利に反応していることがわかる.固定性預金比と時間,金利の関係を表すモデルとして上武・枇々木 (2011) は以下の 4 パターンを提案した.

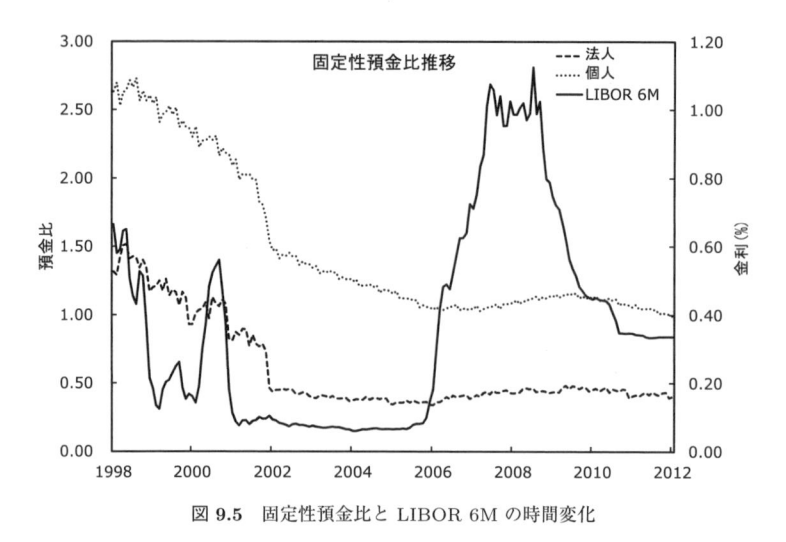

図 9.5 固定性預金比と LIBOR 6M の時間変化

$$\begin{aligned}
\text{モデル 1}: &\ \rho_t = \alpha_1\left(r_t - \alpha_2\right)t + \alpha_3 \\
\text{モデル 2}: &\ \rho_t = \alpha_1\left(r_t - \alpha_2\right)t + \alpha_3 r_t + \alpha_4 \\
\text{モデル 3}: &\ \rho_t = \alpha_1\left(\log r_t - \alpha_2\right)t + \alpha_3 \\
\text{モデル 4}: &\ \rho_t = \alpha_1\left(\log r_t - \alpha_2\right)t + \alpha_3 \log r_t + \alpha_4
\end{aligned} \tag{9.12}$$

ここで r_t は時点 t における金利, α_i, $i = 1, 2, 3, 4$ は定数である. モデル 1 では固定性預金比が金利水準に応じて時間とともに増減し, モデル 2 ではさらに金利水準自体にも依存する. モデル 3 と 4 では, 金融商品選択にあたって「利回りの良さ」が与える影響を示した結果[*12)] を反映している.

上武・枇々木 (2011) は, さらに金利変化と預金残高変化にタイムラグを考えたモデルも検討した. しかし, 例えばモデル 2 は, $\beta_1 = -\frac{\alpha_3}{\alpha_1}$, $\beta_2 = \alpha_4 + \alpha_2 \alpha_3$ とおけば

$$\rho_t = \alpha_1\left(r_t - \alpha_2\right)t + a_3 r_t + \alpha_4 \Longrightarrow \rho_t = \alpha_1\left(r_t - \alpha_2\right)\left(t - \beta_1\right) + \beta_2$$

と変形できるので, モデル 1 にタイムラグを考慮した式になっているとも考えられる. 彼らの結果によるとタイムラグが将来残高に与える影響はきわめて小さいので, 以降の分析ではラグによる影響は考慮しない.

日本国内では銀行預金 A_t の大半は流動性預金と固定性預金であると考えられるので,

$$A_t = 流動性預金残高 + 固定性預金残高 \tag{9.13}$$

と記述する. 残高の変動は個人と法人で異なり (図 9.1), それぞれ季節変動・不規則変動するが, 長期的な変動の傾向には大差がなく, 変化率は正規分布に従うとみなして,

$$dA_t = \mu A_t dt + \sigma A_t dz_t$$

と表現し, 将来の預金残高は

$$A_{t+\Delta t} = A_t \exp\left(\left(\mu - \frac{1}{2}\sigma^2\right)\Delta t + \sigma\sqrt{\Delta t}\varepsilon\right) \tag{9.14}$$

により発生させる. 直近データ日の残高 A_0 をもとに (9.14) を繰り返し用いて A_t を決定すれば, 流動性残高は (9.11) と (9.13) より, 流動性預金残高 $= \frac{A_t}{1+\rho_t}$ が得られ, 定義 9.1 より $\text{VaR}_\alpha(t)$ が得られる.

9.7 固定性預金残高比自己回帰モデル

図 9.5 をみると, 固定性預金比は金利上昇局面では上昇し, 金利下降局面や変化がほ

[*12)] 金融広報中央委員会 (2013) によると, 金融商品選択にあたって「利回りの良さ」を重視する人の割合が, 金利の対数値に比例して上昇する現象がみられる.

とんどない期間では減少する傾向がみられる[*13]．この振る舞いを再現するために，本節では時系列データの分析にしばしば採用される自己回帰モデルに基づくモデルを提案する．

短期金利上昇局面，下降局面，定常局面でそれぞれのモデル式を構築することが考えられるが，金利定常局面においても固定性預金比は減少する傾向にあることがみられるので，金利上昇局面と下降局面の2つの回帰式で固定性預金比の再現を試みる．

a) 金利上昇局面 ($v_{t_i} \geq \tilde{v}$)
$$\rho_{t_i} = \phi^u \rho_{t_{i-1}} + \mu^u + \alpha^u |\Delta r_{t_i}| + \sigma^u \sqrt{\Delta t_i} \varepsilon_{t_i} \tag{9.15}$$

b) 金利下降局面 ($v_{t_i} < \tilde{v}$)
$$\rho_{t_i} = \phi^d \rho_{t_{i-1}} + \mu^d - \alpha^d |\Delta r_{t_i}| + \sigma^d \sqrt{\Delta t_i} \varepsilon_{t_i} \tag{9.16}$$

ただし，ρ_{t_i}, $i = 1, \cdots, n$ は固定性預金比，v_{t_i} は短期金利変化率 ($= \frac{r_{t_i} - r_{t_{i-1}}}{t_i - t_{i-1}} = \frac{\Delta r_i}{\Delta t_i}$)，$r_{t_i}$ は短期金利，ε_{t_i} は標準正規分布に従う確率変数，$\tilde{v}$ は金利上昇局面と下降局面を分ける金利変化率境界で，他の記号はみな定数とする．

このモデルで推定すべきパラメータは ϕ^u, ϕ^d, μ^u, μ^d, α^u, α^d, σ^u, σ^d, $\tilde{v}$ の9個であり（金利モデルについては後述），パラメータ推定には最尤法を用いる．金利上昇局面と下降局面を表すダミー変数 $S_{t_i} (= u \text{ or } d)$ を導入すると，対数尤度関数 ($\log L$) は

$$\log L = \sum_{i=1}^{T} \log f(\rho_{t_i} | S_{t_i})$$

$$f(\rho_t | S_{t_i} = u) = \frac{1}{\sqrt{2\pi \Delta t_i} \sigma^u} \exp\left[-\frac{1}{2} \left\{ \frac{\rho_{t_i} - \phi^u \rho_{t_{i-1}} - \mu^u - \alpha^u |v_{t_i}| \Delta t_i}{\sigma^u \sqrt{\Delta t_i}} \right\}^2 \right]$$

$$f(\rho_t | S_{t_i} = d) = \frac{1}{\sqrt{2\pi \Delta t_i} \sigma^d} \exp\left[-\frac{1}{2} \left\{ \frac{\rho_{t_i} - \phi^d \rho_{t_{i-1}} - \mu^d + \alpha^d |v_{t_i}| \Delta t_i}{\sigma^d \sqrt{\Delta t_i}} \right\}^2 \right]$$

で与えられる．ただし，パラメータ推定に無関係な定数項を省き，かつ，金利変化率境界が決まっていれば S_{t_i} は確定的であることを利用した．

このモデルで VaR を推定するには確率金利モデルが必要である．数値例では現実の金利シミュレーションに向いている有界短期金利モデル（9.11.1項を参照）を使用する．

このモデルのコア預金算出法は固定性預金比算出法が異なるだけで，その他は上武・枇々木 (2011) モデルと同じである．固定性預金残高 $D_{t_i}^F$ を流動性預金残高 $D_{t_i}^L$ で除した値を

$$\rho_{t_i} = \frac{D_{t_i}^F}{D_{t_i}^L}$$

[*13] 上武・枇々木 (2011) は金利水準が上昇したときに固定性預金残高が増加し，流動性預金残高が減少するということは，一概にはいえないと記している．しかし，ここでは固定性預金残高比に関しては金利が上昇（下降）するとき固定性預金残高比も上昇（下降）傾向をもつと考えて以下のモデルを構築する．

全預金残高 A_{t_i} を

$$A_{t_i} = D_{t_i}^L + D_{t_i}^F$$

とすると，将来時点の ρ_{t_i} が推定できれば，流動性預金残高は

$$D_{t_i}^L = \frac{A_{t_i}}{1 + \rho_{t_i}} \tag{9.17}$$

より算出できる．全預金残高はその対数月次比

$$\lambda_{t_i} = \log\left(\frac{A_{t_i}}{A_{t_{i-1}}}\right) \tag{9.18}$$

が

$$d\lambda_t = \mu dt + \sigma dz_t \tag{9.19}$$

の確率過程に従うと仮定し，将来時点の残高を算出する．なお，後述する (9.25) に従う短期金利のブラウン運動 W_t と (9.19) の z_t は独立とする．

全体のモンテカルロシミュレーションの手順は以下のとおりである．

手順 9.6 VaR 推定手順

1. シミュレーション時点を t_{i-1} とし，この時点で $\rho_{t_{i-1}}$, $A_{t_{i-1}}$, $r_{t_{i-1}}$ であったとする．
2. 有界短期金利モデル (9.25) を用いて t_i 時点の短期金利 (r_{t_i}) を生成する[*14]．
3. 2. で生成した r_{t_i} を用いて，どの局面かを判断して t_i 時点の固定性預金残高比 ρ_{t_i} を (9.15) または (9.16) より生成する．
4. (9.18) および (9.19) を用いて t_i 時点の全預金残高を A_{t_i} を生成する．
5. (9.17) を用いて t_i 時点の流動性預金残高 $D_{t_i}^L$ を算出する．
6. 2.～5. までを設定試行回数分繰り返して得られた $D_{t_i}^L$ を小さい順に並べ替え，$100(1-\alpha)$%点を t_i 時点の $\text{VaR}_\alpha(t_i)$ とする[*15]．
7. $t_i \to t_{i-1}$ として手順 2. へ戻る．これをゼロ時点から 5 年（60 ヶ月）もしくは 10 年（120 ヶ月）など，あらかじめ定められた時点に達するまで行う．

この手順で流動性預金残高 VaR_α の時系列値が得られるので，あとは流動性預金の金利感応度などを考慮してコア預金額，デュレーションなどを 9.2 節の方法で算出する．

[*14] 短期金利には (9.15) および (9.16) でパラメータを推定する際に使用したのと同じ期間の金利を生成するのがよい．しかし，有界短期金利モデルで生成された瞬間短期金利 (9.25) をそのまま用いる近似を行ってもコア預金額にそれほど大きな誤差は生じないであろう．

[*15] 設定試行回数があまり大きくなく記憶域に余裕があるなら，シミュレーション満期時点までのすべての $D_{t_i}^L$ を算出保持した後に，各時点の $100(1-\alpha)$%点を決めていくアルゴリズムでもよい．手順 9.1 がそれである．

9.8 預金流出流入モデル

本節では,流動性預金残高の時間変化を具体的な要因に分解して説明する預金者行動モデルを紹介する.

二俣 (2010) は, (1) 預金者区分ごとの口座数変化や 1 口座当たりの金額変化から, 口座数や 1 口座当たりの金額についての異動を推計し, (2) ある期間における預金残高全体の増減を計算するという 2 段階構造のモデルを提案し, (1) 部分を**要因モデル**, (2) 部分を**構造モデル**とよんだ. 要因モデルで将来の異動の値を推計し, その結果を構造モデルで利用して将来の預金残高を推計する. 他のモデルと異なり, 1 口座の預金者行動から預金残高を推定するところが最大の特徴である.

1. 構造モデル式

   V_{t_i}:時点 t_i の預金残高

   N_{t_i}:時点 t_i の口座数

   $\Delta N_{t_i} = \log \frac{N_{t_i}}{N_{t_{i-1}}}$:時点 t_i の口座数変化率

   $C_{t_i} = \frac{V_{t_i}}{N_{t_i}}$:時点 t_i の 1 口座当たりの預金残高

   $\Delta C_{t_i} = \log \frac{C_{t_i}}{C_{t_{i-1}}}$:時点 t_i の 1 口座当たりの金額変化率

   $V_{t_i} = V_{t_{i-1}} \exp\left(\Delta N_{t_i} + \Delta C_{t_i}\right)$:時点 t_i の預金残高

2. 要因モデル式

$$\log \frac{N_{t_i}}{N_{t_{i-1}}} = \mu_N \Delta t_i + \sigma_N \sqrt{\Delta t_i} \varepsilon_{t_i}^N \tag{9.20}$$

$$\log \frac{C_{t_i}}{C_{t_{i-1}}} = \mu_C \Delta t_i + \sigma_C \sqrt{\Delta t_i} \varepsilon_{t_i}^C \quad (簡易型) \tag{9.21}$$

$$\log \frac{C_{t_i}}{C_{t_{i-1}}} = \beta r_{t_i} \Delta t_i + \sigma_C^r \sqrt{\Delta t_i} \varepsilon_{t_i}^C \quad (金利感応型) \tag{9.22}$$

$$\Delta t_i = t_i - t_{i-1} \tag{9.23}$$

$$\rho = \mathrm{Cov}(\varepsilon_{t_i}^N, \varepsilon_{t_i}^C) \tag{9.24}$$

ここで r_{t_i} は短期金利, $\varepsilon_{t_i}^N$ と $\varepsilon_{t_i}^C$ は標準正規分布に従う確率変数で, 短期金利モデルとは独立とする[*16]. 簡易型は 1 口座当たりの預金残高は金利に依存せず, ドリフト μ_C の対数正規過程で増減するモデルである. 一方, 金利感応型は t_i 時点の 1 口座当たりの預金残高変化が金利によって変化するモデルである.

モンテカルロシミュレーションによる流動性預金残高の推定手順は 9.7 節とほぼ同じで, 緒量 (C_{t_i}, N_{t_i}, V_{t_i}) の生成に (9.20)〜(9.24) と $V_{t_i} = N_{t_i} C_{t_i}$ を使う点が違うだけなので, 具体的な手順は省略する.

[*16] 数値例で金利変動に確率微分方程式モデルを使用するため, 原論文のモデルを若干変更した.

9.9 その他のモデル

9.6 節と 9.7 節では固定性預金比の時間変化に着目するモデルを紹介したが，本節では以下の汎用的な形式

$$\mathrm{d}X_t = f(X_t, r_t, t)\,\mathrm{d}t$$

を用いたモデルを紹介する．ここで X_t はモデル化対象とする変数，$f(\cdot,\cdot,\cdot)$ は (X_t, r_t, t) の関数で，r_t は時刻 t における短期金利である．多くの流動性預金モデルでは流動性預金残高を金利でモデル化するが，この先駆けは Jarrow and van Deventer (1998) の **JvD** モデルであろう．彼らは観測時点を $\{0, 1, 2, \cdots, t\}$，つまり $\Delta t = 1$ として，流動性預金残高 D_t の変動を

$$\Delta \log D_t = (\alpha_1 + \alpha_2 t + \alpha_3 r_t)\Delta t + \alpha_4 \Delta r_t$$

と仮定する．この式を離散化すると，D_t は

$$D_t = D_0 \exp\left[\alpha_1 t + \frac{\alpha_2 t(t+1)}{2} + \alpha_3 \sum_{j=0}^{t-1} r_{t-j} + \alpha_4 (r_t - r_0)\right]$$

と表せる．

また，預金額が次第に減少していく過程を生存率で表現した飯沼 (2010) の**預金寿命モデル**も比較的新しいアプローチである．彼はコア預金額変化の構造的背景について考察し，ある月に預金された額は家計に占める固定費等により最初に大きく流出し，その後は緩やかに減少するとした．この流出を預金の寿命と考えて，時刻 t の預金残高 V_t を

$$V_t = \sum_i a_i I_{t-i}^i + \sigma z_t$$

と表現した．ただし，I_s^i は時点 i で入金された預金の時点 $i+s$ における生存率，a_i は過去時点 i における入金額，σz_t はその他の確率的変動要因である．つまり，生存している入金額がコア預金として滞留していると考えるモデルである．このモデルでは将来に生じるさまざまな入金を直接シミュレーションに追加でき，流動性預金以外の定期性預金等にも適用できる利点がある．I_t^i の変化は以下のように一般化される．

$$\frac{\mathrm{d}I_{t-i}^i}{\mathrm{d}t} = g(I_{t-i}^i, r_t)$$

このモデルは関数 g の選択次第でさまざまなパターンを表現できる．例えば徐々に減衰していく入金額を表現するには，g に指数型関数を仮定するのが妥当であろう．河田・河内 (2013) は流動性預金のうち短期間で決済のために出金される部分とそれ以外とでは，その性質・用途の違いにより生存率の分布形状は異なると考え，複数の生存率分布を用いた拡張預金寿命モデルを提案した．

9.10 フォワードテスト/バックテスト

評価モデルおよびモデルに入力したパラメータ値が適切かどうかを判断するためには，フォワードテストとバックテストを行う必要がある．

バックテストでは，一時点前に予測した VaR と現時点の流動性預金残高を比較して VaR が流動性預金残高を超える回数を数え，超過回数が信頼水準 α から期待される回数を超える場合，このモデルは適切でないと判断する．例えば，信頼水準 99%の VaR を算出する場合，VaR 以下の外れ値の出現頻度は 100 回の計測で理想的には 1 回程度，許容範囲を広げても高々数回程度であるが，もし 10 回以上起こるならば明らかにモデルが不適切であると判断する．より正確な判断を下すためには，VaR の分野で用いられる山下 (2000) のバックテストの統計的検証法を参考に判断すべきである．なお，バックテストにおける入力パラメータは各時点ごとの推計値を用いるのが普通である．

フォワードテストでは，預金残高データを前半と後半に分割し，前半のデータを使用してモデルパラメータを決定して，後半期間における各時点の VaR を算出する．モデルが適切かどうかの判断はバックテストと同様である．なお，一時点経過するごとにパラメータを決め直す方法と，最初に決めたパラメータをそのまま使用する方法がある．

コア預金推計は 1 ヶ月もしくは 6 ヶ月ごとの残高データを使用することが多いので，統計的検証を行うのに十分なサンプル数を集めるには長期間を要する．少ないサンプル数でモデルの良否を判断しなければならないところが，コア預金テストの問題点である．

9.11 数 値 例

本節では 9.4～9.8 節で紹介したコア預金モデルに標準的手法を加えて，実際の預金データと市場金利を使用してコア預金額と金利リスク量の実証分析を行う．分析に用いるデータは特に断らない限り全国銀行の要求払預金残高を総計した個人預金残高（1998年 4月～2012年 4月，月次）である．また，金利リスクの算出に用いる金利感応度は 9.2.3 項の推定値 $\beta = 0.339$，割引率は 2012 年 4 月 2 日の LIBOR-SWAP 金利カーブから作成した値を使用する．

9.11.1 確率金利モデル

金利モデルには下限金利 l と上限金利 h の間で金利が変動する Schlögl and Sommer (1994) の有界短期金利モデルを採用する．正値性が保証される Cox–Ingersoll–Ross モデル (Cox et al., 1985) や Black–Karasinski モデル (Black and Karasinski, 1991) は，実際の市場金利では生じたことがない非現実的な大きな金利が生成されるが，このモデルは市場金利データから得られる上限金利以上の金利が生成されることはないので，コア預金推定のようなシミュレーション計算には適したモデルである．

有界短期金利モデルが従う確率微分方程式を

$$d\log\frac{r_t - l}{h - r_t} = \left(\theta(t) - a\log\frac{r_t - l}{h - r_t}\right)dt + \sigma dW_t \qquad (9.25)$$

とする．ここで，r_t は時刻 t における短期金利，$\theta(t)$ は時刻 t の確定的な関数で，W_t は現実確率測度の下での標準ブラウン運動である．コア預金のシミュレーションは現実の金利値を用いて行われるので，リスク中立確率ではなく現実確率測度を採用する．

パラメータの推定は (9.25) を離散化して行う．$\Delta t_i = t_i - t_{i-1}$ とすると，

$$\varepsilon_{t_i} = \frac{1}{\sigma\sqrt{\Delta t_i}}\left[\log\frac{r_{t_i} - l}{h - r_{t_i}} - \log\frac{r_{t_{i-1}} - l}{h - r_{t_{i-1}}} - \left(\hat{\theta}_i - a\log\frac{r_{t_{i-1}} - l}{h - r_{t_{i-1}}}\right)\Delta t_i\right]$$

は平均 0, 分散 1 の正規分布に従うので，$(a, \sigma, \hat{\theta}_i)$ は最尤法により推定可能である．

推定に使用する金利値データは，1M-LIBOR, CD3M, 3M-LIBOR, 6M-LIBOR などが候補としてあげられる．データ期間と時点間隔は固定性預金比と同じにする．l と h には金利値データの分析より得られる合理的な値を設定する．

9.11.2 標準的手法

多くの預金受入金融機関では標準的手法を採用した場合，「現残高の 50%相当額」が上限となり，「満期は 5 年以内（平均 2.5 年以内）」になる．個人の初期流動性預金残高を 1,992,351 億円，最大満期 5 年，平均満期 2.5 年，(9.1) の X_{t_n} を一定値とした月次均等ラダー方式におけるデュレーションを (9.2) と (9.3) より算出したところ，1.61 年であった．標準的手法のデュレーションはラダー構築法が同じならば初期残高に依存しない．

9.11.3 混合正規分布モデルとレジームスイッチングモデル

本項では，正規分布，2 局面混合正規分布，2 レジームスイッチングモデル，および AA-Kijima モデルを用いた実証分析を行う．

はじめに分析上の注意点を述べる．預金残高の時間推移（図 9.1）をみると，残高はほぼ毎月上昇と下降を繰り返している．2 レジームスイッチングモデルのパラメータを 1 ヶ月ベースで推計すると，この現象に対応して，1 ヶ月ごとにほぼ確実に残高上昇・下降レジームが入れ替わるという結果が得られる（推定値は略）．しかしリスク管理の方針によっては，こうした頻繁な残高上昇・下降を取り除いたうえで評価したい場合もある．そこで，以下では 2 ヶ月ごとに平均をとり，その対数比時系列に基づいて推計を行う．

表 9.2, 9.3 に 2 ヶ月ベースでのパラメータ推定値を，表 9.4 には AA-Kijima モデルのパラメータのもととなった推定結果を示す[*17]．まず，2 ヶ月ごとに平均をとったことで，残高上昇・下降の頻繁なレジームスイッチはなくなっている（レジーム遷移確率行列の対角成分が支配的となっていることに注意）．また，正規分布，2 局面混合正規分

[*17] 表 9.2〜9.4 は 2 ヶ月ベースでの推計値であり，年換算ベースの値ではないことに注意．

表 9.2　正規分布・2 局面混合正規分布・AA-Kijima モデルのパラメータ推定値

正規分布

μ	0.012
σ	1.65%
自由度	2
尤度	223.1
AIC	-442.3
BIC	-437.4

2 局面混合正規分布

局面 (i)	1	2
μ_i	0.063	0.009
σ_i	2.89%	1.11%
π_i	4.30%	95.70%
自由度	5	
尤度	241.4	
AIC	-472.8	
BIC	-460.7	

AA-Kijima モデル

$\hat{\mu}$	0.011
$\hat{\sigma}$	1.65%

表 9.3　2 レジームスイッチングモデルのパラメータ推定値

レジーム (i)	1	2
μ_i	0.064	0.009
σ_i	2.66%	1.10%
ρ_i	0.02%	99.98%
自由度	7	
尤度	243.8	
AIC	-473.6	
BIC	-456.7	

レジーム遷移確率行列 (p_{ij})

	遷移後 レジーム 1	遷移後 レジーム 2
遷移前 レジーム 1	71.4%	28.6%
遷移前 レジーム 2	1.3%	98.7%

表 9.4　AA-Kijima モデル向け 2 レジームスイッチングモデルのパラメータ推定値

レジーム (i)	1	2
μ_i	0.0121	0.0117
σ_i	1.65%	
ρ_i	13.1%	86.9%
自由度	6	
尤度	220.1	
AIC	-428.2	
BIC	-413.6	

レジーム遷移確率行列 (p_{ij})

	遷移後 レジーム 1	遷移後 レジーム 2
遷移前 レジーム 1	13.2%	86.8%
遷移前 レジーム 2	13.2%	86.8%

布, 2 レジームスイッチングモデルの順に AIC/BIC が優位となっているので, 2 レジームスイッチングモデルが最も当てはまりが良いことになる. さらに表 9.3 と表 9.4 の比較から, 前者の方が後者よりも AIC/BIC 優位であることがわかる[*18)].

図 9.6, 9.7 には $\mathrm{VaR}_{99\%}$ の時系列変化を示す. ここで, 「標本ドリフト」はドリフトの推定値をそのまま, 「ゼロドリフト」は推定値が正ならばゼロにして, 「反転ドリフト」は推定値が正ならば符号を負にして使用したときの結果である[*19)]. 正規分布モデル,

---

[*18)] 前者と後者とではモデルパラメータの数が異なることから, 尤度によるモデル優劣の単純比較はできず, AIC や BIC で比較しなければならない. なお, 法人預金残高 1 ヶ月ベースの分析では, ボラティリティがレジームごとに異なる場合と共通の場合で AIC/BIC による優位性の違いは顕著でなかった. これは, ボラティリティを共通にとるという AA-Kijima モデルの仮定が許容されることを示唆している (脚注 9 を参照).

[*19)] 実務的な調整方法を反映させた. なお, 図 9.6, 9.7 で正規分布モデル (標本ドリフト) と AA-Kijima

9.11 数値例

99%信頼残高推移（個人）

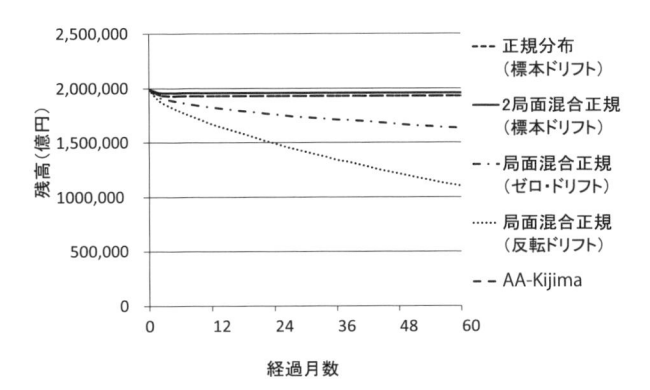

凡例：
- --- 正規分布（標本ドリフト）
- ── 2局面混合正規（標本ドリフト）
- ─・─ 局面混合正規（ゼロ・ドリフト）
- ……… 局面混合正規（反転ドリフト）
- ─ ─ AA-Kijima

図 9.6 個人の流動性預金残高推定値（混合正規分布モデル）

99%信頼残高推移（個人）

凡例：
- --- 正規分布（標本ドリフト）
- ── 2レジームスイッチ（標本ドリフト）
- ─・─ 2レジームスイッチ（ゼロ・ドリフト）
- ……… 2レジームスイッチ（反転ドリフト）
- ─ ─ AA-Kijima

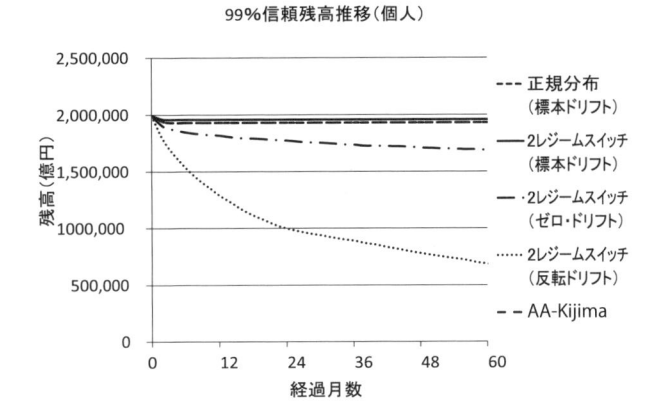

図 9.7 個人の流動性預金残高推定値（レジームスイッチングモデル）

AA-Kijima モデル，混合正規モデル（の支配的局面），レジームスイッチングモデル（の支配的レジーム）のパラメータ推定値が近いため，$\text{VaR}_{99\%}$ の時系列変化も近い値になっている．また，表 9.5 には個人と法人の預金残高のデュレーション予測値をモデル別に示す．なお，図 9.8 と図 9.9 には月次データ分析に基づく法人の $\text{VaR}_{99\%}$ 推定値も示す．

この分析では 2 局面混合正規モデルと正規分布モデルの違いは顕著でなかったが，この結論が一般の分析にも当てはまるとは限らない．筆者の経験ではある程度の相違がみられることが多かったので，データに強く依存すると考えるべきであろう．なお，全銀行合算個人・法人での半年比での分析や信金合算・個人についての分析も行ったところ，

モデルの結果はほぼ重なっていることに注意されたい．

表 9.5　コア預金デュレーション推定値（年）

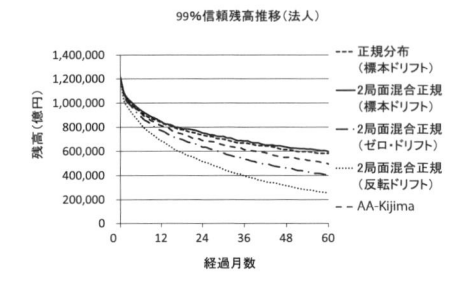

	標本ドリフト	ゼロドリフト	反転ドリフト
個人・1 ヶ月ベース（正規分布）	2.78	–	–
個人・1 ヶ月ベース（2 局面混合正規分布）	2.83	2.04	1.43
個人・1 ヶ月ベース（2 レジームスイッチングモデル）	3.02	2.05	1.38
個人・1 ヶ月ベース（AA-Kijima モデル）	0.62	–	–
個人・2 ヶ月ベース（正規分布）	3.12	–	–
個人・2 ヶ月ベース（2 局面混合正規分布）	3.17	2.78	2.21
個人・2 ヶ月ベース（2 レジームスイッチングモデル）	3.17	2.82	1.51
個人・2 ヶ月ベース（AA-Kijima モデル）	3.12	–	–
法人・1 ヶ月ベース（正規分布）	1.83	–	–
法人・1 ヶ月ベース（2 局面混合正規分布）	1.87	1.50	1.16
法人・1 ヶ月ベース（2 レジームスイッチングモデル）	1.86	1.55	1.22
法人・1 ヶ月ベース（AA-Kijima モデル）	1.69	–	–

図 9.8　法人の流動性預金残高推定値（混合正規）

図 9.9　法人の流動性預金残高推定値（レジームスイッチング）

どの分析においても AA-Kijima モデルは大きな残高減少トレンドを描いた．分析結果から適切なコア預金モデルを選択することはなかなか難しい．しかし，あえて選択するならば，2 レジームスイッチングモデルが無難と思われる．その理由は，2 レジームスイッチングモデルは正規分布や 2 局面混合正規分布を含み，これらのモデルのなかでは自由度が一番高く今後の変化にも対応できる余地があると考えられるからである．

9.11.4　固定性預金残高比変動モデル

ここでは最も単純なモデルのみ考える．ただし，(9.12) では t が大きくなると r_t の変化が ρ_t に及ぼす影響が強すぎること，また，直近日付におけるモデルのフィッティングが良くないとシミュレーション時に大きな残高ギャップが発生することから，モデルを若干変更する．まず，固定性預金比率 $d\rho_t$ は

$$d\rho_t = \alpha_1 (r_t - \alpha_2') dt \tag{9.26}$$

9.11 数値例

に従うと仮定する．(9.26) を積分すると，ρ_t は

$$\rho_t = \rho_0 + \alpha_1 \int_0^t r(s)\mathrm{d}s + \alpha_2 t \tag{9.27}$$

と表現できる．ここで，$\alpha_2 = -\alpha_1 \alpha_2'$ である．最小二乗法で (9.27) のパラメータを推定したところ，$(\alpha_1, \alpha_2) = (90.7, -0.23)$ が得られた（図 9.10）．また，預金 A_t の変化率（年率）のドリフトは $\mu = 2.41\%$，標準偏差は $\sigma = 3.94\%$ と推定された[*20]．

過去残高が強い上昇トレンドをもつため，μ の推定値は正となり，将来残高の VaR に減少トレンドは現れず，預金流出によるリスク計測ができない．そこで，レジームスイッチングモデルで用いたのと同じ手法で，μ をマイナス反転した $\mu = -2.41\%$ を採用した．また，将来の固定性預金比率 (9.27) 中の金利 $r(s)$ に関しては，簡単のため評価日におけるインプライドフォワードレートを用いた．このモデルで全体残高の $\text{VaR}_{99\%}$ からデュレーションを見積もったところ，約 2.21 年となった（図 9.12, 9.13）．

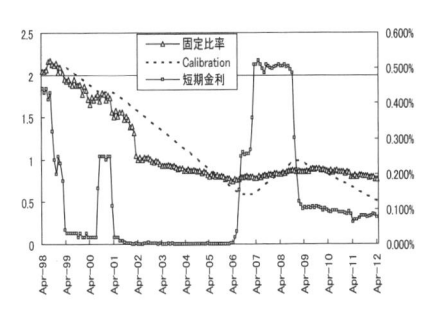

図 9.10 固定性預金比（キャリブレーション）

図 9.11 預金の対数変化 QQ プロット

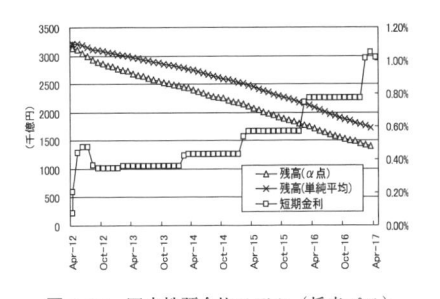

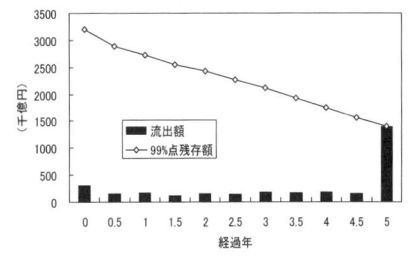

図 9.12 固定性預金比モデル（将来パス）

図 9.13 固定性預金比モデル（ラダー）

[*20] 実際に正規分布に従っているかは QQ プロット（図 9.11）や Shapiro–Wilk などの正規性検定を行えばよい．例えば，1998 年 4 月から 2012 年 4 月までの預金 A_t（法人・個人合計額）の対数変化率の Shapiro–Wilk 検定の p 値は 0.55 になり，正規性を棄却できなかった．

9.11.5 固定性預金残高比自己回帰モデル

表 9.6〜9.8 に個人と法人のコア預金額評価シミュレーションに使用したパラメータ推定値を，図 9.14 に個人の固定性預金比の値とモデル推定値を示す．自己回帰モデルの特徴である 1 期間のラグをもって推定値が実際の預金比をよく追随している．

表 9.6 固定性預金比回帰モデルパラメータ

	ϕ^u	ϕ^d	μ^u	μ^d	α^u	α^d	σ^u	σ^d	v	ρ_0
個人	0.9855	0.9940	0.0048	0.0195	0.2823	0.4837	0.147	0.183	-0.0481	0.990
法人	0.9683	0.9743	0.0075	0.0112	0.2967	0.0051	0.156	0.185	-0.0287	0.403

表 9.7 有界短期金利モデルパラメータ

a	σ	l (%)	h (%)
0.2554	0.3608	0.5	25.0

表 9.8 全預金残高比過程パラメータ

	a_λ	σ_λ	λ_0
個人	0.02848	0.008224	3965399
法人	0.01486	0.004290	1699750

図 9.15 に個人の $\text{VaR}_{99\%}$ の時系列変化を示す．このモデルの特徴として，全預金残高が従う確率過程 (9.19) のドリフト係数をゼロにしたりマイナス反転しなくても，金利効果の影響で時刻とともに VaR が減少していくことがあげられる．ところで，個人と法人の対数預金残高比は Shapiro–Wilk 正規性検定を行うと $p < 0.001$ となり，正規分布に従っていないことが判明する．このような場合は混合正規分布などを採用して残高分布を発生させるようにモデルを拡張すればよい．

表 9.9 に 3 種類の預金残高比過程のドリフトパラメータを用いて算出した個人と法人のコア預金デュレーションを示す．各ドリフト値で算出したデュレーションに表 9.5 のような際立った差がみられないのは，金利感応するモデルになっているからである．

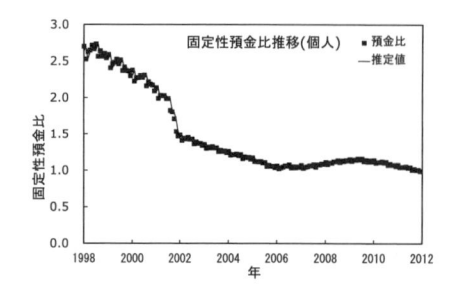

図 9.14 個人固定性預金比推移と推定値の比較

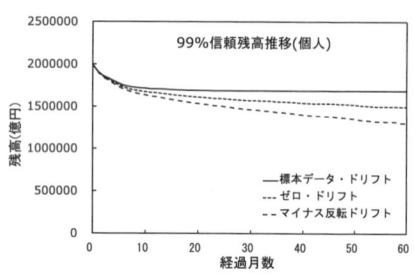

図 9.15 個人の流動性預金残高推定値

表 9.9 コア預金デュレーション推定値（年）

	標本ドリフト	ゼロドリフト	反転ドリフト
個人	2.80	2.62	2.44
法人	2.46	2.37	2.29

9.11.6 預金流出流入モデル

預金残高と口座数の時系列データを同時取得可能なのは日銀が集計している金額階層別預金者別預金データ[*21]なので，このデータを用いてコア預金推計を行う．データ期間は 2000 年 9 月～2012 年 3 月の半年ごとデータである．他モデルと共通にするため，預金者区分は全個人と全法人を用いる（紙数の都合で法人の結果の詳細は略）．

表 9.10 にコア預金額評価シミュレーションに使用したパラメータ推定値を示す．なお，金利モデルパラメータは表 9.7 の値をそのまま用いる．

表 9.10 構造モデル・要因モデルのパラメータ推定値

	μ_N	σ_N	μ_C	σ_C	β	σ_C^r	ρ
個人	-0.003538	0.006616	0.07414	0.05930	0.14631	0.07417	0.01063
法人	-0.013745	0.013347	0.05807	0.10471	0.11460	0.11003	-0.81976

次に図 9.16，9.17 に個人の $\mathrm{VaR}_{99\%}$ の時系列変化を示す．簡易型モデル (9.21) では 1 口座当たりの預金残高確率過程のドリフトが支配的であるため，データから推定されるドリフトをそのまま使用した場合，流動性預金残高の期待値は増加する．しかし，ボラティリティ項による確率的変動があるため，ある時点までは VaR は減少するが，その後増加に転じる．しかし，$\mathrm{VaR}_\alpha(t_i) > \mathrm{VaR}_\alpha(t_{i-1})$ の場合は $\mathrm{VaR}_\alpha(t_i) = \mathrm{VaR}_\alpha(t_{i-1})$ として計算しているので，図のように一定値に収束する．プラスのドリフトをマイナス反転した場合は 5 年後残高は約半額にまで減る．$\mu_C = 0$ にした場合はデータから推定されたドリフトを用いたときとマイナス反転時の中間的な振る舞いとなっている．金利感応型モデル (9.22) の場合，金利依存項の影響が支配的で $\Delta N_{t_i} \ll \Delta C_{t_i}$ となり，残高変化を算出する $V_{t_i} = V_{t_{i-1}} \exp(\Delta N_{t_i} + \Delta C_{t_i})$ は事実上 C_{t_i} の値で決まる．そのため，口座数比のドリフト μ_N を変化させても VaR に違いは現れず，図 9.17 のようにすべてのドリフトの VaR がほとんど同じ値となった．

表 9.11 に預金残高比過程のドリフトパラメータを変化させたときのコア預金デュレー

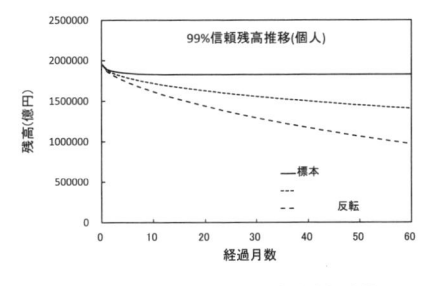

図 9.16 個人の流動性預金残高推定値（簡易モデル）

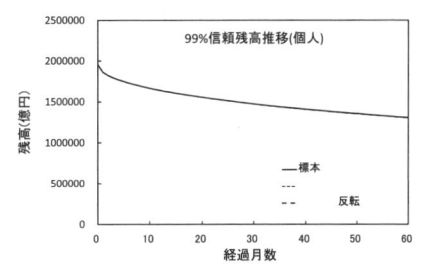

図 9.17 個人の流動性預金残高推定値（金利依存型モデル）

[*21] 日本銀行時系列統計データ検索サイト：http://www.stat-search.boj.or.jp/index.html

表 9.11 コア預金デュレーション推定値 (年)

	標本ドリフト	ゼロドリフト	反転ドリフト
個人 (簡易型)	3.06	2.63	2.21
個人 (金利感応型)	2.51	2.51	2.50
法人 (簡易型)	2.63	2.29	2.00
法人 (金利感応型)	2.25	2.25	2.25

ションを示す．金利依存型の VaR はドリフトをゼロにしたときの簡易型の VaR に近い．これがある程度一般的な傾向であるとすれば，簡易型においてはゼロドリフトを採用するのが 1 つの選択肢かもしれない．

9.12 まとめ

各モデルの Volume at Risk の時間変化をみると，金利依存モデルはドリフト項の選択の影響が非金利依存モデルより比較的小さい．表 9.5, 9.9, 9.11 のデュレーションおよび上武・枇々木 (2011) モデルの全預金残高に対するデュレーション 2.21 年を見比べてみると，個人はほぼ同じ値であるが，法人では明らかにモデルの差がみられる結果となった．法人では金利依存モデルに比べて，金利に依存しない混合正規分布モデルとレジームスイッチングモデルのデュレーションは 0.5 年程度小さい傾向がある．ただし，簡易型預金流入流出モデルは金利非依存だが，金利依存モデルのデュレーションに近かった．また，個人と法人では一般的に法人の方がデュレーションが短いことを考えると，これらは別々に分析すべきであろう．いったん採用したモデルは継続的使用が求められているので，モデルの採用にあたってはいろいろな状況に対応できるモデルを採用することが望ましい．

9.A EM アルゴリズム

観測データ x_t, $t = 1, \cdots, T$ が密度関数 $f(x|\boldsymbol{\theta})$ （$\boldsymbol{\theta}$ はモデルパラメータ）に従って分布する場合を考える．最尤推定法によると，この観測データの分布を最もよく再現するパラメータは，対数尤度

$$\log L(\boldsymbol{x}|\boldsymbol{\theta}) = \sum_{t=1}^{T} \log f(x_t|\boldsymbol{\theta}) \quad (9.28)$$

を最大化する $\boldsymbol{\theta}$ として与えられる．(9.28) の最大化が解析的に実行できる場合はよいが，一般にそれは難しい．その解決手段の 1 つが EM アルゴリズムである．EM アルゴリズムの E は "expectation step"，M は "maximization step" を意味し，この 2 つを繰り返すことでパラメータ推定を行う．以下ではそのアルゴリズムの導出について述べる．

9.A EM アルゴリズム

観測データ x に加えて非観測データ z を導入し，両者を合わせたものを完全データ $\{x, z\}$ とよび，これらに対応する確率変数ベクトルを $\{X, Z\}$ とする．ここでは観測データに基づく対数尤度 (9.28) の最大化の代わりに，完全データに対する対数尤度

$$\log L(x, z|\theta) \tag{9.29}$$

の最大化を考える[22]．対数尤度 (9.29) は非観測データ z を含むため，これを評価するには擬似的に完全データを構築する必要がある．EM アルゴリズムでよくみられるのは，観測データ x と利用可能なモデルパラメータ θ^* を用いて，Z の期待値

$$z^* = E_{\theta^*}[Z|X = x] \tag{9.30}$$

を z の値として使用する方法である．

このようにして得た完全データ $\{x, z^*\}$ をもとに対数尤度 (9.29) の評価と最大化を行い，新たな推計パラメータ $\hat{\theta}$ を得る．さらに，$\hat{\theta}$ を利用して (9.30) を求め，新たな完全データをつくって対数尤度 (9.29) の最大化を行うことで，また新たな推計パラメータ $\tilde{\theta}$ を得る．このように，完全データの作成と対数尤度の最大化を繰り返し行うことで，より対数尤度の高い解 θ が順次得られていく[23]．これらをまとめると以下のようになる．

手順 9.7 EM アルゴリズム

1. パラメータ推定初期値を $\theta^{(1)}$ とし，これを便宜的に 1 巡目とよぶ．
2. $m - 1$ 巡目で得られたパラメータ $\theta^{(m-1)}$ をもとに，

$$z^{(m-1)} = E_{\theta^{(m-1)}}[Z|X = x] \tag{9.31}$$

   を求める．完全データ $\{x, z^{(m-1)}\}$ に対する対数尤度の期待値

$$Q(\theta|\theta^{(m-1)}) := E_{\theta^{(m-1)}}[\log L(X, Z|\theta) \mid X = x] \tag{9.32}$$

   (これを Q 関数とよぶ) を求める (E ステップ)[24]．

3. $Q(\theta|\theta^{(m-1)})$ を最大化する $\theta^{(m)}$ を求める．解析的に計算できる場合には，

$$\frac{\partial}{\partial \theta} Q(\theta|\theta^{(m-1)}) = 0 \tag{9.33}$$

---

[22] EM アルゴリズムの要は，観測データに基づく対数尤度関数 (9.28) よりも完全データに対する対数尤度関数 (9.29) の方が簡潔な表式が得られ，ひいては対数尤度の最大化も取り扱いやすくなることにある．そのためこれ以降の議論では，完全データに対する対数尤度関数 (9.29) が簡潔に書き下せたとして議論を進める．

[23] 完全データに対する最大化が観測データのみの対数尤度 (9.28) の最大化になることは証明できる (小西ら，2008)．

[24] なお M ステップでの計算が解析的に実行できる場合には，実務上 (9.32) の計算をする必要はなく，(9.31) のみを実行すれば十分である．そしてそのようなケースがまさに，混合正規分布モデルやレジームスイッチングモデルでの EM アルゴリズムとなっている．

を満たす $\boldsymbol{\theta}$ を $\boldsymbol{\theta}^{(m)}$ とすればよい（**M ステップ**）．

4. あらかじめ定めた収束条件を満たしていなければ，2. に戻る．収束条件を満たしていれば，$\boldsymbol{\theta}^{(m)}$ を EM アルゴリズムで得た解として計算終了する[*25]．

9.A.1 混合正規分布モデルにおける EM アルゴリズム

a. 非観測データの導入

観測データ x_t, $t=1,2,\cdots,T$ が，K 局面混合正規分布

$$f(x|\boldsymbol{\pi},\boldsymbol{\mu},\boldsymbol{\sigma}) = \sum_{k=1}^{K} \pi_k \eta(x,\mu_k,\sigma_k)$$

を考える[*26]．非観測データ $z_k \in \{0,1\}$, $k=1,2,\cdots,K$ を導入し，それらは観測データが k 局面に属するならば 1，それ以外ならば 0 とする．このとき，ある与えられた完全データ $(x, z_1, \cdots, z_K)$ に対する同時分布は，

$$f(x, z_1, \cdots, z_K | \boldsymbol{\pi},\boldsymbol{\mu},\boldsymbol{\sigma}) = \prod_{k=1}^{K} \pi_k^{z_k} \eta(x,\mu_k,\sigma_k)^{z_k} = \prod_{k=1}^{K} f(x, z_k | \pi_k, \mu_k, \sigma_k)^{z_k}$$

となる．よって，観測データ x_t が与えられたときの z_k の条件付密度関数 z_{tk} は

$$z_{tk} = f(z_k | x_t, \pi_k, \mu_k, \sigma_k) = \frac{f(x_t, z_k | \pi_k, \mu_k, \sigma_k)}{f(x_t | \boldsymbol{\pi},\boldsymbol{\mu},\boldsymbol{\sigma})} = \frac{\pi_k \eta(x_t, \mu_k, \sigma_k)}{\sum_{k=1}^{K} \pi_k \eta(x_t | \mu_k, \sigma_k)} \quad (9.34)$$

となる．また，完全データに基づく対数尤度関数は

$$\begin{aligned} \log L &= \log \prod_{t=1}^{T}\prod_{k=1}^{K} \pi_k^{z_{tk}} \eta(x_t|\mu_k,\sigma_k)^{z_{tk}} \\ &= \sum_{t=1}^{T}\sum_{k=1}^{K} z_{tk}\left[\log(\pi_k) - \log\sqrt{2\pi}\sigma_k - \frac{1}{2}\frac{(x_t-\mu_k)^2}{(\sigma_k)^2}\right] \end{aligned} \quad (9.35)$$

となる．

b. E ステップ

非観測データの条件付確率関数 z_{tk} を (9.31) に沿って更新する．$m-1$ 巡目で得たパラメータを $\boldsymbol{\theta}^{(m-1)} = \{\mu_k^{(m-1)}, \sigma_k^{(m-1)}, \pi_k^{(m-1)}\}$ とすれば，(9.34) から，

$$z_{tk}^{(m-1)} = \frac{\pi_k^{(m-1)} \eta(x_t, \mu_k^{(m-1)}, \sigma_k^{(m-1)})}{\sum_{k=1}^{K} \pi_k^{(m-1)} \eta(x_t, \mu_k^{(m-1)}, \sigma_k^{(m-1)})} \quad (9.36)$$

となる．したがって m 巡目における Q 関数は，(9.35) と (9.36) を (9.32) に適用して，

[*25] 収束条件にはパラメータ，Q 関数，尤度関数，対数尤度関数などの十分な収束を設定することが多い．

[*26] 本節で使用する記号については，9.4 節を参照されたい．

$$Q(\boldsymbol{\theta}^{(m)}|\boldsymbol{\theta}^{(m-1)}) = \sum_{t=1}^{T}\sum_{k=1}^{K} z_{tk}^{(m-1)} \left[\log(\pi_k^{(m)}) - \log\sqrt{2\pi}\sigma_k^{(m)} - \frac{1}{2}\frac{(x_t - \mu_k^{(m)})^2}{(\sigma_k^{(m)})^2}\right]$$
(9.37)

となる.これでEステップでの計算は終了である[*27].

c. Mステップ

(9.33) を (9.37) に適用し,(9.4) を考慮しながらドリフト $\mu_k^{(m)}$,ボラティリティ $\sigma_k^{(m)}$,混合率 $\pi_k^{(m)}$ について解くと,Mステップにおける更新式 (9.5) が得られる.

9.A.2 レジームスイッチングモデルにおけるEMアルゴリズム

次に,レジームスイッチングモデルの各ステップで使う式を求める (Hamilton, 1994; 石島, 2005)[*28].

a. 非観測データの導入

時系列観測データ $x_t, t = 1, \cdots, T$ が,レジーム数 R,レジーム i で正規分布 $N(\mu_i, \sigma_i^2)$ に従い,初期滞留確率を ρ_i,レジーム j から i への定常的な遷移確率を

$$p_{ij} = P\{i_{t+\Delta t} = i | i_t = j\}, \quad i, j = 1, \cdots, R$$

とする R レジームスイッチングモデルを考える.「非観測データの確率関数」として,3種類の滞留確率を導入する.

$$\text{predictor}: \xi_{i,t|t-1} = P\{i_t = i|\mathcal{X}_{t-1}, \boldsymbol{\theta}\} \tag{9.38}$$

$$\text{filter}: \xi_{i,t|t} = P\{i_t = i|\mathcal{X}_t, \boldsymbol{\theta}\} \tag{9.39}$$

$$\text{smoother}: \xi_{i,t|T} = P\{i_t = i|\mathcal{X}_T, \boldsymbol{\theta}\} \tag{9.40}$$

ここで $\boldsymbol{\theta}$ はモデルパラメータ,$\mathcal{X}_t = \{x_1, \cdots, x_t\}$ は時刻 t までの観測データである[*29].

b. Eステップ

Eステップでは,まず非観測データの条件付確率関数である predictor, filter, smoother を更新する.$m-1$ 巡目の結果が $\boldsymbol{\theta}^{(m-1)} = \{\mu_i^{(m-1)}, \sigma_i^{(m-1)}, \rho_i^{(m-1)}, p_{ij}^{(m-1)}\}$,$i, j = 1, \cdots, R$ で与えられたとする.predictor $\xi_{i,1|0}^{(m-1)}$ に関しては,

---

[*27] Mステップの計算が解析的に実行できるため,(9.37) の計算は不要で,(9.36) を得れば十分である.

[*28] レジームスイッチングモデルでは観測データのみに対する尤度関数を解析的に書き下すことは難しく,完全データに対する尤度関数の最大化が観測データのみに対する尤度関数の最大化になることを確認できない.この点に関して Hamilton (2005) は「極大値が複数現れる尤度関数でもある程度安定的に推定可能で収束速度が速い手法なので採用した」と述べている.筆者らもEMアルゴリズムの結果が大域的探索になっているか確率的アニーリング手法で数例を検証を行ったところ,よく一致していた.

[*29] predictor, filter, smoother はいずれも時点 t において局面 i に滞留する条件付確率を表しているが,条件とする観測データが異なる.

$$\xi_{i,1|0}^{(m-1)} = \rho_i^{(m-1)}, \qquad i = 1, 2 \cdots, R$$

により更新する．predictor $\xi_{i,t+1|t}^{(m-1)}$ と filter $\xi_{i,t|t}^{(m-1)}$ に関しては，(9.38) と (9.39) を

$$\xi_{i,t+1|t}^{(m-1)} = \sum_{j=1}^{R} P\{i_{t+1} = i | i_t = j, \boldsymbol{\theta}^{(m-1)}\} P\{i_t = j | \mathcal{X}_t, \boldsymbol{\theta}^{(m-1)}\}$$

$$= \sum_{j=1}^{R} p_{ij}^{(m-1)} \xi_{j,t|t}^{(m-1)}$$

$$\xi_{i,t|t}^{(m-1)} = \frac{f(x_t | i_t = i; \boldsymbol{\theta}^{(m-1)}) P\{i_t = i | \mathcal{X}_{t-1}, \boldsymbol{\theta}^{(m-1)}\}}{\sum_{j=1}^{R} f(x_t | i_t = j, \boldsymbol{\theta}^{(m-1)}) P\{i_t = j | \mathcal{X}_{t-1}, \boldsymbol{\theta}^{(m-1)})\}}$$

$$= \frac{\eta_{i,t}^{(m-1)} \xi_{i,t|t-1}^{(m-1)}}{\sum_{j=1}^{R} \eta_{j,t}^{(m-1)} \xi_{i,t|t-1}^{(m-1)}}$$

と変形して，$t = 1, \cdots, T$ の順に更新する．smoother $\xi_{i,t|T}^{(m-1)}$ は，(9.40) から

$$\xi_{i,t|T}^{(m-1)} = P\{i_t = i | \mathcal{X}_T, \boldsymbol{\theta}^{(m-1)}\} = \sum_{j=1}^{R} P\{i_t = i, i_{t+1} = j | \mathcal{X}_T, \boldsymbol{\theta}^{(m-1)}\}$$

$$= \sum_{j=1}^{R} P\{i_t = i | i_{t+1} = j, \mathcal{X}_T, \boldsymbol{\theta}^{(m-1)}\} P\{i_{t+1} = j | \mathcal{X}_T, \boldsymbol{\theta}^{(m-1)}\}$$

$$= \cdots (中略) \cdots = \xi_{i,t|t}^{(m-1)} \sum_{j=1}^{R} \frac{p_{ji}^{(m-1)} \xi_{j,t+1|T}^{(m-1)}}{\xi_{j,t+1|t}^{(m-1)}}$$

と変形し，$t = T-1, T-2, \cdots, 1$ の順に更新する．

次に Q 関数を求める．完全データに対する対数尤度関数は，

$$\log L(\boldsymbol{\theta}, \mathcal{X}_T) = \log \prod_{t=1}^{T} f(x_t | \mathcal{X}_{t-1}, \boldsymbol{\theta})$$

$$= \sum_{i=1}^{R} I_1(i) \log P\{i_1 = i | \mathcal{X}_0, \boldsymbol{\theta}\} + \sum_{i=1}^{R} I_1(i) \log f(x_1 | i_1 = i, \boldsymbol{\theta})$$

$$+ \sum_{t=2}^{T} \sum_{i=1}^{R} \sum_{j=1}^{R} I_t(i) I_{t-1}(j) \log P\{i_t = i | i_{t-1} = j, \boldsymbol{\theta}\}$$

$$+ \sum_{t=2}^{T} \sum_{i=1}^{R} I_t(i) \log f(x_t | i_t = i, \boldsymbol{\theta}) \tag{9.41}$$

で与えられる．ここで $I_t(i) = 1_{\{i_t = i\}}$ である．したがって (9.32) と (9.41) より，

$$Q(\boldsymbol{\theta}^{(m)} | \boldsymbol{\theta}^{(m-1)}) = E_{\boldsymbol{\theta}^{(m-1)}} \left[\log L(\boldsymbol{\theta}^{(m)}, \mathcal{X}_T) \right]$$

$$
\begin{aligned}
= & \sum_{t=1}^{T}\sum_{i=1}^{R}\xi_{i,t|T}^{(m-1)}\left[-\frac{(x_t-\mu_i^{(m)})^2}{2\sigma_i^{(m)2}}-\log\sigma_i^{(m)}\right]+\sum_{i=1}^{R}\xi_{i,1|T}^{(m-1)}\log\rho_i^{(m)}\\
& +\sum_{t=2}^{T}\sum_{i=1}^{R}\sum_{j=1}^{R}\frac{\xi_{i,t|T}^{(m-1)}p_{ij}^{(m-1)}\xi_{j,t-1|t-1}^{(m-1)}}{\xi_{i,t|t-1}^{(m-1)}}\log p_{ij}^{(m)}+\text{定数} \quad (9.42)
\end{aligned}
$$

が得られる.

c. M ステップ

Q 関数が (9.42) で与えられるとき, (9.6) に注意すると (9.33) は解析的に解けて, $\boldsymbol{\theta}^{(m)}=\{\mu_i^{(m)},\sigma_i^{(m)},\rho_i^{(m)},p_{ij}^{(m)}\}$, $i,j=1,\cdots,R$ は (9.7) で与えられる.

10 住宅ローンのリスク分析および収益計算の高度化

　本章では住宅ローン債権のリスク分析を行う際柱となるデフォルトリスクおよびプリペイメントリスクの定量化とその注意点を述べる．次に，これらリスクサイドに加えてリターンサイドを考慮に入れた収益計算を通じ，住宅ローンポートフォリオの将来像についての考察を行う．

10.1　はじめに

　本章を記述するにあたって中心となった課題設定は以下である．
- 住宅ローンを事業として経営する金融機関にとって考慮されるべき特有のリスク特性とは何なのか？
- それらリスク特性を適切に管理するためには，どのような方法論が適切なのか？
- 最終的な分析の結果を通じてどのような恩恵が金融機関にもたらされるのか？

　住宅ローンには法人向け融資とは異なる特有のリスクが存在するため，分析の際には法人向け融資で培ってきた概念や方法論に加えて新たな考え方と方法論が必要となる．その一方で，多くの金融機関の現場ではそうした住宅ローン特有のリスクに対する適切な取組みが未だに本格的になされていないこともまた事実であろう．

　では，住宅ローンを事業として経営する金融機関にとって考慮されるべき特有のリスク特性とは何であろうか．一言でいえば，それはデフォルトリスクにしてもプリペイメントリスクにしても
- リスクの水準が時間の経過とともに変化する

という点である．表面上は変化がない既存債権のポートフォリオであっても，時間経過に応じて来年以降のパフォーマンスが昨年までの水準から変化していく点などが良い例である．また将来のポートフォリオのパフォーマンスは，こうした既存債権と足下で新規に実行される債権が合成されたものであることを考えると，既存債権と新規実行債権では実行時からの経過期間の違いがあるために，同じ審査基準の下で実行された同質の債権であっても新旧でまったく異なるリスク水準をもつことを前提としなければならない．つまり新規実行債権の「量」が，将来のポートフォリオの「質」に対して大きな影響を及ぼすことになるなど，時間変化に対するリスク特性を適切に管理するための技術

的な枠組みの理解が重要となってくるのである.

本章ではそうした問題意識を踏まえ,過去複数の金融機関の現場で交わされたたくさんの議論のなかから普遍的に実務に応用できる側面を可能な限り織り込みながら解説を試みる.

10.2 デフォルトリスクの定量化

デフォルトリスクを定量化するにあたっての計測方法,デフォルトイベントを定義する際の注意点,ハザードモデルの適用,およびモデル化の際の説明変数の例について解説する.

10.2.1 デフォルトリスクの計測方法

過去におけるデフォルトの発生状況を集計する指標として,実績デフォルト確率を以下のように定義する.

定義 10.1(ポートフォリオに対する実績デフォルト確率) ある債権ポートフォリオの観測期間 k における実績デフォルト確率 D_k^A を

$$D_k^A = \frac{A_k + a_k}{N_k + a_k}$$

で定義する.ただし,N_k は観測期間 k の期初における正常債権の件数,A_k は観測期間 k の期初において正常であった債権のうち,観測期間 k の期中に発生したデフォルト債権の件数で,a_k は観測期間 k の期中に実行され,かつ同期中にデフォルトが発生した債権の件数である.

観測期間としては任意の期間を考えることが可能であるが,実務では事業計画の策定や開示資料上の要請から決算年度単位が用いられる.つまり3月決算の金融機関であれば観測期間の期初とは各年度の4月1日現在のことであり,期中とは4月1日から翌年の3月31日までとなる.

a_k を考慮するのは便宜上の理由による.観測期間が一定の長期にわたる場合[*1],期初の正常債権数とそのなかから発生するデフォルト数の集計では観測されるすべてのデフォルトを網羅することができない.実務では特定の決算年度内におけるデフォルト発生件数という数字が意識されることが多いため,集計上の整合性をもたせるための措置が必要となる.同様に分母についても変則的であるが期初の件数を強く意識した簡便法と捉えてよいだろう[*2].

また実績デフォルト確率を集計する際に件数ベースではなく金額ベースで認識する方法も考えられよう.しかしながらデフォルト確率推定モデルなどを用いて将来推定を行

[*1] 決算年度単位であれば通常は1年間となる.
[*2] a_k が N_k に比べて非常に小さい(通常1%以下)ことにも留意.

う際には，ある特定の属性[*3)]を前提とした債権に対して推定デフォルト確率を与えることになるため，債権単位つまり件数ベースで実績を集計しておく方が実績と推定の比較などの際に都合が良い．

ここでデフォルト確率推定モデルを所与とし個別債権に対しての推定デフォルト確率が出力されると仮定し，先述の実績デフォルト確率を集計したポートフォリオに対して推定デフォルト確率の集計を考える．その場合の推定デフォルト確率は個別債権の推定値の平均として以下のように与える．

定義 10.2（ポートフォリオに対する推定デフォルト確率 (1)）　ある債権ポートフォリオの観測期間 k における推定デフォルト確率 D_k^E を

$$D_k^E = \frac{1}{N_k} \sum_{i=1}^{N_k} d_{ik}$$

で定義する．ただし，N_k は観測期間 k の期初における正常債権の件数で，d_{ik} はデフォルト確率推定モデルから出力される観測期間 k における i 番目の債権の推定デフォルト確率である．

定義 10.2 においてデフォルト確率推定モデルを所与として個別債権に対する推定デフォルト確率を前提にしたが，実際のモデル化にあたっては d_{ik} の水準を個別の債権の属性だけではなく観測期間 k に依存させていることに注目する．住宅ローンは実行から完済まで最長 35 年の長さがあるのに対して観測期間は 1 年と相対的に短い．したがって，観測期間 k を与えることはすなわち実行からの経過年数を与えることになる．そこで観測期間 k における経過期間 t_k を意識したポートフォリオに対する推定デフォルト確率の式を以下のように書き換える．

定義 10.3（ポートフォリオに対する推定デフォルト確率 (2)）　ある債権ポートフォリオの観測期間 k における推定デフォルト確率 D_k^E を

$$D_k^E = \frac{1}{N_k} \sum_{i=1}^{N_k} d_i(t_k)$$

で定義する．ただし，N_k は観測期間 k の期初における正常債権の件数で，$d_i(t_k)$ は債権 i の t_k における推定デフォルト確率である．

このように住宅ローンの分析においてはモデルによる推定デフォルト確率を考える際，債権属性を説明変数とすることに加えて経過時間による影響も考慮に入れる必要がある．経過時間の影響について直観的に説明すると，信用力の高い債務者も低い債務者も実行した直後にはデフォルトの発生率は低い．これは入り口において債務者属性と借入条件に基づく適正な審査が実行されているためである．一方で実行から 5 年，10 年と経過す

[*3)] 例えば勤め先や借入金額などがそれにあたる．詳細については 10.2.5 項を参照．

るに従って当初は想定していなかった不確定要素が発生することになり，その結果としてデフォルトの発生率も高くなってくる．またこうした経過時間の影響は，大小の差こそあれ信用力の高低によらず一律に及ぼされると考えられる．

経過時間の影響は，与えられた観測期間における推定値を算出する際に重要な役割を果たす．実際の住宅ローンのポートフォリオにおいて推定デフォルト確率を算出する際，対象となるポートフォリオの観測期間（一般的には特定の年度内）には，10年前に実行して11年目となる債権もあれば，実行したばかりの1年目の債権も存在するなど，さまざまな経過期間を経た債権が混在している．したがって同じ属性の債権に対しても，対象となっている推定期間が1年目なのか11年目なのかといった経過期間の違いによって推定されるべきデフォルト確率が変化しなければならない．

そこで，こうした経過年によるデフォルト確率の変化を計測するために，ポートフォリオに対する限界デフォルト確率を以下のように考える．

定義 10.4（ポートフォリオに対する限界デフォルト確率[*4)]) ある債権ポートフォリオの経過 t 年目における推定デフォルト確率 D_t^M を

$$D_t^M = \frac{A_t}{N_t}, \qquad t = 1, 2, 3, \cdots$$

で定義する．ただし，N_t は経過 t 年目（実行時点を $t=1$ とする）の開始時点における正常債権の数で，A_t は経過 t 年目におけるデフォルト債権の数である．

10.2.2 限界デフォルト確率とその期間構造

以下，住宅ローンポートフォリオにおける限界デフォルト確率の実例とポートフォリオへの適用について述べる．

例 10.1（住宅金融支援機構の限界デフォルト確率） 図 10.1 は，住宅金融支援機構の公

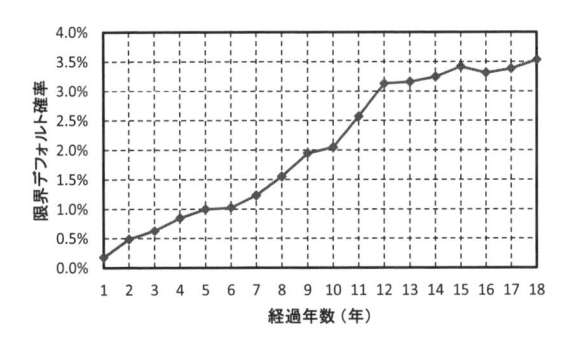

図 10.1 限界デフォルト確率の期間構造の例

[*4)] 連続時間モデルにおけるハザード率を離散時間モデルでは条件付確率としてハザード確率として表現するが，ここでの限界デフォルト確率はそのハザード確率と同じものである．

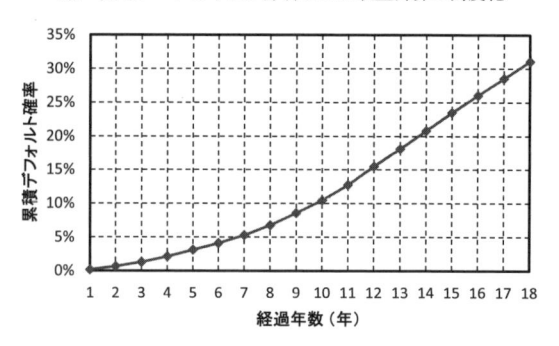

図 10.2 累積デフォルト確率の例

表データから経過年数に応じた限界デフォルト確率を集計したものである．集計に際してのデフォルトの定義は4ヶ月延滞および延滞以外の原因で元本が差し替えられた割合としている．公表データの形式の制限により債権数単位での集計が不可能であるため，ここでは金額ベースでのデフォルト確率となっている．図 10.2 は比較のために同じデータで累積デフォルト確率を集計したものである．

限界デフォルト確率は一見して右肩上がりの強い期間構造をもっていることがわかる．これは時間の経過とともにリスク水準が上昇していくことを示しており，具体的に図からは5年目で約1%，10年目で約2%と2倍になり，15年目で3.5%と3倍以上になっていることがわかる．定義 10.3 から5年目の1%とは，実行時点から4年間は正常であった債権のなかで5年目の1年間でデフォルトが発生する1年間のデフォルト確率であり，実行時点から5年間の累積デフォルト確率ではない点には注意が必要である（図 10.2 より5年間の累積デフォルト確率は約3%である）．

例 10.2（ポートフォリオへの適用）　このような期間構造を認識することが重要である理由は，例えば来年度のデフォルトリスクを推定しようとした場合，同じポートフォリオであっても推定対象となる来年度が何年目に相当するのかによって適用されるべきリスクの水準が異なるからである．

先述のとおり，計測対象となる実際のポートフォリオにはさまざまな経過年数が混在している．表 10.1 はその構造を簡潔に表したものである[*5]．A～E の各グループはそれぞれ実行時期の違うグループを表現している．A グループは4年前に実行したグループであり，今年度は実行から5年目となるため，今年度のデフォルトリスクとしては5年目の限界デフォルト確率の1%と考える．なぜならグループ A の今年度のデフォルト確率は，4年間は正常であった債権のなかから今年度の1年間でどの程度発生するかを表す指標であるからである．すでにデフォルトしている債権や，繰上返済されて残高がなくなっている債権が集計の対象外になっているという点にも留意が必要であろう．

[*5] 限界デフォルト確率の期間構造の数字は先ほどの住宅金融支援機構と同じものを用いている．

10.2 デフォルトリスクの定量化

表 10.1 限界デフォルト確率と年度別デフォルト確率の関係

	1年目	2年目	3年目	4年目	5年目	6年目	7年目	8年目
限界デフォルト確率 (%)	0.18	0.49	0.63	0.85	1.00	1.03	1.23	1.55

	4年前	3年前	2年前	1年前	今年度	1年後	2年後	3年後
A グループ (%)	0.18	0.49	0.63	0.85	1.00	1.03	1.23	1.55
B グループ (%)		0.18	0.49	0.63	0.85	1.00	1.03	1.23
C グループ (%)			0.18	0.49	0.63	0.85	1.00	1.03
D グループ (%)				0.18	0.49	0.63	0.85	1.00
E グループ (%)					0.18	0.49	0.63	0.85
平均値 (%)	0.18	0.33	0.43	0.54	0.63	0.80	0.95	1.13

このように同質のポートフォリオであっても，時間経過に従ってリスクの水準が大きく異なる場合には，その構成比によって将来の推定値が大きく異なるためにデフォルト確率の集計や推定にあたっては，限界デフォルト確率の期間構造に基づいた実行年月と経過時間を考慮した計算が不可欠となる．

10.2.3 デフォルトイベントの定義

前節まではデフォルトイベントを所与として議論を進めてきたが，実際の信用力の分析にあたっては，まず「何をもってデフォルトと判定するか」というデフォルト事象の定義について，改めてさまざまな角度から検討を行うことが重要なステップとなる．住宅ローンのデフォルトイベントといえば代表的なものに保証会社による代位弁済[*6]があげられるが，後述のとおり日本における昨今の情勢からもう少しデフォルトの定義を広く捉えた方がよい局面が多くなってきている．また保証会社を用いない，いわゆるプロパー融資が存在する場合には，そもそも代位弁済が存在しないため保証付ローンと同じ土俵でイベント設定が行えるような工夫も必要であろう．

そこでまず，デフォルトの定義をする前の具体的な作業として，デフォルトに限らず債権の返済中に発生するすべてのイベントについて，以下の4つに分類することから始める．

1. 約定返済
2. 信用力イベント（延滞，代位弁済など）
3. 返済余力イベント（借換，繰上返済など）
4. その他のイベント（団信保険[*7]による弁済など）

この分類のメリットは比較的記録が完備されている 1., 2. および 4. のイベント情報を用いることで，比較的記録が不足しがちな 3. のイベントを消去法で特定できることである．また，先述したデフォルト定義とは，すなわち 2. の信用力イベントということに

[*6] ここでは債務不履行に陥った債務者に代わって保証会社が債権者へ弁済を行うことを指す．

[*7] 団体信用生命保険のこと．債務者が返済期間中に死亡もしくは高度障害などの返済の継続が困難になる特定の事項に該当した場合に保険会社が代わりにローンの残高を支払う保険．

なる．

さらに信用力イベントをより具体的に細分した場合，一般的に以下のような分類が考えられる．

1. 代位弁済
2. 6ヶ月延滞（3ヶ月延滞）
3. 条件緩和
4. 債務者区分における破綻懸念先（もしくは要管理先）[*8]への遷移
5. その他債務者に発生するネガティブ情報

個別の金融機関の状況をよく勘案したうえで上記のイベントのなかでどれを，もしくはどの組合せをもってデフォルトとするかについて決めていく．個別の状況とは例えば，6ヶ月の延滞が発生した場合に，原則として代位弁済を機械的に実施する方針をとっているケースもあれば，そうした明確な基準がないケースもあろう．したがって，これと思ういくつかの定義を平行して集計し，経過年数や観測年度ごとの推移（例えば上昇傾向か下降傾向か）などを比較しながら，現場の実感とのすり合せを行う作業が非常に有効となる．

また，3ヶ月延滞や債務者区分の遷移など，かならずしも期限の利益を喪失しておらず，返済途中でデフォルトイベントを定義した場合などは，それ以降の返済履歴をどのように扱うのか，その後の正常復帰を認めるか否か，など細かな面への対応も同時に検討しておく必要がある．

一方で，金融円滑化法が本来のデフォルト発生に与えた影響についても一般的な観点から考えておくべきであろう．金融円滑化法の施行に伴って，多くの金融機関では返済が困難になりつつある，もしくは負担を大きく感じている債務者に対して，返済条件の緩和（条件緩和）を提示する機会を大幅に増やしてきた．その結果として2010年度以降[*9]に代位弁済の発生件数の大幅な減少が観察されている．つまりデフォルト定義において上記1.の代位弁済のみを想定したとすると，2009年度以前から2010年度にかけてデフォルト確率が大きく低下することになる．しかし，この結果を解釈する際に果たしてこのデフォルト確率の減少傾向からポートフォリオのリスクそのものが減少した，と結論づけてよいのだろうか．それとも，政策的な要因によって本来の代位弁済の発生が現象として抑制されているだけで，リスクそのものが減っているわけでないと結論づけるべきなのであろうか．集計結果をもとに現場感覚とのすり合せを十分に行うことの重要性はここにある．

一方，1.の代位弁済に加えて3.の条件緩和をデフォルト定義に含めた場合には，政策的な後押しによって，実施期間のデフォルトイベントの発生率は上昇することが予想される．そのなかには，返済の余裕が多少は残っているものの潜在的なリスクが前倒しで

[*8] 金融機関は融資先の状況を総合的に判断し，正常先，要注意先（要管理債権先），破綻懸念先，実質破綻先，破綻先，のいずれかの区分を行っている．
[*9] 金融円滑化法への対応時期によっては銀行によって多少時期の前後がある．

発現した，と考えられるケースも多数混じってしまうことが想像できる．正確なリスクを把握するためのデフォルト定義はここで述べた点をはじめとしてなかなかに難しい作業である．分析を始めるにあたっての「被説明変数」として，どのような定義を与えるべきか十分な議論が尽くされるべきであろう．

10.2.4　ハザードモデルの適用

住宅ローンのデフォルト分析においては，デフォルトフラグを被説明変数とし，債務者の属性や借入条件などを説明変数としたモデル化を行うことが1つの柱となる．その際，説明変数となる債務者の属性に関する情報の大部分は申込時点のものであり，長い融資期間の間に更新できる情報は一般に限定的である．また前述のとおり，限界デフォルト確率には強い期間構造が存在するため，そうした構造を正確に再現することも重要な要素となる．

8.3.3項で述べられているとおり，生存解析は時系列に沿ったイベントの発生およびその時期を解析する統計手法であり，住宅ローンの分析においても相性の良い分析手法の1つである．なお，ここではデフォルト分析を例にあげているが，基本的にイベントの定義をプリペイメントと読み替えて，件数を金額ベースにすることで容易にプリペイメントの分析にも応用が可能である．

(8.8)から，比例ハザードモデルでは，ハザード関数はベースラインハザード（時間要素）と個別属性要素の積として表現される．ここでベースラインハザードは個別属性要素から独立した期間構造を表現している．

また，個別債権に対する限界デフォルト確率は生存関数を用いて以下のように表現できる．

$$d_{Mi}(t-1,t) = 1 - \frac{S_i(t-1)}{S_i(t)} \tag{10.1}$$

ただし，$d_{Mi}(t)$ は経過時間 $t-1$ から t における債権 i の限界デフォルト確率である．同様に，個別債権の限界デフォルト確率はハザード関数および累積ハザード関数で以下のように表現できる．

$$d_{Mi}(t-1,t) = 1 - \exp\left\{-\int_{t-1}^{t} h_i(u) \mathrm{d}u\right\} = 1 - \mathrm{e}^{H_i(t-1) - H_i(t)} \tag{10.2}$$

(10.2)を用いて定義10.3を書き換えると，

$$D_k^E = \frac{\sum_{i=1}^{N_k} d_{Mi}(t_k-1, t_k)}{N_k} = \frac{\sum_{i=1}^{N_k} \left(1 - \mathrm{e}^{H_i(t_k-1) - H_i(t_k)}\right)}{N_k}$$

となる．

10.2.5　説明変数の例

モデル化にあたっての具体的な説明変数としては，どのようなものが考えられるであ

ろうか.金融機関で行ってきたモデル構築の実例を見ると,ある程度は普遍的に有効となる変数がある一方で,ある金融機関では有効だった変数が,別の金融機関では有効でないケースもあった.したがって,最初から固定した項目を考えるよりも満遍なく1つ1つの項目とデフォルトとの関係性を丁寧にみていく方法が,地味ではあるが有効といえるであろう.以下の説明変数の例示についてはその点をご留意いただきたい.

説明変数を考える際,返済比率のように1つの変数で明確な関係性がみられるケースがある一方で,2つ以上の変数を組み合わせることで,より構造が明確になるケースもある[*10].このように説明変数はそのつくり方によっても,モデル内での説明力が大きく変わるため,とかく技術面が議論されがちであるが,一番重要なことはデータから得られた結果と,金融機関の営業現場での実感との整合性をはかることである.分析結果について現場の方々に納得感があるか否か,納得感がある場合はよいがない場合にどうするか.本来関係があるはずなのに,分析するとなぜ無関係となるのか.逆に,なぜ本来関係がないと思われていた変数間に強い関係性が認められたのか.1つの項目を加工するにしても,2つ以上の項目を組み合わせて説明変数を構成するにしても,その理由を徹底的に議論するなかで現場感との整合性を指針にすべきであろう.

以下の表10.2は,過去の複数のプロジェクトから一般的に観察された結果をもとに作成した説明変数のガイドラインである.

表 10.2 説明変数の例

大項目	説明変数
審査時重点指標	返済比率,融資比率,loan to value,取引履歴
収入査定項目	業種,職種,会社規模,勤続年数
支出査定項目	扶養家族人数,子供人数,子供年齢
時間依存変数	預金残高,カードローン残高,公共料金引落し状況
その他	資金使途,性別,取引年数,エリア

審査時重点項目は,文字どおり審査の際に重要視されている項目である.収入に対する返済の負担や,担保による保全の比率,債務者の貯蓄性向などを総合的に判断することができるため,一般的にデフォルトと強い関係性がみられる.

収入査定項目は債務者の収入の安定性を測る指標である.債務者の収入の安定性の源泉は,すなわち勤め先の安定性であることから一般的にデフォルトと強い関係性がみられる項目となる.

支出査定項目も反対の観点から返済原資の保全度合いを測る指標である.しかしながら支出に関する項目は,収入に関する項目に比べて申込書の段階で取得されている数が相対的に少ないために,分析対象とできるデータ項目も相応に少なくなる.比較的対象としやすい分析項目としては,家族構成や子供の年齢ということになるが,支出査定項

[*10] 例えば融資比率などは新規実行債権と借換債権では同じ水準でもリスクが大きく異なるため,単体で用いるよりも,新規・借換フラグと組み合わせて用いることで説明力の向上が期待できる.

10.2 デフォルトリスクの定量化

目については，もう少し積極的にデータに残しておくべきであり今後の課題となろう．

ちなみに審査の段階では重要視されているにもかかわらず，データ項目として残っていないことが多い情報としては他に債務者の転職歴に関する情報がある．転職歴があるのかないのか，あるとした場合は同じ業種のステップアップなのか，まったく別の業種への転職だったのか，といった情報は審査の段階では必ず重要視されている．しかしながら転職歴に関する詳細情報がデータとして直接的に残っているケースは多くない[*11]．

時間依存変数は，申込時だけでなく時間の経過に応じて変化する変数として強い説明力が期待できる変数である．特に預金残高の推移[*12]を定期的に確認し，残高の上下に従って債務者の信用力をアップデートすることは，途上管理の一環としても有用な方法である．

その他の項目については，信用力との関係性が常に認められるわけではないが，参考までに過去の実例からいくつかをあげてある．

最後に，説明変数を考えるにあたって考えなければならないもう1つの観点は，モデルの用途である．デフォルトモデルの代表的な目的としては審査モデル（初期与信モデル）とリスク管理モデル（途上与信モデル）の2つがある．審査モデルはすべての申込み案件を前提に「与信の可否を判断する」ための尺度となる．したがって実行から完済までの生涯にわたるリスクと回収可能性を推定することが主な目的となる．一方，リスク管理モデルは実行された案件のみを対象に，先述の途上与信情報による期中の情報更新などを活用しながら現在生存している債権に対する「将来のリスク水準と変化」についての情報を得ることが目的となる．

このように用途目的の異なるモデルにおいて，説明変数の選定にあたっては当然ながらその用途目的に応じた吟味が必要となる．例えば時間依存変数については実行後という条件付きでその後の履歴を観測する変数であり，リスク管理モデルとしては有効であっても審査モデルとしてはその性質上，一般性を欠く変数となってしまう恐れがある[*13]．また，入口の段階で厳しい目線で審査された属性であれば，実行済み案件からのデフォルトは少ないかもしれない．すべての申込み案件を対象とする審査モデルと，実行済み案件のみを対象とするリスク管理モデルでは，こうした属性に対する評価を大きく変える必要も出てくる．

[*11] 融資時年齢と勤続年数から就業時年齢を逆算することで新卒組か転職組かを判定することなど，いくつかの間接的な方法は存在する．

[*12] 他の金融機関の口座残高情報は定期的に確認することはできないため，あくまで自社の口座情報となる．

[*13] 審査モデルにおいても実行時点における取引年数を参照して預金のデータを使用する場合としない場合で適用モデルを切り替えるなどの工夫の要素は別途存在する．

10.3 プリペイメントリスクの定量化

住宅ローンにおけるプリペイメント（期限前返済）リスクとは，一体どのようなものなのか．また，なぜそれが重要視されているのか．そして，そのリスクに対して，実務の立場ではどのように向き合うべきなのか．本節では主にプリペイメントリスクのこうした側面に焦点を当てつつ整理する．

10.3.1 プリペイメントの種類と計測方法

プリペイメントとは，当月の約定返済分に加えて，将来返済予定の元金を繰り上げて返済することである．将来の返済予定の元金全額を繰り上げて返済することを全部繰上返済，一部の元本を繰り上げることを一部繰上返済とよぶ．全部繰上返済を行った場合には，その月で完済となり翌月以降の債務はなくなる．一方，一部繰上返済を行った場合にはその見返りとして翌月以降の債務負担が軽減される．軽減の仕方には2通りあり，当初の返済期間を据え置いたうえで将来の毎月返済額を減額するか，当初の返済額を据え置いたまま返済期間を短縮するかのいずれかとなる．

こうしたプリペイメントの大きさを計測する際には，以下の式を用いて，月次のプリペイメント率（single monthly mortarity，以下ではSMMと略）を計測する方法がある．

$$\text{月次プリペイメント率}(SMM) = \frac{\text{当月期限前返済額}}{\text{前月末残高} - \text{当月約定返済額}}$$

月次で計測したプリペイメント率（SMM）から，年次のプリペイメント率（conditional prepayment rate，以下ではCPRと略）に換算するには，生存確率を介して以下のように変換することができる．

$$S_t = S_{t-1} \times \prod_{i=1}^{12}(1 - SMM_{t_i}) = S_{t-1} \times (1 - CPR_t)$$

$$CPR_t = 1 - \prod_{i=1}^{12}(1 - SMM_{t_i})$$

ここで，S_t は t 年目の生存確率，$SMM_{t_i}, i = 1, 2, \cdots, 12$ は t 年目における各月のSMMで，CPR_t は t 年目のCPRである．

昨今の日本の金融機関の実状を考えると，プリペイメントの把握は，まず月次ベースであるSMMで把握しておくとよい．図10.3と図10.4は，典型的な金融機関のポートフォリオを月次ベースのSMMと年次ベースのCPRで計測したものである（図はイメージとなっている）．一見してわかるとおり，月次の図には年次の図ではみられない大きなピークが存在している．この例では36ヶ月，60ヶ月，120ヶ月を中心に，前後数ヶ月の短い期間で観測されている．これらは固定特約商品の特約期間（3年固定特約，5年固定特約，10年固定特約など）に対応しており，特約期間の終了に合わせるかのよ

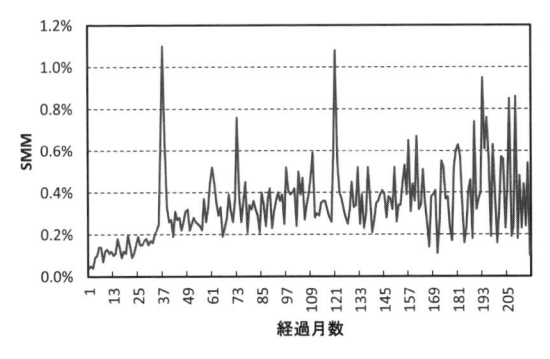

図 10.3　SMM のイメージ

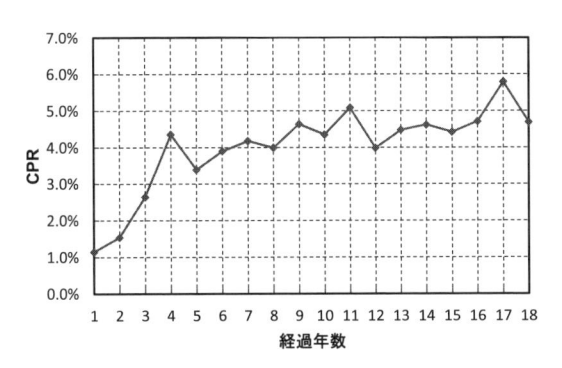

図 10.4　CPR のイメージ

うに，大きなプリペイメントが発生していることがわかる．したがってこれらは，固定期間の終了時点に，集中して他の金融機関への借換えが進んでいることを意味しており，こうした情報は営業面や開発面などさまざまな方面への示唆を含んでいることになる．このように，プリペイメントの計測を月次単位で行うことで，分析の結果から追加的な情報を引き出すことができる．

10.3.2　プリペイメントの発生要因

プリペイメントの発生要因について考える．まず全部繰上返済であるが，全部繰上返済の発生要因には大きく異なる 2 つの側面がある．1 つは借入期間の終盤に差し掛かり，残高が十分に減ってきた段階で債務者が退職金や余裕資金をあてて完済する場合である．もう 1 つは昨今の住宅ローンの競争激化に伴って，他の金融機関へ肩代わり（債務者からみた場合の借換え）をされる場合である．特に他の金融機関への肩代わりは，実行からまだ数年しか経過していないローンに対して発生する可能性が高い．そのため終盤の余裕資金完済とは異なり相対的に残高が多く残っているため，金融機関の収益に対する

インパクトが大きく，肩代わりに関するリスク分析とその定量化は重要な課題となる．また発生のタイミングとして，全部繰上返済は限界的な発生率に限界デフォルト確率同様の強い期間構造をもっており，経過時間に応じたリスクの計測の重要性も高い．

次に一部繰上返済であるが，一部繰上返済の発生要因は，主に日々の生活から生まれる余裕資金やボーナスなどの定期的でまとまった収入であり，CPR の水準は生活の裕福度に直結した特性を示す．特に裕福層のみを抽出した一部繰上返済率は，CPR で 6%以上に及ぶこともあり，デフォルトの少ない顧客層だからといって，一概に喜ぶことができない点には注意が必要であろう．

このように金融機関にとっては，当初想定された債務者の収入レベルが，長期にわたる融資期間中に下がってしまうとデフォルトリスクにさらされ，反対に上回ってくると今度はプリペイメントリスクにさらされるため，どちらに転んでも収益への影響を考慮する必要がある．

最後にプリペイメントの発生要因として特筆すべきものに，金利差の影響がある．なかでも優遇金利をはじめとする昨今の激しい住宅ローンの競争関係によって，従来の欧米の研究などにみられるようなプリペイメントと金利差の関係とは異なる関係を提示していることは重要な点であろう．

従来の欧米の研究などにみられるプリペイメントと金利差との関係とは，固定金利の商品に対して，当初の約定金利から時間の経過とともに市場金利が低下した場合に，債務者が借り換えることによって，将来の支払い金利を引き下げる効果を期待することを背景にしたものである．

一方で，昨今の日本における住宅ローンの環境では，ゼロ金利政策の影響により市場金利は，これ以上下げることができない水準が続いており，商品も全期間固定に限らず，全期間変動の商品や 3 年や 5 年などの固定特約商品も多い．それでも金利差をドライバーとする借換え案件は固定商品に限らず変動商品や固定特約商品に対しても日本のマーケットで猛烈な勢いで進んできており，その要因は優遇幅の拡大によるものと考えることができる．短期プライムレートに連動した変動商品を例にとると，店頭の表示レートは 1995 年 10 月以降ほとんど変化がない．一方で優遇幅と称した店頭レートと実行レートの差の平均は，優遇レートが市場で開始された 2003 年の 0.5%から 2012 年 12 月の時点では 1.6%まで広がっている（いずれも CPC 社調べ）．つまり，2003 年当時，店頭レート 2.475%，優遇幅 0.5%の条件で，実質 1.975%で借りた債務者は，現時点で借り換えると，同じ店頭レート 2.475%であっても優遇幅 1.60%を享受できるため，実質 0.875%で借り換えることができる．つまり，競争の結果としての優遇幅の拡大による実質的な金利差が，ここ数年の住宅ローンのマーケットで生まれており，借換えに対して強い説明力を有しているのである．さらにその結果として固定商品だけでなく変動商品に対しても金利差によるプリペイメントが発生しており，そのリスクを考慮に入れることの重要性が高まっている．

図 10.5 は，住宅金融支援機構のデータを用いて，金利差と期限前返済率の関係を表し

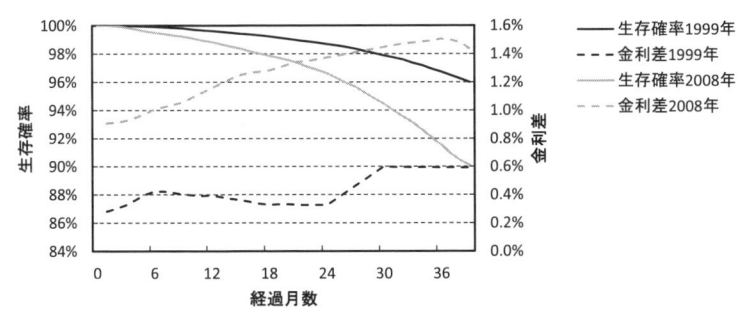

図 10.5　金利差による生存確率の違い

たものである．金利差を大きく享受できる実行年度（2008年）と，そうでない実行年度（1999年）では，同じ経過時間で比較しても，期限前返済率に大きな違いが出ていることがわかる．

もう1つの隠れた金利差の要因として，金利ステップアップ型商品をあげることができる．金利ステップアップ型の典型は，一般的には当初固定期間優遇とよばれる固定特約の商品である．3年固定特約の商品を例に取れば，当初固定期間である実行から3年間は特別な優遇金利（例えば1.0%）で提供し，その固定期間3年が過ぎた後の4年目からはそれよりも高い金利（例えば2.0%）に戻っていく商品である．こうした商品を借りている債務者にとって，最初の優遇期間の3年間が終わる直前に借換えをすることで，また最初から「当初優遇」を享受することができるため，固定期間の終了に合わせての借換えが集中する結果になる．これなどは，今現在実現している金利差ではないが，将来の来たるべき金利差によってドライブされるプリペイメントと考えることができ，特定商品の収益性に大きなインパクトを与える要因となっている．

10.3.3　プリペイメントの影響

では，こうしたプリペイメントの存在は金融機関にどのような影響を与えるのであろうか．まず代表的なものに，金利に対する時価の感応度（いわゆるデュレーション）への影響がある．これは ALM 的な観点から論じられることが多いが，一方現状において，住宅ローンの時価に対してのヘッジオペレーションという切り口で管理をしている金融機関は少数派であろう．そうした現状を踏まえ，ここではあえて，より身近に使われている期間損益（もしくはその総額としての生涯収益）という切り口でプリペイメントリスクの影響を考察してみたい．

図 10.6 は，当初融資金額 3000 万円，利率 3.0%，借入期間 35 年で PSJ[*14]（適用

[*14] prepayment standard Japan model. 実行月の CPR を 0% とし，以後，毎月一定幅で CPR が上昇することにより経過月数 60 ヶ月目に CPR r% に達し，それ以降は毎月 CPR r% で期限前返済率が一定となる CPR のパスを r%PSJ と呼ぶ．

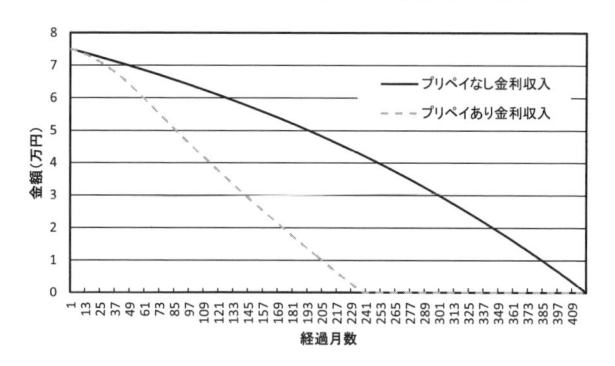

図 10.6 プリペイメントの有無による金利収入の違い

時）5.0%のサンプルローンの約定計画に沿った金利収入の時系列推移をプリペイメントの有無別に表している．

典型的な 35 年ローンの場合，約定期間中は，元利均等で支払いが行われるため，金利の収入は図 10.6 のように，元本残高の減少とともに単調減少していくことになる．

次にプリペイメントの影響を期待値として考慮した場合を考える．実際には，全部繰上返済であれば，そこで残高がゼロになり融資期間が短縮され，一部繰上返済であれば同じく融資期間が短縮されるか次回から返済額が減額されるか，どちらかのケースとなる．ここでは簡便のために期待 CPR によって計算される繰上返済額の期待値が繰上返済された後の返済計画を一律に期間短縮として扱ってある．もちろん，同様の考察を返済額減額によって行うことも可能である．図 10.6 からわかるように，プリペイメントによる金利収入の機会損失は明白であり，これがすなわちプリペイメントが生涯収入に与える影響である．言い換えれば，ある債権の生涯収入とは単純化すれば，どのくらいの期間をどれくらいの残高を維持して融資ができるのか，という要素に大きく左右されるわけであるが，それら融資の期間と残高に対して，直接的に影響を及ぼすパラメータがプリペイメントということになる．このようにデフォルトが与える影響に比べて，プリペイメントが与える影響は文字どおり桁違いの影響である．したがって，その適切な定量化と各種計算への慎重な反映方法は，重要な意味をもっている．

一方で，そのリスクの質，という点に焦点を当てるならば，デフォルトリスクとは元本毀損の可能性を示唆するリスクである一方で，プリペイメントリスクには元本毀損の要素はなく，あくまで機会損失であることにも注意が必要であろう．プリペイメントがリスクとして認識される前提には，住宅ローンの金利が金融機関にとって一定の魅力的なスプレッドが確保されていることが条件となるが，昨今の競争激化によるスプレッド減少によって損失が出ているような債権に対しては，むしろ歓迎されるべき要素になってしまうという点はなんとも皮肉である．

10.3.4 プリペイメントリスクへの取組み

最後に実務家としてどのようにプリペイメントリスクに取り組んでいくべきか，という点について述べたい．

まず最初に属性との関連性に関する分析という切り口がある．年収，金利差，当初融資額，といった属性項目とプリペイメントとの関連性を，イベントが発生した経過時間を軸にして整理し，関連性の強い順にリストを作成することで，例えば，どのような属性の人から他の金融機関への肩代わりが多く発生しているか，反対に発生が少ないか，といった整理を行うことができるであろう．

関連性の整理の方法については，時系列データに基づく生存確率の形で整理することで，経過時間の影響を受けない序列性の比較が可能になる．経過時間を揃えずに比較をする場合には，各比較対象における平均経過月数を別途集計をしておくなど，経過時間に対する配慮が欠かせない[15]．

こうした属性分析を活用するポイントは，プリペイメント単体の大小をみることに加えて，デフォルトリスクを加えた2つの軸でみることである．この方法の利点は，属性と収益性の関連性をより一層わかりやすく把握できることである（表10.3 参照）．

表10.3 プリペイメントリスクとデフォルトリスクの整理例

		プリペイメントリスク	
		高	低
デフォルトリスク	高	収益的には一番低いカテゴリーとなり，できる限りポートフォリオ全体に占める構成比を大きくしたくない．	ごく一般的な傾向の中で形成されるグループ．収益傾向は，両方のリスクのバランスで最終的には決まることになるが，一般的には生涯収益は高めの傾向を示すカテゴリー．
	低	ごく一般的な傾向のなかで形成されるグループ．特に高所得者層にみられる一部繰上返済率の高いグループは生涯収益が低くなる傾向があり，要注意．最終的には両リスクのバランスによるが，一般的な生涯収益の傾向は低めの傾向がある．	収益的には一番高いカテゴリーとなり，重要顧客層として可能な限りポートフォリオ内の構成比を高めたいカテゴリー．

デフォルトリスクとプリペイメントリスクとを2次元で考えた場合，一般的な傾向としては，デフォルトリスクが高い層はそれだけ返済の余裕がないためにプリペイメントのリスクは低くなる．反対に，デフォルトリスクが低い層は返済に余裕があるためにプリペイメントリスクは高くなる．一方で，属性によっては明確にデフォルトリスクとプリペイメントリスクの両方が高くなる層もあれば，反対に2つのリスクが同時に低い層もある．前者は金融機関にとってはあまり歓迎されない層であり，後者は大いに歓迎さ

---

[15] 例えば最近設置されて収録が始まったばかりの属性項目があった場合，データが収録されてからの経過時間が短いという理由で他の収録期間が長い項目に比べてリスクが低くみえる場合など，誤った結論を導く恐れがある．

れるべき層であろう．他にもプリペイメントと平均利率との2次元マップを観察するなど，収益的な要素と結びつけることで営業的な示唆が得られることが多い．

もう1つの視点は，他の金融機関への肩代わりリスクの評価である．日本特有の優遇金利によってもたらされる金利差の大小によって，プリペイメントの大小が大きく左右されることは先述した．ここでは過去分析から得られるこうした感応度を，将来の収益予想に対してどのように適用するか，という点について追加的な論点を整理したい．

まず，SMMの図でみられたスパイクの解釈である．36ヶ月，60ヶ月，120ヶ月といった固定特約の期限に合わせて発生している期限前返済は，金利の見直し時期に伴って債務者が熟考を重ねて決断しているケースもあるであろうが，特に鋭いスパイクに関していえば，先述のステップアップ型の商品が原因になっているケースもあろう．このように特定の商品と期限前返済との関係が明らかな場合には，次に現在の営業政策との整合をみる必要がある．営業政策とはつまり，ステップアップの時期に合わせて特に何もアクションをしていないのか，他の金融機関への借換えに対する「防衛策」として，事前に当初優遇期間終了後も，継続的な優遇金利を顧客と交渉しているのか，といったアクションである．特に防衛策と称して金利の引下げに積極的に応じている場合には，過去の実績としてのプリペイメントのスパイクを，将来の推定にそのまま使ってしまうと，リスクを過剰に見積もってしまうことになる．将来推定を行う場合にはこうした点にも注意が必要であろう．一案として定量化を行う際，ハザードモデルで金利差に対するプリペイメントの感応度を計測することなどがある．こうすることによって防衛策後の適切なプリペイメントの水準感について合理的な推測を可能にすることができる．

10.4 収益分析

10.4.1 収益分析の重要性

住宅ローン事業の運営方針を考える際，リスク分析だけではみえてこない側面を収益分析が補ってくれることが多い．

法人融資の場合であれば，デフォルトリスクの分析結果はPD (probability of default) として定量化され，そのPDが内部格付や債務者区分などのリスクランクへ直接・間接に反映されることで，リスクランクに応じた適切な融資行動が規定されることになる．結果としてリスク分析の結果が融資現場のアクションまで1つの線でつながることになり，分析とアクションの関係が明確になる．一方で住宅ローンを含むリテール商品とよばれる商品の場合，そもそも債権単位での細かなリスク管理はコストの面からも制度として想定されていない．つまり分析によって推定されるPDの大小にかかわらず，個別債権への特別なアクションは行われず[16]，リスク分析の結果を融資現場のアクションにつなげることが困難となる．結果として現場からは，そもそも過去データを分析する

---

[16] 一般的に特別なアクションは延滞などの信用リスクに関わる具体的なイベントが観測された際に行われる．

意義がわからない，といった意見が聞かれることにもなる．

このように，既存のポートフォリオのリスクをどのように分析しても，それによるポートフォリオの質的な変換を招来せしめる具体的なアクション（制度）がない，ということになると，必然的に質的な変化を起こす有効な手段は今後実行される新規案件への対応ということになる．その際新規案件に対する営業戦略においては，どのような質の債権をどのように積み上げていくのか，その結果既存の債権と合わせて将来どのようなポートフォリオにしていくのか，といった将来像を精緻に見据えることが重要となる．リスク分析の結果を土台にした直接的な収益分析は，その将来像を描く重要な手段として位置づけることができる．

10.4.2 収益計算の概要

収益計算にあたってのステップの一例は図 10.7 のとおりである．このプロセスで計算される期間損益やその合計としての生涯収益は，前提条件（パラメータ）の期待値を用いた収益の期待値である．前提条件（パラメータ）に変動要素がある場合には，変動要素を考慮した再計算を実施し，期待値に対する感応度を観察する[*17]．

結果の分析を詳細に行うためには，債権単位で収益計算を行ってポート全体や特定の属性など，分析の対象となる項目ごとに合算できるようにしておくことが重要となる．

以下，4つのステップに分けて収益を計算するプロセスの概略を述べる．

ステップ 1：約定キャッシュフローの展開と期間損益の仮集計

最初に債権ごとの約定条件に沿って約定キャッシュフローを展開する．例えば変動商品の利息計算であれば「適用される利率は毎年 4 月，10 月といった特定のタイミングで更新されるが，毎月の返済額は実行月から 5 年間は変更されず，5 年目にそのときの利率

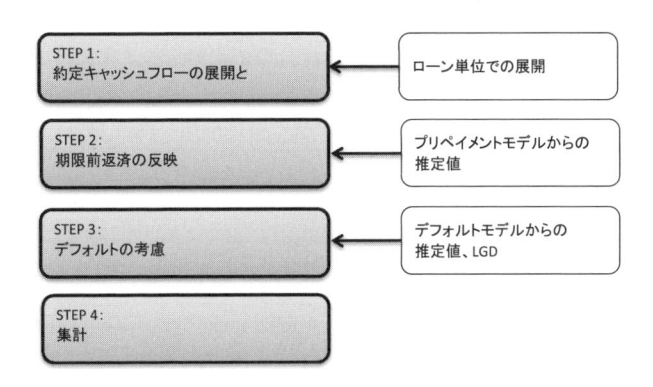

STEP 1: 約定キャッシュフローの展開と	←	ローン単位での展開
STEP 2: 期限前返済の反映	←	プリペイメントモデルからの推定値
STEP 3: デフォルトの考慮	←	デフォルトモデルからの推定値、LGD
STEP 4: 集計		

図 10.7　収益計算のステップ別プロセスの例

[*17] 件数の多い住宅ローンのポートフォリオにおいては 1 回の期待値計算にも多くの計算時間を要する．したがってモンテカルロシミュレーション的に収益の期待値の分布を求めることは現実的でない場合が多く，実務ではストレスシナリオなどのシナリオ別の収益を比較することが多い．

に従って返済額が再計算される．ただし，その際の変更額は変更前の125%を上限とする」など細かな条件がついている．そうした個別の約定条件に沿って月次のキャッシュフローを展開する[*18]．展開する収入項目としては利息収入の他にも保証料収入[*19] がある．また支出面では調達コスト，団信保険料があり，これらは通常残存元本に対する割合で定義されている．また経費など残存元本に依存しない固定のコストを考慮する場合もある[*20]．

さらに，利息のキャッシュフローを展開する際には将来の金利リセット時における次回利率をどのようにするかという問題もある．将来金利の設定については収益計算の目的別にいくつかの選択肢が考えられるうえに，債務者が保有する商品間を自由に乗り換えることができる権利をどのように反映するか，といった住宅ローン特有の問題があるため詳細については後述する．

毎月返済を例にとると[*21]，ある経過月 t における期間損益の仮集計 R'_t は以下のようになる（以下では期間の最小単位を月単位としている）．

$$R'_t = P_{t-1}(r_{t-1} + i_{t-1} - f_{t-1} - d_{t-1}) - C_t \qquad (10.3)$$

ここで，$t (= 0, 1, 2, \cdots, N)$ は経過月数，N は約定返済回数（約定返済月数），P_t，r_t, i_t, f_t, d_t, C_t はそれぞれ経過月数 t における残存元本，適用利率，保証料率，調達コスト（率），団信料率，経費である．

ステップ 2：期限前返済の反映

次に期限前返済を考慮したキャッシュフローの計算を行う．プリペイメントモデルから出力される推定値 $SMM(t-1,t)$ を用いて経過月 t における期限前返済額を算出し[*22]，それを t における追加的な元本返済として約定返済と一緒に差し引く．その結果，翌月以降の残高はその分だけ約定スケジュールよりも少なくなる．その際，翌月以降の返済額を一定とすれば返済期間が短縮される（期間短縮型）．また返済期間を据え置けば返済額が減額される（返済額減額型）．

先ほどの毎月返済を例にとれば，期間短縮型の場合当月の残高 P'_t は (10.4) となり，約定スケジュールの残高 P_t よりプリペイメントの分だけ減少する．その際同時に新しい P'_t を用いて残存返済回数 N_{-t} を再計算する．

$$P'_t = P_{t-1} - (A_t - P_{t-1} \cdot r_{t-1}) - P_{t-1} \times SMM(t-1,t) \qquad (10.4)$$

[*18) 返済方法には毎月の返済に加えてボーナス返済とよばれる年2回の返済が組まれることがある．その場合には別途決められた返済月にボーナス返済分を上乗せしてキャッシュフローを展開する必要がある．

[*19) 保証子会社を連結ベースで計算する際には収入として加算する．外部保証の場合には反対にコストとして認識する．また無保証の場合には手数料とよばれる収入が別途存在するケースもある．

[*20) 例として郵送代や店舗数に依存する間接費用，人件費など．

[*21) ボーナス返済がある場合には半年ごとのキャッシュフローを同様に計算して合算する．

[*22) ボーナス返済がある場合には半年ごとのキャッシュフローを同様に計算して合算する．

ここで，A_t は経過月数 t における毎月返済額である．

また返済額減額型の場合，残存返済月数 $N-t$ を一定として，プリペイメントによる影響を受けた毎月の返済額を A'_t として再計算する．一般的な元利均等払いのケースであれば，A'_t は (10.5) のようになる．

$$A'_t = \frac{(1+r_t)^{N-t}}{(1+r_t)^{N-t}-1} \times P'_t \times \frac{r_t}{12} \tag{10.5}$$

いずれの場合でも，ステップ 1 におけるキャッシュフローの展開において，残存元本の割合で決まっている項目については，次の月から P'_t を用いてプリペイメントの影響が反映された数値となる．

ステップ 3：デフォルトの考慮

ステップ 1 においては，デフォルトによる損失をまだ考慮していない期間損益の仮集計を行った．デフォルトによる損失を考慮する場合には，生存時とデフォルト時のそれぞれの状況における収入と損失を計算し計算期間の最小単位（ここでは月単位）における期待値を集計する．住宅ローンの場合，一般に生存時には利息から各種コストを差し引いた R'_t が収益として認識され，デフォルト時にはその時点の残高から元本の回収額を差し引いた額 LGD（loss given default）が損失として認識される．外部保証がなされている債権の場合には回収率を調整（例えば 100％）する[*23]．

次に，生存時キャッシュフローとデフォルト時損失について，それぞれの発生確率を考慮にいれて，期待値として当該計算期間（ここでは月単位）における期待収支を集計していく．先ほどの例に沿ってデフォルトによる損失を考慮した期間損益 R_t は (10.6) のようになる．

$$R_t = R'_t S_t - P_{t-1} lgd_{t-1} S_{t-1} md_{(t-1,t)} \tag{10.6}$$

ただし，S_t は経過月数 t における生存確率，lgd_t は経過月数 t におけるデフォルト時損失率，$md_{(t-1,t)}$ は経過月数 $t-1$ から t における限界デフォルト確率である．

ステップ 4：集計

個別債権単位で計算されたキャッシュフローを，分析目的の項目ごとに集計する．

保証料の計算については，子会社保証か外部保証かで扱いが少し異なる．連結ベースでの採算を求める場合，子会社保証であれば保証料は収入として扱うべきであるが，外部保証の場合は単体・連結にかかわらずコストとして認識されるべきであろう．

団体信用保険（団信）のコストについては，通常債権単位での割振りは行われず，保険会社単位で残高総額や平均年齢をもとに一括して保険料が支払われる．また，保険金の支払い実績などに応じて配当金が支払われることも多い．そのような場合には，保険会社単位で過去の支払金額から配当金を差し引いたネットの保険料を，保険対象残高で割って債権単位での頭割りの割当て率を算出するなどの工夫が必要となる．調達コストの考え方については 10.4.4 項で改めて述べる．

[*23] 実務では保証会社が民間企業の場合には保証会社自体のデフォルトリスクを評価に反映することもある．

10.4.3 将来金利の設定

キャッシュフローを展開する際,計算対象とする住宅ローンに適用される将来時点の金利の設定については目的別に異なるアプローチが考えられる.

a. スワップレートを基準にする場合

キャッシュフロー展開を債権の現在価値の計算に用いる場合や ALM で他の資産・負債と共通の金利シナリオを用いる必要がある場合には,住宅ローンの将来金利はスワップレートを基準に決めていく方法がよいであろう.例えば住宅ローンプライムレートを用いた変動商品であれば 6 ヶ月 LIROR とのスプレッド,5 年の固定特約商品であれば 5 年のスワップレートとのスプレッドを用いて当該住宅ローンの適用金利を表現する.その場合の注意としては,そのスプレッドが過去データをみる限り固定値ではなく,スワップレートの絶対水準に依存して拡大したり縮小したりしているという点である.具体的にはスワップレートの水準が高いほどスプレッドは縮小し,低いほど拡大している.分析の目的によってはこうした変動要素を計算に織り込む必要が出てくる[*24].

b. 住宅ローン金利を基準にする場合

5 ヶ年計画をはじめとした事業計画を策定する場合などは,直観的なわかりやすさも重要な要素となる.スワップレートから算出する以外にも,直接住宅ローン金利をシナリオとして設定する方法が実務でも頻繁に用いられている.例えば現状の金利水準が将来にわたって維持された場合のシナリオをベースシナリオとして,競争激化により利率が一層低下したシナリオ,金利上昇によって利率が上昇したシナリオなどの複数のストレスシナリオを用意して,その差を分析する.

どちらのケースにおいても,よく問題となるのが商品間の変更をどのように扱うか,という点である.固定特約商品であれば,特約期間が終わった時点で変動を含めて次の特約期間を任意に債務者が選べる商品が一般的である.また変動商品であれば,いつでも任意に固定特約に変更ができる商品がある.そうした債務者の任意の行動について将来をどのように設定すべきか,という問題である.この商品変更に対するアプローチには大きく 2 つある.

1. 個別の債務者の行動を推定する:過去データとして商品間の変更履歴が入手できる場合は,商品別の約定利率の履歴データと照らして[*25],商品間の変更確率についてなんらかの集計が可能となる.そのようにして得られた過去の実績を将来推定に当てはめる,という方法が考えらえる.
2. ポートフォリオ全体の構成比を外挿する:上記の方法は過去データの可用性や推定値を適用する際の煩雑性など,説得力のある結果を得るためのハードルが高いという欠点がある.実務で簡便に用いる方法としては,将来時点における商品の

[*24] 例えば金利上昇シナリオにおいては現状よりもスプレッドが縮小すると期待されるため,固定値を用いた場合には収益が過大に評価される恐れがあろう.

[*25] 商品間の変更動向を分析すると,その時点における最低金利を提供する商品への変更割合が圧倒的に多いことがわかる.商品別の利率履歴は有効な指標となろう.

構成比を外挿する方法がある．例えば商品の構成比が現状と変わらない，という想定をするのであれば，現状において変動の人はそのまま変動を選択し，5年固定特約の人は再び5年を選択するという設定をしておく[26]．変動商品の10%が10年固定特約へ変更する，という設定をするのであれば，乱数による抽選などを用いて変動商品の債務者の10%を10年固定特約商品へ切り替えて将来推定を行う．

10.4.4　既存債権の分析

仮想的なポートフォリオに対して，上記の収益計算を実施し，全体を集計した図が図10.8である．この図は，すでに実行された債権のみを対象としており，これから実行される分についてはまだ対象としていない．また，保証会社は100%子会社を想定し，連結ベースでの収益と考えている．計算に用いた仮想ポートフォリオの概要と主な前提条件は表10.4のとおりである[27]．

その他デフォルトリスクについては，図10.9に示した期間構造に従って，経過年数に応じた限界デフォルト確率を適用した．プリペイメントリスクについては一律に4.5%PSJモデルの値を適用した[28]．

図10.8をみると，一番大きなウェイトを占めているのが金利収入となっていることが

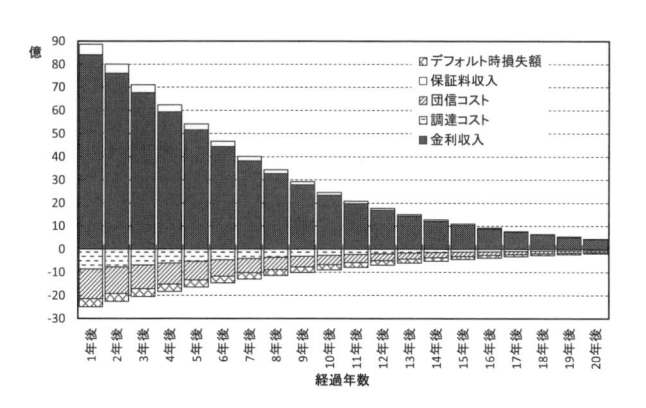

図 10.8　仮想ポートフォリオにおける収入およびコストの推移

---

[26] 結果は同じになるのだが，同じ人がまた同じ商品を必ず選択するという前提を明示的においているわけではない点に留意．

[27] 仮想ポートフォリオの詳細は大手地方銀行に共通してみられる特徴を意識している．保証料については実行時点の一括支払を想定し，別に用意している経過年数に対応した認識テーブルに基づいた計上を行った．その他にも実務で用いる設定の詳細があるが，紙面の都合で割愛せざるをえなかった．

[28] 本例ではすべての債権に同一の推定値を適用しているが，実際にはデフォルトモデル，プリペイメントモデルから出力される異なる推定値を債権ごとに適用する．

10. 住宅ローンのリスク分析および収益計算の高度化

表 10.4 サンプルポートフォリオの概要と前提条件

サンプルポートフォリオの概要		主な前提条件	
残高合計	4500 億円	調達コスト	0.20%
債権数	38,475 件	団信コスト	0.30%
平均利率	2.06%	保証料	0.20%
平均経過年	6.1 年		
平均残存年	19.4 年		

わかる．しかもこの金利収入は約定返済と期限前返済の 2 つの影響で比較的速く減少していくことがわかる（この例では，10 年後には 1/3 以下となる）．既存の債権のみを取り出して分析する際の大きなポイントの 1 つは，こうした時間の経過に伴う収益の減少スピードであろう．その際に大きな影響を与えるパラメータが期限前返済率であることは，前節で述べたとおりである．期限前返済が収益に与える影響を改めて確認したい．

コストには団信保険料および調達コストがある．この例では調達コストは預金調達コストを想定しているため，ネットの収益は住宅ローン事業部門における粗利のイメージに近い．最終的な部門収支を考える際には，別途営業費用などを考慮する必要がある．

しかしながら，多くの金融機関では，住宅ローン事業部門に明示的に振り分けられるべき経費の管理がまだ追いついていないのが現状であろう．また，高度な管理会計システムを備えた場合でも，勘定科目の設定が曖昧であったり，導入当時から主要なパラメータが更新されていなかったり，と信頼性が低い場合もある．そうした場合には，無理矢理に収益計算のなかに組み込んでしまうと精緻なプロセスからの計算結果の精度を落とすことになりかねない．そこで，まずは精確に粗利ベースでの収益を把握しておいて，営業経費については一定の試行錯誤を前提に別途集計し，結果を突き合わせる作業を行うとよいであろう[*29]．

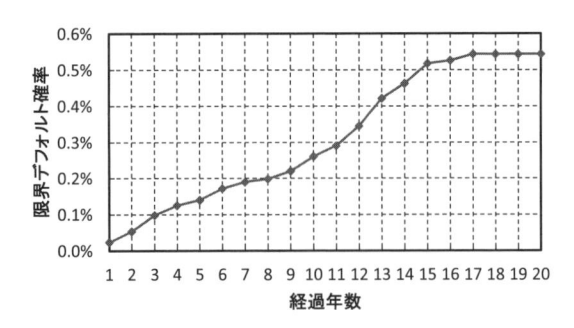

図 10.9 適用した限界デフォルト確率の期間構造

[*29] 同時に営業経費の精確な把握に向けて問題点の解決の努力が継続的に必要なことはいうまでもない．

10.4.5 新規実行債権の影響を踏まえた分析

以上，既存実行債権についての収益の特徴をみてきたが，現実には将来のどの時点においても新規に債権が実行されており，収益はそれら新規実行債権との合算になる．いままで積み上げてきたパーツの集大成として新規実行債権の影響を踏まえた収益性について考える．

実行済みポートフォリオ（既存ポート）の状況に関しては，将来キャッシュフローに関わる個別債権の約定情報とともに，限界デフォルト確率と期限前返済率の期間構造といったリスクに関する情報がパラメータとして大きな影響を与えることは前述した．一方で，新規実行の状況に関しては，今後の営業計画と審査基準もその質と量に対して影響を与えることになる．したがって，金融機関内の担当部署でいえば，リスク管理部のみならず，ALM担当部署，営業担当部署，そして審査担当部署が，それぞれの持ち場から情報をもち寄ることで，1つの経営ロードマップが示されることになる．

以下の例は 10.4.3 項で用いた既存ポートフォリオの期間損益の推定に対して，2つの異なる新規実行シナリオを用いて，その違いを分析したものである．

表 10.5 新規実行計画のケース別設定

設定項目	ケース 1	ケース 2
実行額	400 億円	600 億円
約定利率	1.50%	1.50%
約定期間	35 年	35 年

表 10.5 は 2 つのケースの設定をまとめたものである[*30]が，2 つのケースの違いは年間の実行額のみとなっている．ケース 1 は将来のポートフォリオ残高の合計がほぼ一定となるシナリオ（つまり既存ポートフォリオの減少分に見合う新規実行債権が積み上がる）として，ケース 2 は残高が増加していくシナリオとして設定をした．ここでは説明のために簡便な設定を用いているが，実務においては変動商品，固定特約商品などの商品別の実行額，商品別の約定金利，商品別のリスク設定などを細かに決めていることになる．他にも毎年同じ設定を用いるのではなく，1 年目，2 年目など年単位で設定を変更する必要もあろう．

図 10.10 および図 10.11 は，計算の結果得られた推定残高（棒グラフ）と推定デフォルト確率（グラフ中のパーセント表示）の推移をまとめたものである．それぞれを既存ポートフォリオの分と新規実行の分に分けて表示をしている．また棒グラフの上のパーセントは既存と新規を合わせたデフォルト確率を示している．

まずケース 1 について，実際の分析プロジェクトにおいても共通してみられている特徴を整理してみる．

[*30] これ以外の設定についはプリペイメントリスク，デフォルトリスクをはじめとして 10.4.3 項における設定と同じものを用いている．

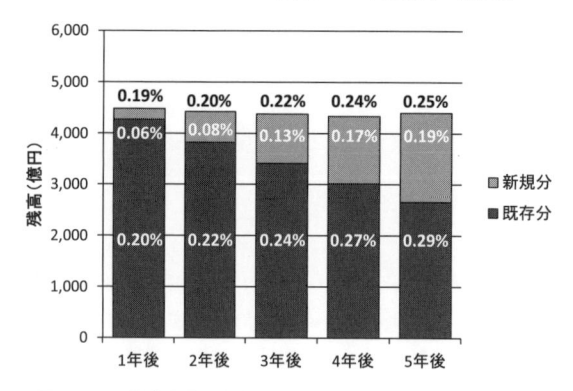

図 10.10 推定残高と推定デフォルト確率の推移（ケース 1）

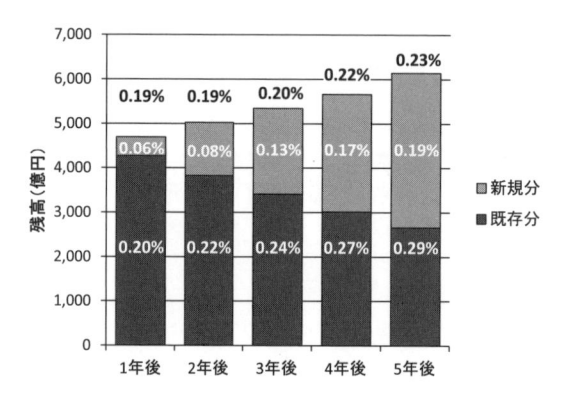

図 10.11 推定残高と推定デフォルト確率の推移（ケース 2）

1. 残高に関してポート全体の残高が不変のシナリオにおいて，5 年後に占める新規実行の残高の割合は全体の 4 割程度と比較的大きな割合を占める．
2. デフォルト確率に関して，既存ポートフォリオのリスクは限界デフォルト確率の期間構造の形状に従って増加していくが，新規実行ポートフォリオのリスクは経過時間が短いことから，相対的に低い水準となり，両者の信用リスクの差には開きがある．
3. 将来のポートフォリオ全体のデフォルトリスクは，リスクがまだ低い新規実行ポートフォリオと，リスクが高くなりつつある既存ポートフォリオの構成比に大きく左右される．

特に，上記の 3. は将来のデフォルトリスクを管理するうえで重要なポイントである．すなわち，新規実行が少なければ，それだけで計算上の将来デフォルト確率は高く算出され，新規実行が多くなれば，それだけで計算上の将来デフォルト確率は低く算出される．しかし上記からわかるとおり，この計算の結果全体的なデフォルト確率の高低を，

10.4 収益分析

そのまま将来のポートフォリオの高低と理解するのは少々短絡的である．実態は単にリスクの発生時期が異なる特定の集計期間における混合割合が変わっただけ，ということなのである[*31]．

これをもう少し具体的に示したのが図 10.11 のケース 2 である．前述のとおりケース 1 との前提条件の違いは毎年の新規実行額が多くなっている点のみである．その結果ケース 2 では 5 年後に占める新規分の割合がケース 1 に比べて増大している．それだけ今後の新規実行分の質が将来のポートフォリオの質に大きく影響を及ぼすことになる．

確認しておくべきことは，既存分，新規分ともにそれぞれの推定デフォルト確率はケース 1 と変わっていない点である．ただし，全体のデフォルト確率は，既存分と新規分の混合割合が変わったことにより見掛け上の数字は低下していくことになる．

繰り返しになるが，ポートフォリオ全体のデフォルト確率が低下したからといってリスクそのものが低くなったと早合点するのは危険である．もちろん一時的には割合としては低くなるのであるが，同時に，時間の経過とともに必ずデフォルト確率は増加していくこともわかっている．いわばデフォルト予備軍の割合が増えているだけなのである．

さて今度はリスクサイドからリターンのサイドへ目を向けてみる．

図 10.12 と図 10.13 はリターンについての集計を行った図である．棒グラフは収益の額を億円単位で示したものであり，グラフ中のパーセント表示は年間の収益率を表している．既存ポートフォリオからの収益と新規実行ポートフォリオからの収益を分けて表示しており，棒グラフの一番上のパーセント表示は，既存分と新規分の合計の収益率を表している．

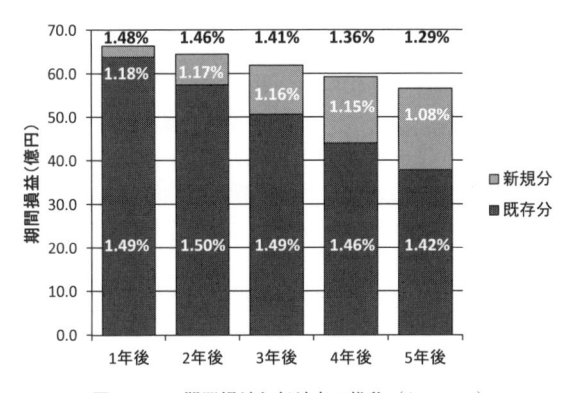

図 10.12　期間損益と収益率の推移（ケース 1）

[*31) 現実には将来のデフォルト確率は，その年のマクロ経済や金融円滑化などの制度など，その年特有の要因によって大きく影響を受けるため推定したとおりには推移しないことが多い．しかしこうした実績と推定の誤差の存在は，年特有の要因を除外した状況をベースケースとして踏まえる必要性を決して低めるものではない．その年特有の要因のハンドリングについての一例は 10.4.6 項 d. にて述べる．

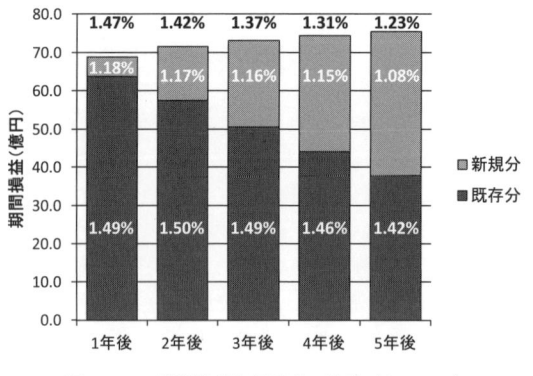

10. 住宅ローンのリスク分析および収益計算の高度化

図 10.13 期間損益と収益率の推移（ケース 2）

先ほどと同様に実際の分析においても共通してみられる特徴を整理する．
1. 既存分の収益額は，残高の減少と信用コストの上昇など複数の要因が重なって減少していく．近年の競争激化に伴う金利水準の低下が新規実行に反映されているため，収益率に関しては新規分に比べると高い．
2. 新規分の収益額の全体に占める割合は，金利水準低下に伴う収益率の低下を反映して，残高の全体に占める割合に比べると少なくなる．

仮に，住宅ローン事業の経費率が 1.20% だとした場合，既存分では採算が十分にとれているが新規分は採算割れとなっている，などといった判断ができよう．さらにポートフォリオ全体としては，まだしばらくは収支がプラスとなっておりいまのうちに改善策を立てる猶予が残されている，といった判断もあろう．

比較のために同じ集計をケース 2 について施したものが図 10.13 である．先ほどの既存分と新規分の混合割合で働いていたロジックと同じものが収益率に関してもいえる．すなわち，既存分，新規分，それぞれの収益率はケース 1 と変わらないが，ポート全体の収益率に関しては，新規の割合が増えている分だけ全体として低下している．

ここで述べたのは，主に収益計算における基本的な構造の理解である．将来推定にあたっては，まずこうしたベースケースともいうべき基本シナリオについて構造の理解を深めたうえで，金利の上昇シナリオ，新規実行計画の競争激化シナリオといったストレスシナリオについて多角的な分析を実施することになる．その際繰り返しになるが，新規実行分として想定する債権の質と量が将来推定に大きな影響を及ぼすため，新規実行分の設定が 1 つの鍵となろう．

収益の期待値計算とは将来に発生するリスクとリターンを可能な限り定量化し，1 つの数字として集約する作業に他ならない．しかし計算に用いた要素のなかには，精緻な推定が可能となったパーツもあれば，いまの段階ではまだそこまで到達しなかったパーツもあろう．そうしたパーツごとの完成度についても適宜配慮を行いつつ，いたずらに合算しないでおくような配慮を行うなど，計算過程を工夫することも有効な方法であろう．

10.4.6 収益計算の活用例

以下，プロジェクトの実例からいくつかの収益計算の活用例を紹介する．

a. 属性を用いた収益分析

収益率と属性の関係を分析することによって収益層に多い属性の傾向や反対に非収益層に多い属性の傾向を知ることが可能になる．

プロジェクトにおいては個別債権の収益率を計算しクラスター分析などによって収益層と非収益層を定義した後に各クラスターにおける属性の傾向を分析した．属性には住宅ローンの申込内容に加えて他の商品の契約の有無やATMの利用状況などを加えることで優遇を強化してでも開拓すべき顧客属性の特定や，優遇を控えるべき顧客属性の特定などを行った．

b. 変動商品に対する金利上昇シナリオ

金利上昇時における収益のインパクトは，既存のポートフォリオの商品構成によって関心が異なる．特約を含む固定商品であれば現在価値の低下や調達コストの上昇時期とのミスマッチなど一般的な金利リスク問題に帰結することになるが，例えば変動商品の構成比が多いポートフォリオであれば，金利上昇がもたらす返済額の増加がどの程度信用コストに影響を与えるか，という別の関心が提示される[32]．

プロジェクトにおいては年収と返済額の関係から返済比率の増加分を計算し，返済比率とデフォルト確率との感応度を用いて信用コストへのインパクトを算出した．

c. 失業率上昇シナリオ

広い意味で景気悪化による信用リスクの増加を検討したい，というニーズがある．1つの例としては債務者の失業を確率的に設定し信用コストへの影響をみる方法があろう．

プロジェクトにおいては失業率の上昇幅を設定し，乱数を用いて抽選された債務者の年収にインパクトを与えた．年収減少による返済比率の増加から信用コストへの影響はb.と同様に行った．

d. マクロ経済の変動の考慮

経過年と顧客属性からハザードモデルを構築した場合には，特定の年度に発生する特有の事象[33]をどのように反映するか，という問題がある．時間依存変数としてマクロ経済指標を説明変数へ組み込むことも可能であるが，各指標とデフォルトの発生には通常タイムラグがあり，どの指標を何ヶ月差で説明させるかという試行錯誤の作業が膨大になる．

プロジェクトにおいては，より簡便にモデルからの推定値と実績値の残差に対して，最も相関係数の高いマクロ経済指標とタイムラグの組合せを選定し推定デフォルト確率の補正に利用した．各年度の要因をこうした手法で吸収することによって，年度ごとの実績と推定のフィットネスは各段に向上する．また過去に発生したストレスと同様のストレスを将来推定に適用する際，合理的なストレス値の設定方法として重宝する．

---

[32] 変動商品の多くは約定利率が1%を切る水準まで下がっており，今後は金利の上昇方向にのみ大きな変動要素があるという現状を反映したものといえよう．

[33] ここでは例えば失業率が突出して高い年度など経済情勢の違いを想定している．

e. 優遇幅に対するストレスシナリオ

10.3.4 項において金融機関が講じている借換え案件に対する防衛策について述べた. 具体的には当初実行時点において確定している優遇金利を,返済期間中に一層引き下げる交渉を個別に行うことで,他の金融機関への借換えを抑制するものであった. これは性質上,当初の約定条件ではなく後から追加的に決定される条件であるため,ベースシナリオにおいて約定条件どおりのキャッシュフロー展開を行っている限りは反映することができない. またこうした防衛策の多い金融機関においてはベースシナリオの収益は明らかに過大評価になってしまう.

プロジェクトにおいては,評価時点において新規実行条件利率よりも高い利率で返済している債務者に対して乱数による抽選を行い,次回の金利更改時に現在の利率まで引き下げるロジックによって防衛策のコストを評価した.

新規実行債権の利率が既存実行債権の利率より低くなっている現状において,収益の源泉は相対的に既存実行債権に存在している例を述べてきたが,住宅ローンポートフォリオの抱えている大きなリスクの 1 つとして特に 10.4.6 項 e. で述べた防衛策コストには注意が必要である. なぜならば,源泉であるはずの既存債権からの収益も確定的なものではなく,競争によって日々失われていく現状があるからである. 防衛策を実施している金融機関の場合は特に将来推定を実施するにあたっての 10.4.6 項 e. のシナリオは重要である.

10.5 まとめ

住宅ローンのリスク管理の精緻化の要は,時間の経過に伴って変化するリスクを精確に捉え,それを将来推定に反映していくことである. さらに,リスク分析だけでは完結しない論点も,新規実行分を含めた収益計算を行うことによってみえてくることが多い. 加えて収益計算に必要となる要素は,リスク管理部門,営業推進部門,審査部門等の複数の部門の専門知識が必要であるため,社内において関係部署が共同して収益計算プロジェクトを行うことで,住宅ローン事業の現状と将来の理解について,部門間での共通したプラットフォームを構成できるというメリットもある.

将来を含めた全体像を見据えるために,まずはそこに向けて一歩を踏み出すことが重要であろう.

11 不動産のリスク管理

11.1 はじめに

　日本における商業用不動産[*1)]の市場規模はおよそ 2.7 兆ドルであり世界でも米国に次いで第 2 位にある．狭小な国土でありながら全世界の商業用不動産において約 10%のシェアを誇る．さらに，商業用不動産は半分以上をローンにより調達されているため，投融資の市場規模としては巨大である．東京証券取引所の時価総額およそ 258 兆円（2012 年 8 月末時点）と比べると，不動産市場の大きさを確認できる．

　市場規模が大きい一方で，不動産市場特有の変動特性から，他の金融資産にて広く行われるような分散共分散法，VaR などの主要なリスク管理手法を適用することが難しく，不動産リスク管理にはスタンダードな方法が存在していない．投融資を行う各機関では独自のリスク管理手法を導入しているが，利用可能なデータが少なかったという歴史的背景もあり，その手法は多種多様をきわめる．

　このような状況下，2001 年に日本市場において不動産投資信託（Japan real estate investment trust，以下 J-REIT と略す）が上場し，不動産取引に関する情報を利用できる環境が大きく改善した．日本では市場で行われる不動産取引の情報取得が難しい一方で，J-REIT 各社の開示姿勢には特筆すべきものがあり，世界的にみても情報の統一性・完備性は優れている．近年では，この開示情報をもとに情報分析が進み，不動産リスク管理は大きく前進した．

　本章では，金融工学の視点から商業用不動産の価格変動に焦点を当て，リスク管理手法を紹介する[*2)]．まず，不動産市場の変動特性を紹介し，その変動特性を踏まえたうえで，近年提唱されているリスク計測手法を紹介する．

[*1)] 不動産用途のなかで，居住用不動産，事業用不動産（工場など）を除く，収益獲得を目的とする不動産をさす．
[*2)] 不動産のリスクには，自然災害，人為的災害（放火・テロなど），リーガルリスク，経費の変動リスクなど，他にもさまざまなリスクが存在するが，本章では考慮しない．

11.2 不動産市場の特徴

戦後の日本の不動産市場は大きく 2 つの時代に分けられる．最初は，1990 年代までの不動産バブルの誕生と崩壊の時代である．1980 年代までは，長期にわたる年 4% を超える経済成長を背景に，不動産市場は拡大の一途をたどる．いわゆるバブル経済である．この時代，日本の土地神話に根差した超長期保有やバブル隆盛期の超短期売買といった日本独特の取引慣習があった．その後，1990 年代に入り，バブル経済が崩壊すると，日本経済の成長も年 2% を下回り，地価・不動産価額ともに急速な下落をすることになる．

次の時代は，1990 年代終盤から始まった国際化の時代である．この時期には，不良債権投資を狙い外資系投資家が日本市場に進出した．日本の取引慣習とは違い，彼らは実践的なディスカウントキャッシュフロー法を使い，3 年から 5 年間の中期的な保有期間での売買による収益獲得を行った．このような欧米の取引慣習は，日本の不動産市場に急速に浸透し，さらに 21 世紀に入りノンリコースローン[*3] 市場の広がりや J-REIT 市場開設など投資環境の改善も手伝い，健全な不動産売買市場が構築されていった．

リスク管理の視点でこの時代をみてみると，バブル経済のなかでは，不動産取引は投機的な色彩が強く，世の中の強気の雰囲気と相まって，市況の後退局面を想定しにくく，リスク管理が育ちにくい環境にあった．逆に，バブル崩壊の過程では，資産価格の下落に伴う目前の問題への対処が主な仕事になり，この場面でもリスク管理はないがしろにされていた．したがって，本章では，不動産のリスク管理で取引市場・投資家の広がりをみせた 2000 年以降に焦点を当てて考察する．これにより，日本市場のみならず海外市場にも適用可能な汎用的なリスク管理モデルが構築可能になると考える．

不動産市場のダイナミクス

一方，不動産市場のダイナミクスにはトレンド性が強いという特徴がある．Case and Shiller (1989) は，米国の住宅市場の分析でトレンド性が非常に強く，価格の年次変化は翌年も同じ方向に続く傾向があると指摘している．このトレンド性の分析を行った結果を図 11.1 に示す．これは不動産市場のインデックスである市街地価格指数[*4] の対数収益率のコレログラム，すなわち自己相関係数を表したグラフである．期間は 2000 年 3 月～2012 年 3 月，半年ごとの 25 サンプルを使用した．

図 11.1 より，非常に重要な示唆が 2 つあげられる．1 つはトレンド成分の強さであり，1 年までの自己相関係数は，有意に正の相関をもっていることを示している．すなわち，収益率は 1 年程度は同一の方向をもつことになり，トレンド性が強いことを示している．

もう 1 つの示唆は周期性である．図 11.1 は 3 年から 4 年にかけて逆相関が有意であ

---

*3) ノンリコースローンとは，非遡及型のローンのことであり，金利および元本の返済原資を，責任財産である対象不動産のみに限定する．

*4) 日本不動産研究所が公表する市街地価格指数のうち，商業地（6 大都市）を採用した．

11.2 不動産市場の特徴

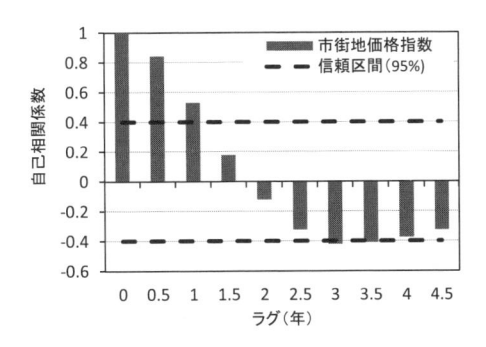

図 11.1 不動産市場のコレログラム

ること，すなわち，1 周期が 6 年から 8 年であることを示している．不動産市場の周期性に関する研究は多く，例えば Barras (2009) は，英国をはじめ世界各国の不動産市場を長期間にわたり調べ，供給数，空室率，賃料など不動産のさまざまな指標に周期性があることを指摘している．Baum (2009) は不動産の周期が 8〜9 年であることを示している．図 11.1 の結果は，国は違えども Baum の結果を支持するものであり，不動産市場の周期性が日本市場にも存在していることを示している．

不動産市場を捉えるとき，この 2 つは欠かすことができない特徴である．統計的には，不動産市場は収益率の期待値が時間とともに変化して一定ではないため，定常性を満たさない，すなわち非定常過程であるということができる．後述するリスク管理モデルにおいてもこの非定常性の特徴を捉えることが必要である．

さらに，およそ不動産の指数は景気に対し遅行するという特徴をもつ．図 11.2 は日本銀行の全国企業短期経済観測調査（不動産業業況指数全規模，以下では日銀短観と略す）と市街地価格指数（商業地 6 大都市）の 2 変数を，カルマンフィルターによりスムージングをかけた結果である．これをみると，市街地価格指数が日銀短観に対し遅行している様子がわかる．遅行度合は約 1 年であるが，不動産市場に存在するさまざまな指数についても同程度以上に遅行する傾向がある．

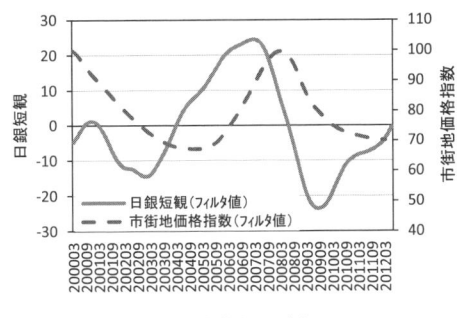

図 11.2 景気指標に対するラグ

11.3 資産評価法

不動産のリスク管理手法は，資産価格の変動を管理することがベースとなる．ここで，まず主な不動産の価格評価法について簡単に述べる．日本の不動産鑑定評価基準では不動産の評価には次の3つの方法，①原価法，②取引事例比較法，③収益還元法を併用することを定めている[*5]．原価法は評価時点における対象不動産の再調達原価（新規に土地を購入し同等の建物を建築したときにかかる費用）を求め，この再調達原価について経年による減価修正を行って，対象不動産の資産価格を求める手法である．ただし，一般に商品の価格は，原価ではなく市場取引によって決まるという経済原則から考えると，原価法による不動産価格は一定の目安にはなりうるが，「市場価格」と定めることは難しい．取引事例比較法は，実際に取引のあった事例と当該不動産を不動産の属性の違いを考慮し，事情補正および時点補正を加え，市場価格を割り出す方法である．この方法は，実際の市場取引を参照するという点では市場価格により近いといえるが，市場に存在する多数の取引事例から評価に都合の良い事例を取り上げることができるという，いわゆるチェリーピッキングの問題が存在する．

最後の収益還元法は，ファイナンス理論でいうところの現在価値法に相当する．現在価値法は他の金融資産の評価にも広く用いられるため理解が得られやすく，市場価値を表すには一番適しているモデルである．不動産鑑定の手法のなかでも市場価格を導出するために中心的な役割を果たす．収益還元法には，大きくディスカウントキャッシュフロー法（以下，DCF法と略す）と直接還元法の2つの手法がある．DCF法は，将来のt期のキャッシュフローCF_tを収益還元率rで割り引き，現在価値PVを算出する．すなわち，

$$PV = \sum_{t=t_1}^{T} \frac{CF_t}{(1+r)^t} + \frac{V_{terminal}}{(1+r)^T}$$

である．各期のキャッシュフローの設定が任意にでき個別性を反映させやすいので使いやすいが，将来の想定売却価格に相当する復帰価格$V_{terminal}$の影響が大きくなってしまう．復帰価格は次の直接還元法と同様の式にて求められるため，直接還元法との差異が明確ではなくなってしまう．

もう1つの収益還元法である直接還元法は，すべての期間のキャッシュフローCFを一定と仮定し，収益還元率（以下，キャップレートと略す）も通期一定として割引き現在価値を求める．すなわち，$PV = \frac{CF}{r}$となる．実際のキャッシュフローと市場キャップレートが求まれば資産価格が求まるという，非常に単純な式ではあるが強力な評価法であり，評価および取引の実際の場面で広く用いられている．本節では，不動産資産の評価法として，3つの手法を紹介する．

[*5] 平成19年改訂『不動産鑑定評価基準』「第7章 鑑定評価の方法」による．

11.3.1 キャップレートモデル

ここでは神崎 (2012) によるキャップレートを用いた不動産評価法を紹介する．これは収益還元法の1つのパラメータであるキャップレートを推定し，直接還元法に適用し不動産価格を推定する手法である．

a. キャップレートに関する既存研究

キャップレートの初期の研究は，Ellwood (1959) が不動産鑑定用のキャップレートの導出式を提唱するなど，不動産評価の実務的な要請から行われた．近年になり，An and Deng (2009) はキャップレートを複数期間の収益率と賃料成長率と関連づけ，カルマンフィルターを用い，時間的に変動するキャップレートモデルを構築した．このような先行研究では，キャップレートを他の市場のパラメータを利用して説明するという間接的な手法が多かったが，近年になり，観察データから直接的にキャップレートの導出を行った研究が広がりをみせている．例えば，Ching (2004) や清水 (2010) はキャップレートの決定要因を実証的に検証している．神崎 (2012) は，さらに推定されたキャップレートを用いて価格評価すると，実際の不動産取引価格を他の手法より精度良く求められることを実証した．

b. モデル

ここでは，神崎 (2013) に基づくキャップレート推定モデルを紹介する．キャップレートの定義はキャッシュフロー／不動産価格であるが，分子分母にそれぞれ何を採用するかにより多彩な定義が存在する．ここでは Fisher (2000) の定義に従い，次のように定める．

$$r = \frac{NCF}{V} \tag{11.1}$$

ここで，r はキャップレート，NCF はキャッシュフロー（実績値）で，V は取引価格である．NCF は純収益 (net cash flow) であり，正味営業利益 (net operating income, NOI) から資本的支出[*6)]を控除したキャッシュフローである．NCF の計測期間は原則として取引時点直前1年間とする[*7)]．キャッシュフローには NOI を用いる場合もあるが，現在の鑑定評価に用いられるキャッシュフローには，より実際の収益に近い NCF が採用されることが多いので，実務上の使いやすさも考慮し NCF を採用する．

(11.1) のキャップレート r に，所在地やビル規模および取引時点など物件と取引に付随する属性による構造が観察されるかを検証する．一般的なヘドニック法は資産額に対する属性の寄与度を示すが，このモデルではキャップレートに対して同様に属性の寄与度が現れるかを検証する．具体的な解析手法としては，不動産取引の事例に対し，i 番目の取引における取引キャップレート r_i の対数 y_i に対して，i 番目の取引における対象不動産の属性を説明変数として，多変量線形回帰モデル（ダミー説明変数による数量

[*6)] 資本的支出は，毎年かかる修繕費とは違い，物件の価値を維持・向上するために行われる大規模修繕のことである．年ごとの振れが大きいため年平均値を採用する．

[*7)] テナントの退去などの理由により，平均値として不適当と判断される場合，長期あるいは直前ではなく別の期間のネットキャッシュフローを採用する場合がある．

化 I 類の手法）を当てはめる．

$$y_i = \log(r_i) = \log\left(\frac{NCF_i}{V_i}\right) = \sum_{P \in P_1} \boldsymbol{\beta}_P^\top \boldsymbol{D}_{P,i} + c + \epsilon_i \tag{11.2}$$

$$\boldsymbol{\beta}_P = \begin{pmatrix} \beta_{gr_P^1} \\ \vdots \\ \beta_{gr_P^{n_p}} \end{pmatrix}, \quad \boldsymbol{D}_{P,i} = \begin{pmatrix} 1_{\{p_i \in gr_P^1\}} \\ \vdots \\ 1_{\{p_i \in gr_P^n\}} \end{pmatrix}$$

c：定数項（サンプルの平均値に設定する）

ϵ^i：誤差項．i.i.d., $N(0, \sigma^2)$

$\boldsymbol{\beta}_P, \boldsymbol{D}_{P,i}$ はそれぞれ説明変数 P の係数ベクトルとダミー変数ベクトルを表す．説明変数の集合 $P_1 = \{yr, area, ag, floor, age, dist, building, land\}$ の各要素は，取引および物件の属性に関与する情報として以下のように定める．

(1) 取引時点（yr）
(2) エリア：東京都千代田区といった行政区を採用（$area$）
(3) エリアグレード：エリア内の小エリアに対するパラメータ（ag）[*8]
(4) ビル規模：延床面積を使用（$floor$）
(5) 築年：取引時点のビルの築年を使用（age）
(6) 駅距離：最寄り駅からの距離を使用（$dist$）
(7) 建物権利：建物が完全所有か否か（$building$）
(8) 土地権利：土地が完全所有か否か（$land$）

ここで各説明変数 P は複数のグループに分かれるが，gr_P^j はその j 番目のグループをさす．p_i は説明変数 P において i 番目の取引の物件が属するグループ，$1_{\{\ \}}$ は定義関数で，$\boldsymbol{D}_{P,i}$ は i 番目の取引がどのグループに属するかを示すベクトルである．

(11.2) の重回帰分析により回帰係数を求め，これを用いて対数キャップレートの推定値 $\tilde{y}_i$ を求める．

$$\tilde{y}_i = \sum_{P \in P_1} \boldsymbol{\beta}_P^\top \boldsymbol{D}_{P,i} + c \tag{11.3}$$

次に推定値 $\tilde{y}_i$ の指数を取り推定キャップレートに変換するが，(11.3) では (11.2) の ϵ_i を無視した分だけ分散が低下するため，$\tilde{y}_i$ の指数そのままだと平均値に低下バイアスがかかる．そのため (11.2) のキャップレート r の平均値と推定キャップレート $\tilde{r}$ の平均値を一致させるため，次式により調整する[*9]．

[*8] 物件の所在するエリアは行政区を採用しており，物件を特定するエリアとしては，かなり広範囲になる．そこで，エリア内のより細かな場所の質的なレベルを定量的に示すパラメータとしてエリアグレードを作成した．これは，細分化されたエリアの賃料水準を，最高値から最低値まで段階に分け数量化したものである．オフィスの場合は，0.5 ポイントから 5 ポイントまで 0.5 ポイント刻み，共同住宅の場合は 1 ポイントから 20 ポイントまで 1 ポイント刻みに設定してある．

[*9] $x \sim N(\mu, \sigma^2)$ のとき $E[e^x] = \exp(\mu + \frac{\sigma^2}{2})$ であることを利用した．

11.3 資産評価法   179

$$\tilde{r}_i = \exp(\tilde{y}_i + \Delta\sigma^2/2) \tag{11.4}$$

$\Delta\sigma^2$ は,キャップレートの分散と推定キャップレートの対数の分散との差である.(11.4) により推定キャップレートが得られるので,(11.1) を用いて推定価格 $\tilde{V}$ を

$$\tilde{V}_i = \frac{NCF}{\tilde{r}_i} \tag{11.5}$$

により求める.

11.3.2 Fisher–Geltner–Webb モデル

Fisher et al. (1994) が不動産価格のインデックスを作成する際に,回帰分析を用いた評価手法は,

$$\begin{aligned}\log\left(\left(\frac{V}{SF}\right)_i\right) =\ & \beta_1(\mathit{office}_i) + \beta_2(\mathit{retail}_i) + \beta_3(\mathit{funct}_i) \\ & + \beta_4(\mathit{locate}_i) + \beta_5(\mathit{persinc}_i) + \beta_6(\mathit{cpop}_i) \\ & + \beta_7(\mathit{nisf}_i) + \beta_8(\mathit{cisf}_i) + \beta_9(\mathit{yr}_i^{1982}) \\ & + \beta_{10}(\mathit{yr}_i^{1983}) + \beta_{11}(\mathit{yr}_i^{1984}) + \beta_{12}(\mathit{yr}_i^{1985}) \\ & + \beta_{13}(\mathit{yr}_i^{1986}) + \beta_{14}(\mathit{yr}_i^{1987}) + \beta_{15}(\mathit{yr}_i^{1988}) \\ & + \beta_{16}(\mathit{yr}_i^{1989}) + \beta_{17}(\mathit{yr}_i^{1990}) + \beta_{18}(\mathit{yr}_i^{1991}) \\ & + \beta_{19}(\mathit{yr}_i^{1992}) + \epsilon_i \end{aligned} \tag{11.6}$$

である.V は取引価格,SF は物件の延床面積,$\beta(\cdot)$ はダミー関数,office,retail はそれぞれオフィス,商業施設のダミー変数,funct は物件の機能性 (functionality),locate は物件の都心部内での所在地の質 (1~10),$\mathit{persinc}$ は物件の周辺地域の平均収入,cpop は物件の周辺地域の人口変化,nisf は物件の 1 スクエアフィート当たりの平均賃料,cisf は物件の 1 スクエアフィート当たりの平均修繕費,yr^{yyyy} は西暦 yyyy 年のダミー変数,ϵ は誤差項 $N(0, \sigma^2)$ である.

価格推定を行うには,(11.6) の誤差項を取り除き,V について解いた式[*10] を用いる.

11.3.3 ヘドニック法

ヘドニック法は,不動産を属性 (所在地,不動産用途,築年,延床面積など) の集合体として捉え,この集合体が不動産価値を与えるという手法である.属性を説明変数とし回帰式を適用すると定量的な分析に適合するため,学術的には広く用いられている.ヘドニック法は,価格 (または価格の対数値) を物件属性の関数 (主に線形関数) として次のように表す.

$$\log(V_i) = f(P_{1,i}, P_{2,i}, \cdots) + \epsilon_i \tag{11.7}$$

学術的に用いられる一方で,鑑定の評価法としては用いられていないため実務者から敬遠されがちなことや,パラメータがモデルごとに特殊なものになる傾向があるため,ス

[*10] (11.4) と同様のバイアス調整を行う必要がある.

タンダードなモデルになりにくいという問題が存在する．

価格推定を行うには，(11.7) の誤差項を取り除き，V について解いた式[*11)] を用いる．

11.4 資産評価の実証分析

11.4.1 データ

実際のデータを用いて実証分析を行った結果を次に示す．まず，実証分析に用いたデータを示し，次に回帰を行った結果，およびこの回帰結果を用いてキャップレートを推定し価格を推定した評価結果の 2 つを示す．

データは，J-REIT の実際の取引データを用いた．対象は，下記エリアに含まれる取引とする．

- オフィスのエリア
  首都圏：千代田区，港区，中央区，渋谷区，新宿区，東京副都心[*12)]，東京郊外[*13)]．
  地方都市：大阪市，名古屋市，政令指定都市．
- 共同住宅のエリア
  首都圏：千代田区，港区，中央区，渋谷区，新宿区，城東地区[*14)]，城西地区，東京郊外．
  地方都市：大阪市，名古屋市，福岡市，札幌市．

期間は 2001 年 5 月〜2011 年 4 月で，データ数はオフィスでは 652 件，共同住宅では 1038 件である．キャップレート算出に用いる NCF は，入手可能なデータのうち客観性が高いと判断されるデータを採用した[*15)]．

11.4.2 回帰結果

オフィスと共同住宅に対する偏相関係数をそれぞれ表 11.1 と表 11.2 に，オフィスの回帰係数を表 11.3 に記す．表 11.1 をみると取引時点，エリア，エリアグレード（以下，AG と略す）といった基本的な取引情報はオフィスと共同住宅双方で p 値[*16)] が小さく，非常に有効な変数であることがわかる．さらに，延床面積や築年は次に有効な変数であり，建物や土地の所有権は有効性が低いことがわかる．

[*11)] (11.4) と同様のバイアス調整を行う必要がある．
[*12)] オフィスの他のエリアを除いた，品川，池袋など東京都区部副都心エリア．
[*13)] 横浜地区，さいたま市など東京周辺の主要都市．
[*14)] 共同住宅の他のエリアを除いた東京 23 区のうち，東のエリア．同様に城西地区は西のエリア．
[*15)] 実際の NCF を採用した．それが入手不可能な場合，当該物件のアセットマネージャーが定める NCF を採用した．さらにそれも入手できない場合は，鑑定評価内で定められる NCF を採用した．データの適切性は不動産鑑定士が判断した．
[*16)] 説明変数ごとに偏相関係数，t 値，p 値を算出した．これは各説明変数内の個別ダミー変数の p 値よりも，説明変数ごとの p 値の方がより変数の重要性を捉えやすいと考えたためである．算出方法は青木 (2005) を参照のこと．

表 11.1 回帰結果（オフィス）

説明変数	偏相関係数	t 値	p 値
取引時点	0.707	25.356	7.51E-99
エリア	0.536	16.097	3.10E-49
AG	0.454	12.932	3.62E-34
延床面積	0.31	8.261	8.26E-16
築年	0.114	2.901	0.0039
駅距離	0.115	2.93	0.0035
建物所有権	0.034	0.87	0.384
土地所有権	0.007	0.171	0.864
定数項	-	22.851	2.65E-83

修正決定係数 0.539　標準誤差 0.125
サンプル数 652

表 11.2 回帰結果（共同住宅）

説明変数	偏相関係数	t 値	p 値
取引時点	0.619	25.273	5.07E-110
エリア	0.602	24.163	1.56E-102
AG	0.431	15.304	8.68E-48
延床面積	0.073	2.36	1.85E-02
築年	0.121	3.896	0.0001
駅距離	0.062	1.987	0.0472
建物所有権	0.06	1.941	0.0525
土地所有権	0.066	2.129	0.0335
定数項	-	16.29	6.04E-53

修正決定係数 0.547　標準誤差 0.171
サンプル数 1038

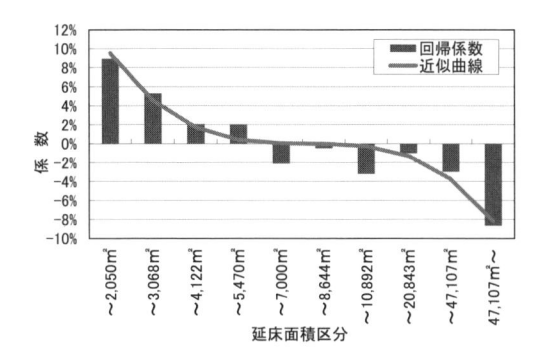

図 11.3　キャップレートの延床面積に対する回帰係数

次に，表 11.3 の回帰係数を考察する．

この表をみると，各説明変数の係数が定性的な要請[17]と整合的であることがわかる．例えば，大規模なビルになるほどキャップレートは小さくなり，割高な物件になることが表現されている．このことを明確に示したものが，図 11.3 の延床面積の区分に対する回帰係数である．統計処理のため，中間区分のところでやや不整合が起きてしまうが，実際の適用時には図中の曲線のようにスムージングをかけて用いるのが適切と思われる．

11.4.3　価格推定結果

キャップレートモデル (11.5) による推定価格の精度を検証するため，他の評価手法による参照モデルを 2 つ用意する．参照モデル 1 は，(11.6) の Fisher–Geltner–Webb モデルを応用したモデルであり，

---

[17] 不動産業界において一般的に期待される傾向をさす．例えば，他の条件が同一であれば新築のビルは築 30 年の古いビルよりキャップレートは小さいなど．

表 11.3 回帰係数（オフィス）

説明変数	値	回帰係数	説明変数	値	回帰係数
取引時点	2001 年上期	0.209	エリアグレード	0.5	0.14
	2001 年下期	0.199		1	0.083
	2002 年上期	0.149		1.5	0.103
	2002 年下期	0.196		2	0.064
	2003 年上期	0.149		2.5	0.051
	2003 年下期	0.152		3	0.013
	2004 年上期	0.134		3.5	-0.048
	2004 年下期	0.075		4	-0.06
	2005 年上期	0.019		4.5	-0.067
	2005 年下期	-0.017		5	-0.074
	2006 年上期	-0.038	延床面積	～2050m^2	0.09
	2006 年下期	-0.036		2050～3068m^2	0.053
	2007 年上期	-0.149		3068～4122m^2	0.021
	2007 年下期	-0.235		4122～5470m^2	0.021
	2008 年上期	-0.184		5470～7000m^2	-0.021
	2008 年下期	-0.177		7000～8644m^2	-0.005
	2009 年上期	-0.004		8644～10,892m^2	-0.032
	2009 年下期	0.08		10,892～20,843m^2	-0.01
	2010 年上期	0.036		20,843～47,107m^2	-0.03
	2010 年下期	0.086		47,107m^2～	-0.086
	2011 年上期	0.014	築年	～1.99 年	-0.019
エリア	千代田区	-0.129		1.99～11.2 年	-0.019
	中央区	-0.074		11.2～14.54 年	0.006
	港区 1	-0.026		14.54～17.76 年	0.002
	港区 2	-0.078		17.76～24.99 年	0.006
	新宿区	-0.03		24.99 年～	0.029
	東京副都心	0.097	駅距離	～100m	-0.013
	東京郊外	0.041		100～200m	-0.007
	大阪市	0.077		200～300m	0.024
	名古屋市	0.047		300～450m	0.006
	政令指定都市	0.113		450m～	-0.012
			建物所有権	完全所有権	-0.005
				非完全所有権	0.017
			土地所有権	完全所有権	-0.001
				非完全所有権	0.003
			定数		1.676

$$\log\left(\frac{V_i}{SF_i}\right) = \sum_{P \in P_2} \boldsymbol{\beta}_P^\top \boldsymbol{D}_{P,i} + c + \epsilon_i \tag{11.8}$$

である．ここで $P_2 = \{yr, area, ag, rent, age, dist, building, land\}$，$rent$ は賃料単価で，(11.6) の $nisf$ の代替変数であり，SF_i は物件 i の床面積である．

参照モデル 2 は，11.3.3 項にて紹介したヘドニック法による価格推定法である．(11.7)

11.4 資産評価の実証分析

表 11.4 価格推定誤差比較 (オフィス・共同住宅)

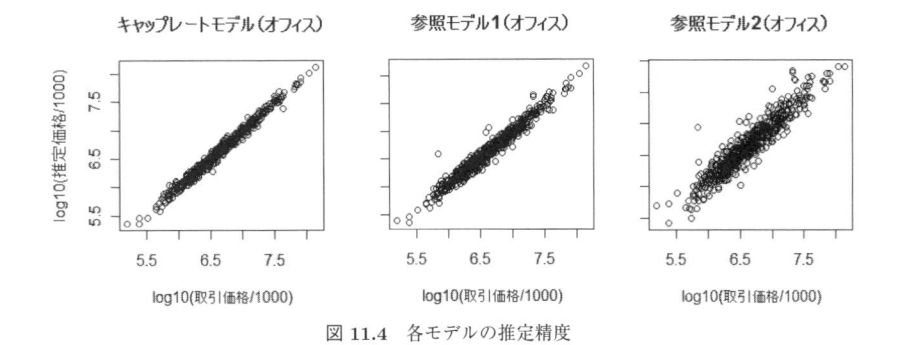

用途	モデル	IS/OS	価格推定誤差
オフィス	キャップレート モデル	IS	9.43%
		OS	10.50%
	参照 モデル 1	IS	16.00%
		OS	16.70%
	参照 モデル 2	IS	30.00%
		OS	37.20%
共同住宅	キャップレート モデル	IS	7.41%
		OS	7.85%

図 11.4 各モデルの推定精度

の具体的な定式化は,

$$\log(V_i) = \sum_{P \in P_3} \boldsymbol{\beta}_P^\top \boldsymbol{D}_{P,i} + c + \epsilon_i \quad (11.9)$$

とする.ここで,$P_3 = \{yr, area, ag, floor2, age, dist, building, land\}$,$floor2$ は,(11.2) にて用いた延床面積 ($floor$) とは異なり,当該物件の床面積である.

各モデルにより回帰計算を実行し,パラメータを推定する.次に資産額の推定をそれぞれ行った際の推定精度を比較する.精度の比較では価格推定誤差平均 ($Err = E[(\tilde{P}_i - P_i)/P_i]$) を算出したが,全サンプルを用いてパラメータ推計および価格検証を行うインサンプル法 (IS) と,サンプルの 90%のデータをパラメータ推計に使い,残り 10%のデータにて価格検証を行うアウトオブサンプル法 (OS) の2つの方法で行った.それらの結果を表 11.4 にまとめた.表中の価格推定誤差によると,キャップレートモデルの誤差は他のモデルに比べて小さく,精度が良いことが確認できる.さらに,取引価格対推定価格のプロットを図 11.4 に示す.図からも,キャップレートモデルの精度が一番良いことが確認できる[18].

---

[18] 図 11.4 はすべて IS の結果である.OS でも,同様の結果が得られている.

11.5 収益還元法に基づくリスク管理手法

不動産のリスク管理にはスタンダードな手法というものが存在していない．これは，市場の特徴で述べたような市場の強い非定常性や，長い取引時間（株式の取引にかかる時間は秒単位なのに対し，不動産取引は月単位である）により，金融資産の評価に課される仮定が基本的に適用できない[19]ことが理由である．他の金融資産のリスク管理において一般的な手法（分散共分散法，VaR など）がそのまま不動産資産に対して適用可能とはならないため，不動産のリスク管理は特殊性の高いものになる傾向がある．

一般的な手法がないなかでも，近年提唱されているリスク管理に用いられる 2 つのリスク量計測法を以下に紹介する．不動産評価法の 1 つである収益還元法を考えたとき，評価にはキャッシュフローと割引率であるキャップレートの 2 つのパラメータがある．それぞれに変動リスクがあるため，キャッシュフローの変動リスクと割引率の変動リスクが不動産リスクの源泉となる．そして，それぞれのリスクファクターに焦点を当てたリスク量計測手法が存在する．1 つは 11.6 節で紹介するキャッシュフローの変動リスクが不動産のリスクの源泉とするダイナミック DCF 法である．もう 1 つは 11.7 節で紹介するキャップレートが変動するとしたダイナミックキャップレートモデルである．

11.6 ダイナミック DCF 法による評価

ダイナミック DCF（以下，DDCF と略す）法は，「不動産などの将来の不確実なキャッシュフローに基づく価値評価は，キャッシュフローの生成プロセスが確率的であるので，その現在価値としての値も確率的となる．それゆえ，DDCF 値としての不動産価値は，確率分布として定式化される」（刈屋ら，2000）と表現されるように，キャッシュフローの不確実性が不動産のリスク因子とする手法である．

具体的には，将来の収入から費用を控除した収益を確率変数 CF_i とし変動を与え，その現在価値の分布 PV_i を作成する．ここで，i はシミュレーションのパス番号を想定する．

$$PV_i = \sum_{t=t_1}^{\infty} CF_{i,t} D_t \tag{11.10}$$

ここで D_t は t 時点から現在までのディスカウントファクターであり，キャップレートではなく無リスク金利を用いて算出される．現在価値の分布を用いるとさまざまな指標が計算できる．たとえば，評価額 V を算出するときは，$V = E[PV_i]$ として与えられる．あるいは，デフォルト確率 P_{def} は，PV_i が負債額 $Debt$ を下回った場合をデフォ

---

[19] 例えば，Black and Cox (1976) によると，条件付請求権の評価時の仮定として，(a) 市場に影響を与えずいくらでも売買可能，(b) 安全資産の存在，(c) ショートポジションが利用可能，(d) 連続時間で取引可能，(e) 税金，取引コストなどのコストが不要，(f) 資産は資産価格の 2 乗に比例する分散にて拡散する，を定めている．しかし，不動産市場では (b) 以外いずれも不適合である．

ルト状態として，定義関数 $1_{\{\cdot\}}$ を用いて次式のように算出する．

$$P_{def} = E[1_{\{PV_i < Debt\}}] \tag{11.11}$$

ここで DDCF 法の特徴をあげる．
1. 確率変数がキャッシュフローであるため，データの収集がしやすく，わかりやすい．
2. パラメータのなかに観測できないものが多く，モデルのセットアップが非常に難しい．
3. キャッシュフローを市場金利で割り引くため，キャッシュフローが同一であれば評価額は一致してしまい，実際とは異なる．さらに，金利は固定されているため，大きいはずの金利変動リスクは考慮されない．

このように，DDCF 法はわかりやすい一方で，実際に存在する金利変動リスクを考慮していないなど欠点があり，学術的な研究に比較し実務的な利用は広がっていない．

11.7 ダイナミックキャップレートモデルによる評価

収益還元法のもう 1 つのリスクパラメータであるキャップレートに焦点を当てたリスク量計測モデルである，ダイナミックキャップレートモデルについて紹介する．DDCF 法は，収益還元法のキャッシュフロー側に価格リスクの源泉を求め，割引率を変動させずに固定している．ところが，現在価値法を用いた際には，キャッシュフローの変動より割引率の変動の方がリスクの要因としての寄与度は大きいとする報告がある．不動産ではキャッシュフローとキャップレートでは，キャッシュフロー（主に賃料）の方が情報の入手がしやすかったという歴史的な背景もあり，キャッシュフローをリスク要因にしていた場合が多かった．ところが Geltner and Mei (1995) は，鑑定不動産価格を分解し市場価格に変換し，キャッシュフローとキャップレートとの寄与度を比較することにより，キャップレートに価格変動リスクの源泉があることを示した．この指摘は非常に重要であり，リスク管理の主要な論点を 180 度反転させるというインパクトがある．ちなみに，11.6 節の DDCF 法のシミュレーションを行うと，金利が 1%上昇すると評価額は 16.5%大幅に下落する．すなわち，不動産のリスク管理では割引率の変動リスクも考慮する必要があることがわかる．

ここでは，キャップレートの変動に焦点を当てた不動産評価方法であるダイナミックキャップレートモデルを紹介する．この方法では，割引率であるキャップレートの変動が資産変動を生むと考える．従来は実際の不動産取引のデータの入手が難しかったため，市場キャップレートの変動を実測することは難しかった[20]が，ここでは J-REIT のデータを収集し，取引時につけるキャップレートを算出し，さらにキャップレートの決定要因分析を行ったところ，不動産属性（地域，ビル規模など）が示す特性や，不動産市場全体の動きを明確に示す結果が得られた．さらに本項ではダイナミックキャップレー

---

[20] 投資家に対しアンケート調査を行い，市場のキャップレートとして公表する例はあった．

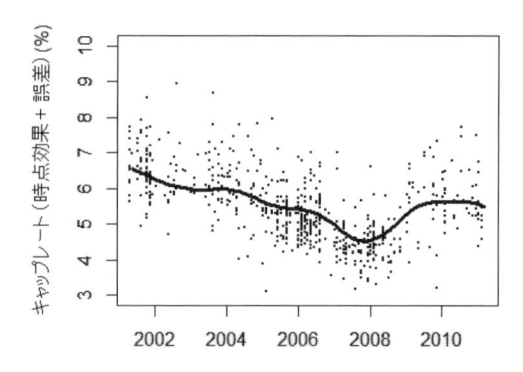

図 11.5 キャップレート(オフィス)のプロットおよび中心線

トモデルの応用として,将来価格変動の予測やリスク量計測への適用について述べる.

不動産市場には非常に強いトレンド性が存在する.そのため,将来変動を記述する際に,現在の情報だけではそもそも将来時点の期待値が合致しないので,トレンドの上昇(下降)のスピードを計測し,時間変動分を現在の値に加算することにより将来時点の期待値を合わせることになる.ただしこの方法は,短期間では問題ないが長期になると,上昇(下降)を続けるという仮定のため,いずれは適切なレンジを逸脱してしまう.そのため,不動産価格の記述を行う場合,トレンド性に加えて周期性も考慮する必要がある.

まず,キャップレートの運動の特徴を分析する.(11.2) から時間成分,定数項と誤差項だけ取り出し,次式のように y_i を推定し,(11.4) を用いてキャップレートを推定する.

$$y_i^c = \boldsymbol{\beta}_{time}^\top \boldsymbol{D}_{time,i} + c + \epsilon_i \tag{11.12}$$

$$r_i^c = \exp\left(y_i^c + \frac{\Delta\sigma^2}{2}\right)$$

次に r_i^c に対し月次の平均をとる[*21].

$$r_t^c = E[r_i^c | t_i \in t], \quad t:月次 \tag{11.13}$$

このようにして得られた個別取引キャップレート r_i^c と,月次の平均 r_t^c をカルマンフィルタによりスムージングした値を図 11.5 に示す.図中実線であらわされる平均キャップレートには,トレンド性および周期性という不動産市場の変動特性が明確に表れている.

不動産の運動を記述する方法は自由であるため,さまざまな方法が利用できる.ここでは,図 11.5 における平均キャップレートの運動を記述する方法を 3 通り紹介し,実際に将来予想を行った結果を示す.

11.7.1 AR モデル

ここではキャップレートに対して AR モデルを適用する.先行事例では,例えば An

[*21] 時間の関数として表したが,その他の属性変数(エリア,築年,他)は平均値が与えられる.そのため,中心線はサンプル全体のキャップレートの平均線と考えられる.

and Deng (2009) のように他の資産との連関が強いので VAR モデルを用いて表現する研究がみられるが，ここでは単一変数を用いて表現する．

平均キャップレート r_t^c の既知のデータに対し，次の AR モデルを適用しパラメータを推定する．

$$r_t^c = \sum_{k=1}^{N_{AR}} \phi_k r_{t-k}^c + \sigma \epsilon_t, \qquad t < t_0 \qquad (11.14)$$

N_{AR} は AR 有効ラグ，ϕ_k ($|\phi_k| < 1$) は係数，σ は誤差項の変動率，ϵ_t は誤差項 ($N(0, \sigma^2)$)，t_0 は現在時点である．次に，推定したパラメータを用い平均キャップレートの将来シミュレーションを回帰的に行う．このとき，外部から乱数項を与えることで変動性をもたせる．

$$r_{t,i}^c = \sum_{k=1}^{N_{AR}} \phi_k r_{t-k,i}^c + \sigma \epsilon_{1,i}, \qquad t > t_0 \qquad (11.15)$$

i はシミュレーションのサンプルパス番号，$r_{t,i}^c$ は i 番目のサンプルパスの t 時点における平均キャップレートのシミュレーション値，$\epsilon_{1,i}$[*22)] はウィーナープロセスである．ϕ_k, σ, N_{ar} は (11.14) の推定結果を用いる．

図 11.6 は平均キャップレートの将来変動を AR モデル[*23)] にて予想したもので，2008年 12 月までの情報をもとに，その先 3 年間の平均キャップレートの将来変動を AR モデルにより 50 回シミュレーションした結果である．このように AR モデルにより平均キャップレートの将来予想が可能であるが，AR モデルの予想値は実績値の平均に急速に近づくという性質があるので注意されたい．将来予想を行ったことにより，キャップレートの確率密度の算出が可能になるため，不動産資産の変動リスクが計算可能である．例えば，信頼区間 $\alpha (0 < \alpha < 1)$ の VaR の計算手順を次に示す．

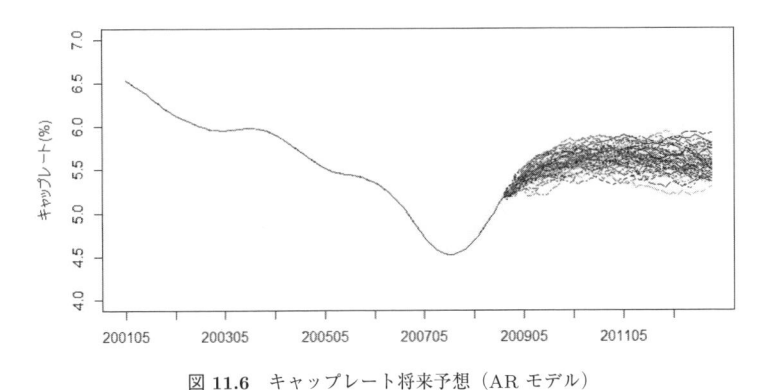

図 11.6 キャップレート将来予想（AR モデル）

[*22)] 添字の 1 は第 1 の誤差項を表し，後出の (11.16) において第 2 の誤差項を与える．
[*23)] ACF により信頼区間 95% のラグを求めた結果，24 期（24 ヶ月）の有効性が認められたため，ここでは AR に用いるラグは 24 期とした．

リスク量算出手順

1. **個別キャップレートのシミュレーション**

   平均キャップレートのシミュレーションは (11.15) の AR モデルを用いて行うが，これは属性がサンプルの平均となる物件のキャップレートに対するシミュレーションである．不動産の価格を算出する際には，属性のある個別の物件（例えば，有楽町所在の延床面積 1 万 m^2，築 20 年のオフィスビルなど）が対象になるため，平均キャップレートのシミュレーション値に，(11.2) における個別物件の属性によるキャップレート変化分を与え，さらに (11.2) における個別の分散の効果を加えた

$$r_{t,i} = r_{t,i}^c \exp\left(\sum_{P \in P_4} \boldsymbol{\beta}_P^\top \boldsymbol{D}_P + \sigma_y \epsilon_{2,i} + \frac{\Delta\sigma^2}{2}\right) \tag{11.16}$$

   である．P_4 は P_1 から時間成分の yr を除いた説明変数であり，時間成分および定数項は $r_{t,i}^c$ に含まれている．$\epsilon_{2,i}$ はウィーナープロセス[*24]，σ_y は (11.2) の標準偏差（実測値），$\Delta\sigma^2$ は (11.4) における分散調整項である．これにより，個別物件のキャップレートのシミュレーション値 $r_{t,i}$ が得られる．

2. **確率密度関数の算出**

   計算された $r_{t,i}$ に対し，分布関数 F を作成する．

$$F_{cap}(k) = \frac{1}{N}\sum_{i=1}^{N} 1_{\{r_{t,i} \leq k\}} \tag{11.17}$$

   N はシミュレーションのサンプルパス数である．

3. **リスク量の算出**

   分布関数 F を用いて，目的のリスク指標を算出する．例えば，信頼区間 α の VaR は次式で与えられる．

$$\text{VaR}_\alpha = \frac{NCF}{cap_\alpha}$$

$$cap_\alpha = \inf\{k : F_{cap}(k) \geq \alpha\}$$

   また，ある将来時刻 t におけるローンのデフォルト確率 P_{def} は次式で与えられる．

$$P_{def} = \frac{1}{N}\sum_{i=1}^{N} 1_{\left\{\frac{NCF}{r_{t,i}} < Debt\right\}} \tag{11.18}$$

以上のリスク計測手法は時点 $t(> t_0)$ に時点に応じたリスクが計算されることになる．

[*24] (11.2) の誤差項に相当する．また，複数資産を対象にシミュレーションを行う場合は，この誤差項に相関を考慮した乱数を用いる．

例えば，満期が半年と5年のローン（満期以外の条件は同一）を考えたとき，それぞれの満期時点で $r_{t,i}$ の分散が違うため，(11.18) による2ローンのデフォルト確率は違う値になる．これは，DDCF 法では得られなかった結果であり，AR モデルは実用に向く有効なモデルであるということができる．

一方で，問題点も存在する．AR モデルは定常モデルであり，一定の予測期間の後は急速に期待値一定，分散一定になる．図 11.6 に示された予想期間（3年間）の後は，キャップレートの期待値は一定となり周期性が失われてしまう．このため CMBS（商業用不動産担保証券）など複数のローン満期を内包した商品や，継続的に売買を行う不動産ファンドといった長期にわたる動態的な市場変動を考慮する必要がある場合，AR モデルでは十分に表現ができていないことになる．このような場合，次に示すような期間構造を取り込めるモデルを導入する必要が出てくる．

11.7.2 サイクルモデル

サイクルモデルは，将来のキャップレートの期待値の周期的な変動を考慮したモデルである．平均キャップレート r^c に対し，変動を記述すると次のようになる[*25]．

$$r^c_t = \delta r^c_{t-1} - r^c_{t-2} + \sigma \epsilon_t \tag{11.19}$$

$$\epsilon \sim N(0,1)$$

ただし，δ は2に近く2より小さい実数であり，周期 T と次式により関連づけられる．

$$T = \frac{2\pi}{\sqrt{2-\delta}} \tag{11.20}$$

δ, σ は実際の市場から観測する．シミュレーションは

$$r^c_{t,i} = \delta r^c_{t-1,i} - r^c_{t-2,i} + \sigma \epsilon_{1,i}, \qquad t > t_0 \tag{11.21}$$

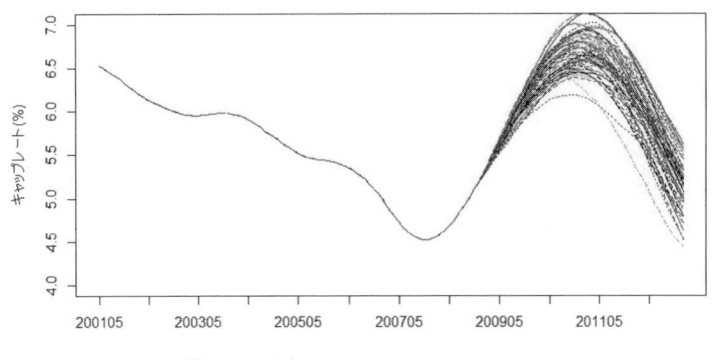

図 11.7 サイクルモデルシミュレーション

[*25] 微分方程式では $\frac{d^2 r_t}{dt^2} = -(2-\delta) r_t + \sigma \epsilon$ である．誤差項を除くと $\frac{d^2 r_t}{dt^2} = -\omega^2 r_t, \omega = \sqrt{2-\delta}$ と書き直せ，周期 $T = \frac{2\pi}{\omega} = \frac{2\pi}{\sqrt{2-\delta}}$ となる．

になり，ARモデルより実際の市場に近い運動を記述できる．図11.7は，$\delta = 1.994$（周期は6.78年），$\sigma = 0.0045(/月)$に設定したときのシミュレーション結果である．ARモデルの図11.6と比較すると違いが明確にわかる．ARモデルでは将来予想の期待値がサンプルの平均値に急速に収束し，トレンド性・周期性がなくなる．一方，サイクルモデルでは将来予測の期待値（分布の中心）が変動していることが図から確認できる．

リスク量を計算するには，リスク量算出手順の(11.16)の$r_{t,i}^c$を，サイクルモデルの(11.21)によって求めた$r_{t,i}^c$に変更すればよい．

11.7.3 周期変動サイクルモデル

サイクルモデルは市場の周期性が表現できる一方で，δが一定のため周期が固定される．市場では周期性が確認できるが，周期はつねに変動するため，一定ということはない．そのため，サイクルモデルでは市場を正確に表現できているところまでは到達していない．ここで紹介するモデルは，サイクルモデルの周期自体に変動をもたせる周期変動サイクルモデルである．これは，不動産の周期性を可能な限り忠実にモデル内に擬製し，リスク計測に適用するというもので，近年研究されているモデルであり，市場の動きの表現力は非常に高い．

このモデルでは，(11.19)のδに確率分布をもたせることにより，周期をダイナミックに変動させ平均キャップレートの分布を与える．

$$r_t^c = \delta_t r_{t-1}^c - r_{t-2}^c + \sigma \epsilon_t \qquad (11.22)$$

$$\delta_t = \begin{cases} \delta_{t-1}, & x > k \\ \beta, & x \leq k \end{cases}$$

$$\beta \sim (A - B)\,Beta(\alpha, \beta) + B$$
$$x \sim U(0, 1)$$

δにもたせる確率分布は，正規分布ではなく分布の非対称性を表すことができるベータ分布が適している．すなわち，$\delta_t \sim (A - B)\,Beta(\alpha, \beta) + B$（$A$, Bは上下限）と設定する．ただし，シミュレーション上は，δはいつでも変化するわけではなく，一様分布の確率変数xを用いて確率的に変化する場合が現れるようにし，$k, 0 < k < 1$にて変化する頻度を制御する．

シミュレーションは

$$r_{t,i}^c = \delta_t r_{t-1,i}^c - r_{t-2,i}^c + \sigma \epsilon_{1,i}, \qquad t > t_0 \qquad (11.23)$$

により行う．モデルのパラメータのうち，周期を決めるパラメータ(α, β, A, B)はデータにより求め[*26]，$\alpha = 3$, $\beta = 1$, $A = 1.998$（周期11.7年），$B = 1.96$（周期2.34年），$k = 0.9$とおいたときのシミュレーション結果を図11.8に示す．図をみると，将

[*26] 入手可能なキャップレートの実績値は10年程度しかないため，周期の分布を求めるには十分では

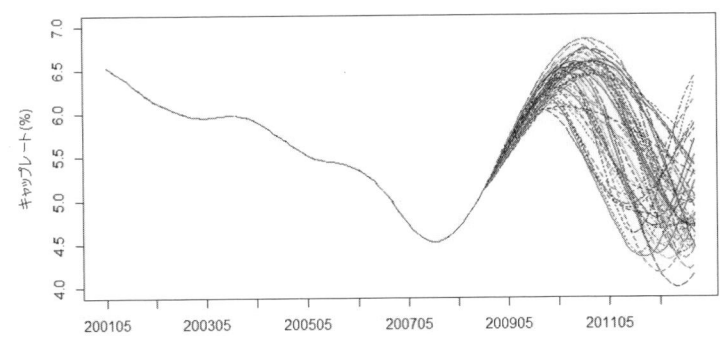

図 11.8 キャップレート将来予想（周期変動サイクルモデル）

来予想線の周期はサンプルパスごとに異なっており，サイクルモデルの図 11.7 より実際のキャップレートの動きを反映できていると考えられる．さらに，パラメータの設定により，キャップレートの遠い将来時点の分布において，期待値，下落幅，上昇幅などを自由に調整することができるので，モデルとしても利用しやすいと考えられる．

リスク量を計算するには，リスク量算出手順の (11.16) の $r_{t,i}^c$ を，周期変動サイクルモデルの (11.22) によって求めた $r_{t,i}^c$ に変更すればよい．

11.8 ま と め

本章では，不動産市場の変動特性と価格評価モデル，そしてモデルのリスク管理への応用について説明した．不動産市場の特性はトレンド性・周期性が強いことであり，これらは他の金融資産にはみられない特徴である．不動産資産にて投融資活動を行う際には，この特徴を捉えて判断を行うことが非常に重要である．特異な特徴をもつ一方，不動産市場はその特徴を捉えさえすれば市場の動き自体は他の金融資産よりも緩やかなので，リスク管理も容易になると考えられる．

また，不動産リスク管理モデルとして必要とされる 2 つのポイントを指摘した．1 つはキャップレートの変動に注目することである．従来，把握の容易なキャッシュフロー側に価格変動リスクの源泉を求めたモデルが多かったが，このようなモデルではキャップレートの変動が与えるより大きなリスクを見逃してしまう．しかも，キャッシュフローとキャップレートでは，景気に対する反応はキャップレートの方が早い．したがって，キャッシュフローだけに注目していると，リスクの大きさだけでなく市場変動のタイミングにおいても大きく見誤るかもしれないというモデルリスクが存在する．

ない．そこで，図 11.2 でも用いた日銀短観を代替変数として周期を測る．データ期間は 1976 年 6 月から約 35 年間である．日銀短観の値をカルマンフィルターによりノイズを除去し，ピークとボトムにて半分の周期と認識し，1 周期の平均を求めた．これによると，観測されたピークおよびボトムは 10 回あり，周期は平均 6.76 年，周期の標準偏差は 2.72 年である．

もう1つのポイントは，市場の変動特性を捉えたリスク管理モデルにする必要があることである．特に周期性は既存のリスク管理モデルでは考慮されていないが，モデルに取り込む必要がある重要な特性である．例えば，市場変動のトレンド性だけを捉えたモデルを用いると，市場が下落に転じる局面では損失防衛の対処が遅れてしまい，いわゆる，プロシクリカリティー（景気循環増幅効果）に陥ってしまう．これに対する最良の方法は，本章で紹介したサイクルモデルのように市場変動を素直に捉える仕組みを取り込んだリスク管理モデルの構築であることを強調しておきたい．

最近は J-REIT 市場をはじめとして不動産データの蓄積が増えてきており，それを利用した分析が急速に進みつつある．今後は，不動産市場においてさらなる定量的リスク管理手法の開発が期待される．

参 考 文 献

1) 青木繁伸 (2005), "数量化Ⅰ類はダミー変数を用いた重回帰分析である". http://aoki2.si.gunma-u.ac.jp/LaTeX/sreg-qt1.pdf
2) 青沼君明, 木島正明 (1998), "定期預金のプリペイメント・リスク評価モデル", 日本応用数理学会論文誌, **18**, 45–66.
3) 飯沼邦彦 (2010), "コア預金モデルと銀行 ALM について──木島モデルと次期預金モデル──", 「金融工学とリスクマネジメント高度化」研究会公開資料.
4) 石島 博 (2005), "レジームスイッチングモデルとファイナンス理論・実証", 「第 26 回ジャフィーフォーラム」研究会公開資料.
5) 伊藤 優, 木島正明 (2007), "銀行勘定金利リスク管理のための内部モデル (AA-Kijima Model) について", 証券アナリストジャーナル, **44**, 79–92.
6) 一條裕彦, 森平爽一郎 (2001), "住宅ローンのプリペイメント分析", JAFEE 2001 夏季大会予稿集.
7) 乾 孝治, 室町幸雄 (2000), 金融モデルにおける推定と最適化 (シリーズ〈現代金融工学〉5), 朝倉書店.
8) 王子信用金庫審査部 (1997), 信用金庫の自己査定と融資戦略, 近代セールス社.
9) 大橋靖雄, 浜田知久馬 (1995), 生存時間解析──SAS による生物統計──, 東京大学出版会.
10) 沖本竜義 (2010), 経済・ファイナンスデータの計量時系列分析 (統計ライブラリー), 朝倉書店.
11) 上武治紀, 枇々木規雄 (2011), "銀行の流動性預金残高と満期の推定モデル", 日本金融・証券計量・工学学会編, バリュエーション (ジャフィー・ジャーナル──金融工学と市場計量分析──), 朝倉書店, 196–223.
12) 刈屋武昭, 大原英範, 本河知明 (2000), "不動産収益還元 DDCF 価値分布の特性". http://www.kier.kyoto-u.ac.jp/kariya/papers/TK_papers_jp048.pdf
13) 河田雄次, 河内善弘 (2013), "入出金構造および預金者属性を考慮したコア預金モデル", 日本金融・証券計量・工学学会 2013 年夏季大会予稿集.
14) 神崎清志 (2012), "キャップレートを用いた商業用不動産評価", 資産評価政策学(26), 57–68.
15) 神崎清志 (2013), "商業用不動産の実際のキャッシュフロー計測手法およびその不動産価格変動ドライバー計測への応用", 日本不動産学会誌, **27**(1), 104–113.
16) 木島正明 (1994), ランダムウォークとブラウン運動 (〈ファイナンス工学入門〉第Ⅰ部), 日科技連出版社.
17) 木島正明 (1994), 派生証券の価格付け理論 (〈ファイナンス工学入門〉第Ⅱ部), 日科技連出版社.
18) 木島正明 (1999), 期間構造モデルと金利デリバティブ (シリーズ〈現代金融工学〉3), 朝倉書店.
19) 木島正明編著 (1998), クレジット・リスク (〈金融リスクの計量化〉下), 金融財政事情研究会.
20) 木島正明, 小守林克哉 (1999), 信用リスク評価の数理モデル (シリーズ〈現代金融工学〉8), 朝倉書店.
21) 金融広報中央委員会 (知るぽると) (2013), http://www.shiruporuto.jp/, "家計の金融資産に関する世論調査", (平成 19 年度以降は「家計の金融行動に関する世論調査」に名称変更).
22) 金融庁 (2012), 主要行等向けの総合的な監督指針.
23) 小西貞則, 越智義道, 大森裕浩 (2008), 計算統計学の方法──ブートストラップ・EM アルゴリズム・MCMC── (シリーズ〈予測と発見の科学〉5), 朝倉書店.
24) 駒澤 勉 (1982), 数量化理論とデータ処理, 朝倉書店.
25) 渋谷政昭, 高橋倫也 (2011), "極値理論, 信頼性, リスク管理", 自然・生物・健康の統計学 (「21 世紀の統計科学」第Ⅱ巻), 第 4 章, 日本統計学会 HP 版.
26) 清水千弘 (2010), "不動産鑑定評価の歪み──証券化不動産鑑定評価の課題──", 資産評価政策学, **21**, 1–8.
27) 新谷幸平, 山田哲也, 吉羽要直 (2010), "金融危機時における資産価格変動の相互依存関係──コ

ピュラに基づく評価—", 金融研究, **29**(3), 89–122.
28) 丹後俊郎, 山岡和枝, 高木晴良 (2013), 新版 ロジスティック回帰分析—SAS を利用した統計解析の実際— (統計ライブラリー), 朝倉書店.
29) 塚原英敦訳者代表 (2008), 定量的リスク管理—基礎概念と数理技法— (McNeil et al. (2005) の翻訳), 共立出版.
30) 東京三菱銀行資金証券部 (2001), "資金流動性リスク計量化の試み—預貸尻 VaR について—", *Focus on the Market*, (19).
31) 日本銀行金融機構局 (2011), "コア預金モデルの特徴と留意点—金利リスク管理そして ALM の高度化に向けて—", 証券アナリストジャーナル, BOJ Reports & Research Papers リスク管理と金融機関経営に関する調査論文, 2011 年 11 月.
32) 日本銀行金融機構局 (2011), 住宅ローンのリスク・収益性管理の一層の強化に向けて.
33) 日本銀行金融機構局 (2007), 住宅ローンのリスク管理.
34) 林知己夫 (1974), 数量化の方法, 東洋経済新報社.
35) 二俣 新 (2010), "コア預金のモデル化についての一考察", NFI リサーチ・レビュー 2010 年 9 月号, 1–22.
36) 松山直樹 (2004), "変額年金のリスク管理 (現状と課題)", 日本保険・年金リスク学会 第 2 回研究発表大会, 1–9.
37) 三浦 翔, 山下智志, 江口真透 (2009), 信用リスクスコアリングにおける AUC と AR 値の最大化法, 金融庁金融研究センター平成 20 年度ディスカッションペーパー.
38) 宮本定明 (2010) クラスター分析入門 [POD 版], 森北出版
39) 室町幸雄 (2007), 信用リスク計測と CDO の価格付け (シリーズ〈金融工学の新潮流〉3), 朝倉書店.
40) 森本祐司 (2000), "金融と保険の融合について", 金融研究, **19** 別冊第 1 号, 289–342.
41) 森村英典, 木島正明 (1991), ファイナンスのための確率過程, 日科技連出版社.
42) 柳井晴夫, 岡太彬訓, 繁桝算男, 高木広文, 岩崎 学編著 (2002), 多変量解析実例ハンドブック, 朝倉書店.
43) 山井康浩, 吉羽要直 (2002), "市場ストレス時におけるバリュー・アット・リスクと期待ショートフォールの比較—多変量極値分布のもとでの比較分析—", 金融研究, **21** 別冊第 2 号, 111–170.
44) 山下智志 (2000), 市場リスクの軽量化と VaR (シリーズ〈現代金融工学 7〉), 朝倉書店.
45) 山下智志, 安道知寛 (2006), "時間依存共変量を用いたハザードモデルによるデフォルト確率期間構造の推定手法", 統計数理, **54**(1), 23–38.
46) 山下智志, 川口 昇, 敦賀智裕 (2003), "信用リスクモデルの評価方法に関する考察と比較", 金融庁金融研究研修センター平成 15 年度ディスカッションペーパー.
47) 山本 拓 (1988), 経済の時系列分析, 創文社.
48) 渡部敏明 (2000), ボラティリティ変動モデル (シリーズ〈現代金融工学〉4), 朝倉書店.
49) Aas, K., C. Czado, A. Frigessi and H. Bakken (2009), "Pair-copula constructions of multiple dependence," *Insurance, Mathematics and Economics*, **44**, 182–198.
50) Acerbi, C. (2002), "Spectral measures of risk: A coherent representation of subjective risk aversion," *Journal of Banking and Finance*, **26**, 1505–1518.
51) Acerbi, C., C. Nordio and C. Sirtori (2001), "Expected shortfall as a tool for financial risk management," Working Paper.
52) Acerbi, C. and D. Tasche (2002), "On the coherence of expected shortfall," *Journal of Banking and Finance*, **26**, 1487–1503.
53) Allison, P. D. (2010), *Survival Analysis Using SAS A Practical Guide*, SAS Inst.
54) An, X. and Y. Deng (2009), "A structural model for capitalization rate," A Research Report to Real Estate Research Institute.
http://www.reri.org/research/article_pdf/wp166.pdf
55) Artzner, P., F. Delbaen, J. M. Eber and D. Heath (1999), "Coherent measures of risk," *Mathematical Finance*, **9**, 203–228.

参 考 文 献

56) Barras, R. (2009), *Building Cycles: Growth and Instability*, Wiley-Blackwell.
57) Baum, A. (2009), *Commercial Real Estate Investment, 2nd Edition*, EG Book.
58) Bedford, T. and R. M. Cooke (2002), "Vines – A new graphical model for dependent random variables," *Annals of Statistics*, **30**(4), 1031–1068.
59) Billio, M. and L. Pelizzon (2000), "Value-at-Risk: A multivariate switching regime approach," *Journal of Empirical Finance*, **7**(5), 531–554.
60) BIS (2004), "Studies on the Validation of Internal Rating System," Basel Committee on Banking Supervision, Ed.
61) BIS. バーゼル銀行監督委員会（日本銀行仮訳）(2004), 金利リスクの管理と監督のための諸原則 (Principles for the Management and Supervision of Interest RateRisk), 日本銀行.
62) Black, F., and J. Cox (1976), "Valuing corporate securities: Some effects of bond indenture provisions", *The Journal of Finance*, **XXXI**(2), 351–367.
63) Black, F. and P. Karasinski (1991), "Bond and option pricing when short rates are lognormal," *Financial Analysts Journal*, **47**, 52–59.
64) Bollen, N. P. B., S. F. Gray and R. E. Whaley (2000), "Regime switching in foreign exchange rates: Evidence from currency option prices," *Journal of Econometrics*, **94**, 239–276.
65) Bollerslev, T. (1986), "Generalized autoregressive conditional heteroskedasticity," *Journal of Econometrics*, **31**, 307–327.
66) Brace, A., D. Gątarek and M. Musiela (1997), "The market model of interest rate dynamics," *Mathematical Finance*, **7**, 127–155.
67) Brechmann, E. C. and U. Schepsmeier (2013), "Modeling dependence with C- and D-vine copulas: The R package CDVine," *Journal of Statistical Software*, **52**(3), 1–27.
68) Brezinski, C. and M. R. Zaglia (1991), *Extrapolation Methods Theory and Practice*, Elsevier.
69) Bum, A. (2009), *Commercial Real Estate Investment, 2nd Edition*, EG Books.
70) Case, K. and R. Shiller (1989), "The efficiency of the market for single-family homes," *The American Economic Review*, **79**(1), 125–137.
71) Ching, L. C. (2004), "Factors affecting capitalization rates in Hong Kong," The University of Hong Kong.
http://hub.hku.hk/handle/10722/48850
72) Coles, S. G. and J. A. Tawn (1991), "Modelling extreme multivariate events," *Journal of the Royal Statistical Society, Series B*, **53**(2), 377–392.
73) Cox, J. C., J. E. Ingersoll and S. A. Ross (1985), "A theory of the term structure of interestrates," *Econometrica*, **53**, 385–407.
74) Dielman, T., C. Lowry and R. Pfaffenberger (1994), "A comparison of quantile estimators," *Communications in Statistics: Simulation and Computation*, **23**, 203–228.
75) Dißmann, J., E. C. Brechmann, C. Czado and D. Kurowicka (2013), "Selecting and estimating regular vine copulae and application to financial returns," *Computational Statistics and Data Analysis*, **59**(1), 52–69.
76) Ellwood, L. W. (1959), *Ellwood Tables for Real Estate Appraising and Financing*, Ballinger.
77) Embrechts, P., C. Klüppelberg and T. Mikosch (1997), *Modelling Extremal Events for Insurance and Finance*, Springer–Verlag.
78) Engel, C. and C. S. Hakkio (1996), "The distribution of the exchange rate in the EMS," *International Journal of Finace and Economics*, **1**, 55–67.
79) Engel, C. and J. D. Hamilton (1990), "Long swings in the dollar: Are they in the

data and do markets know it?," *The American Economic Review*, **80**, 689–713.
80) Engle, R. F. (1982), "Autoregressive conditional heteroskedasticity with estimates of the variance of United Kingdom inflation," *Econometrica*, **50**, 987–1007.
81) Engle, R. F. (2004), "Risk and volatility: Economic models and financial practice," *The American Economic Review*, **94**(3), 405–420.
82) Engle, R. F. and S. Manganelli (2004), "CAViaR : Conditional autoregressive Value at Risk by regression quantiles," *Journal of Business and Economic Statistics*, **22**, 367–381.
83) Fisher, J. D. (2000), "Trends in capitalization rates from the NCREIF database: Twenty years of sold properties," *Real Estate Finance*, Spring 2000, 35–40.
84) Fisher, J. D., D. M. Geltner and R. B. Webb (1994), "Value indices of commercial real estate: A comparison of index construction methods," *Journal of Real Estate Finance and Economics*, **9**, 137–164.
85) Geltner, D. and J. Mei (1995), "The present value model with time-varying discount rates: Implications for commercial property valuation and investment decisions," *Journal of Real Estate Finance and Economics*, **11**(2), 119–136.
86) Geltner, D., N. Miller, J. Clayton and P. Eichholtz (2007), *Commercial Real Estate Analysis and Investment, 2nd Edition*, Thomson South-Western.
87) Geske, R. and H. Johnson (1984), "The American put option valued analytically," *Journal of Finance*, **34**, 1111–1128.
88) Gourieroux, C. and J. Jasiak (2008), "Dynamic quantile models," *Journal of Econometrics*, **147**, 198–205.
89) Gray, S. F. (1996), "Modeling the conditional distribution of interest rates as a regime-switching process," *Journal of Financial Economics*, **42**, 27–62.
90) Gutenbrunner, C. and J. Jurečklocá (1992), "Regression quantile and regression rank score process in the linear model and derived statistics," *Annals of Statistics*, **20**, 305–330.
91) Hájek, J., P. K. Sen and Z. Šidák (1999), *Theory of Rank Tests, 2nd Edition*, Academic Press.
92) Hamilton, J. D. (1990), "Analysis of time series subject to changes in regime," *Journal of Econometrics*, **45**, 39–70.
93) Hamilton, J. D. (1994), *Time Seriees Analysis*, Princeton University Press.
94) Hamilton, J. D. (2005), "Regime-switching models," in Durlauf, S. and L. Blume (eds.), *The New Palgrave Dictionary of Economics, 2nd Edition*, Macmillan.
95) Hardy, M. (2001), "A regime switching model of long-term stock returns," *North American Actuarial Journal*, **5**(2), 41–53.
96) Harrell, F. E. and C. E. Davis (1982), "A new distribution-free quantile estimator," *Biometrika*, **69**, 635–640.
97) Hass, M., S. Mittnik and M. S. Paolella (2004), "Volatility Dynamics in Exchange Rates: Markov Switching GARCH- Mixtures," Working Paper.
98) Heikkinen, V. P. and A. Kanto (2002), "Value-at-Risk estimation Using non-integer degrees of freedom of Student's Distribution," *Jounal of Risk*, **4**(4), 77–84.
99) Hendricks, D. (1996), "Evaluation of Value-at-Risk Models Using Historical Data," *FRBNY Economic Policy Review*, **2**(1), 39–70.
100) Hendricks, W. and R. Koenker (1991), "Hierarchical spline models for conditional quantiles and the demamd for electricity," *Journal of American Statistical Association*, **87**, 58–68.
101) Hull, J. and A. White (2000), "The General Hull-White Model and Super Calibration", Working Paper.

参　考　文　献   197

102) Inui, K. and M. Kijima (2005), "On the siginificance of expected shortfall as a coherent risk measure," *Journal of Banking and Finance*, **29**, 853–864.
103) Inui, K., M. Kijima and K. Kitano (2005), "VaR is subject to a significant positive bias," *Statistics and Probability Letters*, **72**, 299–311.
104) Jarrow, R. A. and D. R. van Deventer (1998), "The arbitrage-free valuation and hedging of demand deposits and credit card loans," *Journal of Banking and Finance*, **22**, 249–272.
105) Joe, H. (1996), "Families of m-variate distributions with given margins and $m(m-1)/2$ bivariate dependence parameters," in Rüschendorf, L., B. Schweizer and M. D. Taylor (eds.), *Distributions with Fixed Marginals and Related Topics*, IMS.
106) JPMorgan and Reuters (1996), $RiskMetrics^{TM}$ – *Technical Document, 4th Edition*, RiskMetrics Group.
107) Kim, C. J. (1994), "Dynamic linear models with Markov-switching," *Journal of Econometrics*, **60**, 1–22.
108) Kim, C. J. and C. R. Nelson (1999), *State-Space Models with RegimeSwitching*, MIT Press.
109) Koenker, R. (2005), *Quantile Regression*, Cambridge University Press.
110) Koenker, R. and G. Bassett (1978), "Regression quantiles," *Econometrica*, **46**, 33–50.
111) Koenker, R. and J. Machado (1999), "Goodness of fit and related inference processes for quantile regression," *Journal of American Statistical Association*, **94**, 1296–1310.
112) Koenker, R. and Z. Xiao (2009), "Conditional quantile estimation for generalized autoregressive conditional heteroscedasticity models," *Journal of American Statistical Association*, **104**, 1696–1712.
113) Koenker, R. and Q. Zhao (1996), "Conditional quantile estimation and inference for ARCH models," *Econometric Theory*, **12**, 793–813.
114) Ledford, A. W. and J. A. Tawn (1996), "Statistics for near independence in multivariate extreme values," *Biometrika*, **83**(1), 169–187.
115) Longin, F. and B. Solnik (2001), "Extreme correlation of international equity markets," *Journal of Finance*, **56**(2), 649–676.
116) Mausser, H (2001), "Calculating quantile-based risk analytics with L-estimators," *Algo Research Quarterly*, **4**, 33–47.
117) McNeil, A. (1997), "Estimating the tails of loss severity distributions using extreme value theory," *Astin Bulletin*, **27**(1), 117–137.
118) McNeil, A., R. Frey and P. Embrechts (2005), *Quantitative Risk Management – Concepts, Techniques and Tools*, Princeton University Press.
119) Nelsen, R. B. (1999), *An Introduction to Copulas*, Lecture Notes in Statistics, Vol.139, Springer-Verlag.
120) Ogryczak, W. and A. Ruszczyński (2002), "Dual stochastic dominance and related mean-risk models," *SIAM Journal on Optimization*, **13**, 60–78.
121) Pagan, A. R. and G. W. Schwert (1990), "Testing for covariance stationarity in stock market data," *Economics Letters*, **33**(2), 165–170.
122) Pant, V. and W. Chang (2001), "An empirical comparison of methods for incorporating fat tails into Value-at-Risk models," *Journal of Risk*, **3**, 99–119.
123) Pencina, M. J. and R. B. D'Agostino (2004), "Overall C as a measure of discrimination in survival analysis: Model specific population value and confidence interval estimation," *Statistics in Medicine*, **23**, 2109–2123.
124) Platen E. and G. Stahl (2003), "A structure of general and specific market risk,"

Working Paper, University of Technology, Sydney.
125) Powell, J. L. (1991), "Estimation of monotonic regression models under quantile restriction," in W. Barnett, J. Powell and G. Tauchen (eds.), *Nonparametric and Semiparametric Methods in Econometorics*, Cambridge University Press.
126) Prudential Real Estate Investors (2012), "A Bird's Eye View of Global Real Estate Markets:2012." http://www.investmentmanagement.prudential.com/ media/managed/documents/pim_usa/Birds_Eye_View_2012_PRU.pdf
127) Rockafellar, R. T. and S. Uryasev (2000), "Optimization of conditional Value-at-Risk," *Journal of Risk*, **2**, 21–41.
128) Schlögl, E. and D. Sommer (1994), "On Short Rate Processes and Their Implications for Term Structure Movements," Discussion Paper.
129) Sheather, S. J. and J. S. Marron (1990), "Kernel quantile estimators," *Journal of the American Statistical Association*, **85**, 410–416.
130) Shiller, R. (1981) "Do stock prices move too much to be justified by subsequent changes in dividends?" *American Economic Review*, **71**(3), 421–436.
131) Taylor, S. (1986), *Modeling Financial Time Series*, John Wiley & Sons.
132) Wu, G. and Xiao, Z. (2002), "An analusis of risk measures," *Journal of Risk*, **4**, 53–75.
133) Zumbach, G. (2004), "Volatility processes and volatility forecast with long memory," *Quantitative Finance*, **4**(1), 70–86.
134) Zumbach, G. (2007a), *The RiskMetrics 2006 methodology*, RiskMetrics Group.
135) Zumbach, G. (2007b), *A gentle introduction to the RM 2006 methodology*, RiskMetrics Group.

索　引

α 分位点　74

A
AA-Kijima モデル　122
AR モデル　6, 186
ARCH モデル　9
ARCH-QR モデル　50
ARIMA　8
ARMA モデル　7
AUC　107

C
CAViaR モデル　51
Cox の比例ハザードモデル　95, 96
CPR　154

D
D ヴァイン　30
DAQ モデル　55

E
EGARCH モデル　11
EM アルゴリズム　138
ES　72, 74
ES 推定量　76

F
Fisher–Geltner–Webb モデル　179
Fisher–Tippett–Gnedenko の定理　35

G
GARCH モデル　10, 65
GARCH-M モデル　12
GARCH-QR モデル　53
GJR モデル　11

H
Harrell–Davis 統計　77
Harrell–Davis 統計量　73

I
I(indirect)GARCH モデル　11, 59

J
J-REIT　173
JvD モデル　129

L
L 統計量　73
L^∞ 空間　22
LEDV　75
LGD　163
LM-ARCH 過程　14
LM アフィン ARCH 過程　14
LM 線形 ARCH 過程　14
low default portfolio　91
LT アルキメデス型コピュラ　26

M
MA モデル　6

N
NGARCH モデル　11

P
PD　160
Pickands–Balkema–de Haan の定理　37
PSJ　157

R

Richardson の外挿法　85
ROC 解析　107
RS モデル　61
RS-GARCH モデル　65
RSLN2 モデル　62

S

SMM　154, 160
SV モデル　5
symmetric absolute value モデル　59

T

TGARCH モデル　11
TTC 型内部格付モデル　95
t コピュラ　20

U

UEDV　75

V

VaR　72, 74
VaR 推定量　76
Volume at Risk　115

ア 行

アイテム　100
アルキメデス型コピュラ　25

閾値超過データ　33
位置パラメータ　33
一般化極値分布　33
一般化パレート分布　36
移動平均モデル　6
因果的　7

ヴァイン　28
ウィルコクソン二標本検定統計量　110
上側裾依存係数　23

カ 行

階差オペレータ　8
外挿法　85, 86
外的基準　100
ガウシアンコピュラ　20
確率ボラティリティモデル　5
カテゴリー　100
ガランボスコピュラ　42
カルバック–ライブラー情報量基準　56
完全単調　25
観測期間　146

木　28
期間構造　147
期間損益　161
期限前返済率　166
基準化定数列　35
既存債権　165
キャップレートモデル　177
狭義のアルキメデス型コピュラ　25
狭義の生成素　25
共単調　22
共単調コピュラ　21
強定常　5
共分散定常　5
強ホワイトノイズ　6
極値　33
極値コピュラ　41
極値指数　35
極値理論　33
近接条件　28
金利収入　165
金利リスク　117

クラスタリング　8, 61
クラーメルの公式　85
クレイトンコピュラ　19
グンベルコピュラ　19
グンベル分布　33

経験分布　75
形状パラメータ　33
限界デフォルト確率　147, 148, 151, 165
原価法　176
ケンドールの順位相関係数　21

コア預金　113
交換可能　26
固定性預金残高比自己回帰モデル　125
固定性預金残高比変動モデル　124
コピュラ　16

コピュラ吸引域　43
コピュラ密度関数　18
コヒーレントリスク尺度　72, 76
混合正規分布モデル　118

サ 行

サイクルモデル　189
最大吸引域　35
債務者区分　92, 150

自己回帰移動平均モデル（ARMA モデル）　7
自己回帰モデル（AR モデル）　6, 187
自己共分散　5
自己相関　5
市場預金金利追随率　116
指数ウェイト移動平均法　13
下側裾依存係数　23
実績デフォルト確率　145, 146
弱定常　5
尺度パラメータ　33
収益還元法　176
収益分析　160
周期変動サイクルモデル　190
従属関数　42
住宅ローン金利　164
生涯収益　161
条件緩和　150
将来金利　164
将来残高　118
将来残高生成　120
新規実行債権　167
審査モデル　153

推移確率　62
推定デフォルト確率　146
数値化　94
数量化 I 類　100, 101
数量化 II 類　100–102
数量化理論　99
スクラーの定理　16
裾指数　35
スピアマンの順位相関係数　21
スワップレート　164

正規コピュラ　20

正準ヴァイン　28
正準判別分析　101
生成素　25
正則ヴァイン　28
生存関数　151
生存コピュラ　18
積コピュラ　17
積率相関係数　21
説明変数　146, 151
ゼロ金利政策　156
漸近的に依存　23
漸近的に独立　23
線形 GARCH モデル　53

タ 行

代位弁済　149, 150
ダイナミック DCF 法　184
ダイナミックキャップレートモデル　185
多変量極値分布　41

頂点　28
直接還元法　176

定期性預金　113
ディスカウントキャッシュフロー法　176
定量格付　91, 92
デバイ関数　23
デフォルトイベント　149
デフォルト確率推定モデル　145, 146
デフォルトモデル　153
デフォルトリスク　144, 145, 159
デュレーション　117
テールリスク　45

凸　25
取引事例比較法　176

ナ 行

内部格付モデル　90, 93, 99
　　TTC 型の——　95
内部モデル手法　114

ハ 行

ハザード関数　151
ハザードモデル　94, 145, 151
バックテスト　130

林の数量化理論 99
反単調コピュラ 21
反転可能 8
反転コピュラ 18

ヒストリカル法 73
被説明変数 151
非退化 35
標準的手法 114
標本平均超過関数 38
標本平均超過プロット 39
ヒル推定量 40
ヒルプロット 40
比例ハザードモデル 151
  Cox の—— 95, 96

フォワードテスト 130
不動産投資信託 173
フランクコピュラ 19
プリペイメント 151, 154, 155, 157
プリペイメントリスク 144, 154, 159
フレシェ分布 33
フレシェ–ヘフディング境界 17
ブロックデータ 36
分位点回帰 47
分散共分散法 72

平均超過関数 37
ベースラインハザード 151
ヘドニック法 179
辺 28

(弱) ホワイトノイズ 6
本質的に有界 22

マ 行

マクロ経済 171

マチュリティラダー 115
マルコフ連鎖 61, 62
マン–ホイットニーの U 統計量 109

右端点 34

モンテカルロシミュレーション 70
モンテカルロ法 72

ヤ 行

有界短期金利モデル 130
優遇金利 156
尤度比検定 66, 67

要求払預金 113
預金者行動モデル 128
預金寿命モデル 129
預金流出流入モデル 128

ラ 行

ラプラス–スティルチェス変換 25
ランクスコア検定 58

リスク管理モデル 153
流動性預金 113

累積デフォルト確率 148
累積ハザード関数 151

レジームスイッチングモデル 61, 120
レバレッジ効果 11

ロジスティック回帰モデル 96, 105

ワ 行

ワイブル分布 33
ワルド検定 57

編著者略歴

室町幸雄（むろまち・ゆきお）

1962 年　埼玉県に生まれる
1991 年　東京大学大学院理学系研究科博士課程修了
2005 年　京都大学大学院経済学研究科博士後期課程修了
現　在　首都大学東京大学院社会科学研究科教授
　　　　理学博士
　　　　博士（経済学）

シリーズ〈金融工学の新潮流〉2
金融リスクモデリング
―理論と重要課題へのアプローチ―　　　定価はカバーに表示

2014 年 10 月 25 日　初版第 1 刷

編著者	室　町　幸　雄
発行者	朝　倉　邦　造
発行所	株式会社　朝　倉　書　店

東京都新宿区新小川町 6-29
郵便番号　162-8707
電　話　03(3260)0141
FAX　03(3260)0180
http://www.asakura.co.jp

〈検印省略〉

© 2014〈無断複写・転載を禁ず〉　　中央印刷・渡辺製本

ISBN 978-4-254-29602-0　C 3350　　Printed in Japan

JCOPY　<(社)出版者著作権管理機構　委託出版物>
本書の無断複写は著作権法上での例外を除き禁じられています．複写される場合は，そのつど事前に，(社)出版者著作権管理機構（電話 03-3513-6969，FAX 03-3513-6979，e-mail: info@jcopy.or.jp）の許諾を得てください．

明大 刈屋武昭・前広大 前川功一・東大 矢島美寛・
学習院大 福地純一郎・統数研 川崎能典編

経済時系列分析ハンドブック

29015-8 C3050　　　　A 5 判　788頁　本体18000円

経済分析の最前線に立つ実務家・研究者へ向けて主要な時系列分析手法を俯瞰。実データへの適用を重視した実践志向のハンドブック。〔内容〕時系列分析基礎（確率過程・ARIMA・VAR他）／回帰分析基礎／シミュレーション／金融経済財務データ（季節調整他）／ベイズ統計とMCMC／資産収益率モデル（酔歩・高頻度データ他）／資産価格モデル／リスクマネジメント／ミクロ時系列分析（マーケティング・環境・パネルデータ）／マクロ時系列分析（景気・為替他）／他

日大 蓑谷千凰彦・東大 縄田和満・京産大 和合 肇編

計量経済学ハンドブック

29007-3 C3050　　　　A 5 判　1048頁　本体28000円

計量経済学の基礎から応用までを30余のテーマにまとめ，詳しく解説する。〔内容〕微分・積分，伊藤積分／行列／統計的推測／確率過程／標準回帰モデル／パラメータ推定(LS,QML他)／自己相関／不均一分散／正規性の検定／構造変化テスト／同時方程式／頑健推定／包括テスト／季節調整法／産業連関分析／時系列分析(ARIMA,VAR他)／カルマンフィルター／ウェーブレット解析／ベイジアン計量経済学／モンテカルロ法／質的データ／生存解析モデル／他

日大 蓑谷千凰彦・東京国際大 牧　厚志編

応用計量経済学ハンドブック
―CD-ROM付―

29012-7 C3050　　　　A 5 判　672頁　本体19000円

計量経済学の実証分析分野における主要なテーマをまとめたハンドブック。本文中の分析プログラムとサンプルデータが利用可。〔内容〕応用計量経済分析とは／消費者需要分析／消費者購買行動の計量分析／消費関数／投資関数／生産関数／労働供給関数／住宅価格変動の計量経済分析／輸出・輸入関数／為替レート関数／貨幣需要関数／労働経済／ファイナンシャル計量分析／ベイジアン計量分析／マクロ動学的均衡モデル／産業組織の実証分析／産業連関分析の応用／資金循環分析

東北大 照井伸彦監訳

ベイズ計量経済学ハンドブック

29019-6 C3050　　　　A 5 判　564頁　本体12000円

いまやベイズ計量経済学は，計量経済理論だけでなく実証分析にまで広範に拡大しており，本書は教科書で身に付けた知識を研究領域に適用しようとするとき役立つよう企図されたもの。〔内容〕処理選択のベイズ的諸側面／交換可能性，表現定理，主観性／時系列状態空間モデル／柔軟なノンパラメトリックモデル／シミュレーションとMCMC／ミクロ経済におけるベイズ分析法／ベイズマクロ計量経済学／マーケティングにおけるベイズ分析法／ファイナンスにおける分析法

D.K.デイ・C.R.ラオ編
帝京大 繁桝算男・東大 岸野洋久・東大 大森裕浩監訳

ベイズ統計分析ハンドブック

12181-0 C3041　　　　A 5 判　1076頁　本体28000円

発展著しいベイズ統計分析の近年の成果を集約したハンドブック。基礎理論，方法論，実証応用および関連する計算手法について，一流執筆陣による全35章で立体的に解説。〔内容〕ベイズ統計の基礎（因果関係の推論，モデル選択，モデル診断ほか）／ノンパラメトリック手法／ベイズ統計における計算／時空間モデル／頑健分析・感度解析／バイオインフォマティクス・生物統計／カテゴリカルデータ解析／生存時間解析，ソフトウェア信頼性／小地域推定／ベイズ的思考法の教育

首都大 木島正明・北大 鈴木輝好・北大 後藤 允著
ファイナンス理論入門
―金融工学へのプロローグ―
29016-5 C3050　　A5判 208頁 本体2900円

事業会社を主人公として金融市場を描くことで，学生にとって抽象度の高い金融市場を身近なものとする。事業会社・投資家・銀行，証券からの視点より主要な題材を扱い，豊富な演習問題・計算問題を通しながら容易に学べることを旨とした書

オーストラリア国立大 沖本竜義著
統計ライブラリー
経済・ファイナンスデータの計量時系列分析
12792-8 C3341　　A5判 212頁 本体3600円

基礎的な考え方を丁寧に説明すると共に，時系列モデルを実際のデータに応用する際に必要な知識を紹介。〔内容〕基礎概念／ARMA過程／予測／VARモデル／単位根過程／見せかけの回帰と共和分／GARCHモデル／状態変化を伴うモデル

早大 森平爽一郎著
応用ファイナンス講座6
信用リスクモデリング
―測定と管理―
29591-7 C3350　　A5判 224頁 本体3600円

住宅・銀行等のローンに関するBIS規制に対応し，信用リスクの測定と管理を詳説。〔内容〕債権の評価／実績デフォルト率／デフォルト確率の推定／デフォルト確率の期間構造推定／デフォルト時損失率，回収率／デフォルト相関／損失分布推定

統計数研 山下智志・三菱東京UFJ銀行 三浦 翔著
ファイナンス・ライブラリー11
信用リスクモデルの予測精度
―AR値と評価指標―
29541-2 C3350　　A5判 224頁 本体3900円

モデルを評価するための指南書。〔内容〕評価の基本的概念／モデルのバリエーション／AR値を用いたモデル評価法／AR値以外の評価指標／格付モデルの評価指標／モデル利用に適した複合評価／パラメータ推計での目的関数と評価関数の一致

日銀金融研 小田信之著
ファイナンス・ライブラリー2
金融リスクの計量分析
29532-0 C3350　　A5判 192頁 本体3600円

金融取引に付随するリスクを計量的に評価・分析するために習得すべき知識について，"理論と実務のバランスをとって"体系的に整理して解説。〔内容〕マーケット・リスク／信用リスク／デリバティブズ価格に基づく市場分析とリスク管理

早大 葛山康典著
ファイナンス・ライブラリー7
企業財務のための金融工学
29537-5 C3350　　A5判 176頁 本体3400円

〔内容〕危険回避的な投資家と効用／ポートフォリオ選択理論／資本資産評価モデル／市場モデルと裁定価格理論／投資意思決定の理論／デリバティブズ／離散時間でのオプションの評価／Black-Scholesモデル／信用リスクと社債の評価／他

芝浦工大 安岡孝司著
ファイナンス・ライブラリー8
市場リスクとデリバティブ
29538-2 C3350　　A5判 176頁 本体2700円

基礎的な確率論と微積分の知識を有する理工系の人々を対象に，実例を多く挙げ市場リスク管理実現をやさしく説いた入門書。〔内容〕金融リスク／金融先物および先渡／オプション／オプションの価格付け理論／金利スワップ／金利オプション

統計数研 山下智志著
シリーズ〈現代金融工学〉7
市場リスクの計量化とVaR
27507-0 C3350　　A5判 176頁 本体3600円

市場データから計測するVaRの実際を詳述。〔内容〕リスク計測の背景／リスク計測の意味とVaRの定義／リスク計測モデルの意味／リスク計測モデルのテクニック／金利リスクとオプションリスクの計量化／モデルの評価の規準と方法

慶大 中妻照雄著
ファイナンス・ライブラリー10
入門ベイズ統計学
29540-5 C3350　　A5判 200頁 本体3600円

ファイナンス分野で特に有効なデータ分析手法の初歩を懇切丁寧に解説。〔内容〕ベイズ分析を学ぼう／ベイズ的視点から世界を見る／成功と失敗のベイズ的アプローチによる資産運用／マルコフ連鎖モンテカルロ法／練習問題／他

慶大 中妻照雄著
ファイナンス・ライブラリー12
実践ベイズ統計学
29542-9 C3350　　A5判 180頁 本体3400円

前著『入門編』の続編として，初学者でも可能なExcelによるベイズ分析の実際を解説。練習問題付〔内容〕基本原理／信用リスク分析／ポートフォリオ選択／回帰モデルのベイズ分析／ベイズ型モデル平均／数学補論／確率分布と乱数生成法

V.J.バージ・V.リントスキー編
首都大 木島正明監訳

金融工学ハンドブック

29010-3 C3050　　　　A5判 1028頁 本体28000円

各テーマにおける世界的第一線の研究者が専門家向けに書き下ろしたハンドブック。デリバティブ証券，金利と信用リスクとデリバティブ，非完備市場，リスク管理，ポートフォリオ最適化，の4部構成から成る。〔内容〕金融資産価格付けの基礎／金融証券収益率のモデル化／ボラティリティ／デリバティブの価格付けにおける変分法／クレジットデリバティブの評価／非完備市場／オプション価格付け／モンテカルロシミュレーションを用いた全リスク最小化／保険分野への適用／他

前東工大 今野　浩・明大 刈屋武昭・首都大 木島正明編

金融工学事典

29005-9 C3550　　　　A5判 848頁 本体22000円

中項目主義の事典として，金融工学を一つの体系の下に纏めることを目的とし，金融工学および必要となる数学，統計学，OR，金融・財務などの各分野の重要な述語に明確な定義を与えるとともに，概念を平易に解説し，指針書も目指したもの〔内容〕伊藤積分／ALM／確率微分方程式／GARCH／為替／金利モデル／最適制御理論／CAPM／スワップ／倒産確率／年金／判別分析／不動産金融工学／保険／マーケット構造モデル／マルチンゲール／乱数／リアルオプション他

首都大 木島正明・首都大 田中敬一著
シリーズ〈金融工学の新潮流〉1
資産の価格付けと測度変換
29601-3 C3350　　　　A5判 216頁 本体3800円

金融工学において最も重要な価格付けの理論を測度変換という切口から詳細に解説〔内容〕価格付け理論の概要／正の確率変数による測度変換／正の確率過程による測度変換／測度変換の価格付けへの応用／基準財と価格付け測度／金利モデル／他

首都大 室町幸雄著
シリーズ〈金融工学の新潮流〉3
信用リスク計測とCDOの価格付け
29603-7 C3350　　　　A5判 224頁 本体3800円

デフォルトの関連性における原因・影響度・波及効果に関するモデルの詳細を整理し解説〔内容〕デフォルト相関のモデル化／リスク尺度とリスク寄与度／極限損失分布と新BIS規制／ハイブリッド法／信用・市場リスク総合評価モデル／他

首都大 木島正明・首都大 中岡英隆・首都大 芝田隆志著
シリーズ〈金融工学の新潮流〉4
リアルオプションと投資戦略
29604-4 C3350　　　　A5判 192頁 本体3600円

最新の金融理論を踏まえ，経営戦略や投資の意思決定を行えることを意図し，実務家向けにまとめた入門書。〔内容〕企業経営とリアルオプション／基本モデルの拡張／撤退・停止・再開オプションの評価／ゲーム論的リアルオプション／適用事例

明大 乾　孝治著
シリーズ〈現代金融工学〉2
ファイナンスの統計モデルと実証分析
27502-5 C3350　　　　A5判 176頁 本体3500円

基本的な理論モデルを実際に利用する上で具体的な問題解決の手続きを理解できるよう演習問題と共に詳説〔内容〕平均分散法とCAPM／株式のクロスセクション回帰モデル／株価評価モデル／金利期間構造モデル／社債とCDSの実証分析／他

明大 乾　孝治・首都大 室町幸雄著
シリーズ〈現代金融工学〉5
金融モデルにおける推定と最適化
27505-6 C3350　　　　A5判 200頁 本体3600円

数理モデルの実践を，パラメータ推定法の最適化手法の観点より解説〔内容〕金融データの特徴／理論的背景／最適化法の基礎／株式投資のためのモデル推定／GMMによる金利モデルの推定／金利期間構造の推定／デフォルト率の期間構造の推定

首都大 木島正明・第一フロンティア生命 小守林克哉著
シリーズ〈現代金融工学〉8
信用リスク評価の数理モデル
27508-7 C3350　　　　A5判 168頁 本体3600円

デフォルト（倒産）発生のモデルや統計分析の手法を解説した信用リスク分析の入門書。〔内容〕デフォルトと信用リスク／デフォルト発生のモデル化／判別分析／一般線形モデル／確率選択モデル／ハザードモデル／市場性資産の信用リスク評価

上記価格（税別）は2014年9月現在